GALOBART

LOS ANGELES LAKERS

LA HISTORIA COMPLETA

ROBERTO ANIDOS AINAGA

Al baloncesto por existir

LAKERS
41
LAKERS

GLEN RICE

"El primer logro en tu carrera deportiva es que te seleccionen en el Draft, pero cuando lo consigues, el siguiente paso es pensar en lo que tienes que hacer para ganar un título en la NBA. Yo tuve esa oportunidad y estoy muy orgulloso de haberlo conseguido. Hay otros premios que te llenan de satisfacción, pero desde que juegas lo haces para ganar un anillo con tu equipo.

No puedo decir que tenga un equipo favorito, puedo sí decir con cuál tuve más éxito y ese fue indudablemente con los Angeles Lakers, porque con ellos gané el campeonato del 2000.

De aquella final contra los Indiana Pacers me acuerdo del segundo encuentro de la serie. Tras comenzar la final anotando 3 puntos y tras fallar muchos lanzamientos buenos, supe coger mi responsabilidad en el siguiente partido para anotar 21 tantos, y ganar de nuevo para colocarnos (2-0) y dejar encarrilada la eliminatoria.

También recuerdo lo mucho que nos costó superar a los Portland Trail Blazers en la final del Oeste. Ese gran equipo nos obligó a dar lo máximo. Nosotros tuvimos la suerte de tener a un O`Neal muy dominante aquel año.

Antes de llegar a los Lakers tuve mucho peso específico en mis equipos, pero cuando eres profesional vas ajustando poco a poco hacia lo que necesitan de ti. En Los Angeles me encontré a dos grandes estrellas como Kobe Bryant y Shaquille O'Neal y fue fácil adaptarme a jugar como necesitaba el entrenador que yo lo hiciera.

Tengo una gran recuerdo de todos mis compañeros de aquella época, aunque claro, lo más especial fue el compartir el camino con Shaquille O'Neal y Kobe Bryant. Son distintos, con diferentes habilidades y los dos son Hall of Fame. Si tuviera que escoger, para mi fue un privilegio jugar al lado de Kobe, uno de los mejores de la historia de la NBA.

Siempre he destacado gracias a mi lanzamiento. ¿Cual es el secreto para tener un gran tiro a canasta? En primer lugar, lo más importante es entrenar. En segundo lugar, es muy importante intentar coger un ritmo a la hora de lanzar que te guste o con el que te sientas cómodo. En tercer lugar, siempre hay que seguir tus tiros y, por favor, en el caso de que falles un par de ellos, no te sientas con la necesidad de modificar nada. Por último, lo más importante es tener mucha confianza en que puedes ganar y pasarlo muy bien."

GLEN ANTHONY RICE

Glen Rice (Flint, Míchigan, 1967), alero con 15 años de experiencia en la NBA, defendiendo las camisetas de hasta seis equipos, entre ellos los Angeles Lakers, donde estuvo dos temporadas y con los que se proclamó campeón de la competición en el año 2000, siendo la tercera opción ofensiva de aquel equipo tras Shaquille O`Neal y Kobe Bryant. A Rice, tres veces all-star y dos veces all-NBA, se le considera una de las mejores muñecas de la historia de la NBA.

En el vasto mundo del baloncesto, un equipo se ha destacado por encima de todos los demás, dejando una marca indeleble y duradera en la historia de este deporte. Su nombre evoca grandeza, éxitos y una pasión inigualable. Bienvenidos al fascinante mundo de los Angeles Lakers

ÍNDICE

TODO MITO TIENE UN INICIO

Todo mito tiene un inicio

Había una vez, en los albores del tiempo baloncestístico, un mito que comenzó a forjarse con la fundación de un equipo en 1947. Los Lakers, así se hacían llamar, emergieron en aquellos días en los que la National Basketball League, uno de los gérmenes de la actual NBA, reclamaba la atención de los apasionados del deporte de la canasta. Dos hombres visionarios, Ben Berger y Morris Chalfen, tomaron la audaz decisión de adquirir los derechos de los desaparecidos Detroit Gems y, posteriormente, trasladar el proyecto a la ciudad de Minneapolis.

Al dar vida a esta nueva franquicia, se planteó la inevitable cuestión de un nombre. Jugando en Minneapolis, la elección resultó sencilla, ya que el estado en el que se asentaban se conocía como la "Tierra de los 10.000 lagos". Y así fue como los "Lakers" surgieron, en honor a aquellos extensos espejos acuáticos que dotaban de encanto a su hogar. Aunque este nombre perdiera su significado cuando la franquicia se trasladó años más tarde a Los Ángeles, en los Estados Unidos los cambios no suelen ser moneda corriente cuando algo funciona.

En aquel entonces, a finales de los años 40, dos ligas competían en el escenario del baloncesto estadounidense: la mencionada NBL y la Basketball Association of America (BAA). Hasta que, en 1949, ambas ligas decidieron fusionarse y dar vida a lo que hoy conocemos como la NBA, la National Basketball Association, que ha trascendido fronteras y se ha convertido en una institución venerada en todo el mundo.

El destino de los Lakers se vio envuelto en fortuna desde el principio, cuando tuvieron la suerte de elegir a George Mikan en un improvisado Draft. Mikan, un jugador incomparable en su posición cerca del aro, allanó el camino para que los Lakers iniciaran su andadura ganando todo lo que se les ponía por delante. Así, conquistaron todos los títulos en juego hasta la creación de la NBA, manteniendo su posición privilegiada en la cúspide del baloncesto.

En la primera final de la extensa historia de la NBA, disputada en 1950, los Minneapolis Lakers se enfrentaron a los Syracuse Nationals y emergieron victoriosos con un resultado de 4-2. Fue entonces cuando George Mikan, la primera gran estrella de la competición estadounidense, deslumbró a sus rivales, anotando 32 puntos por partido. Junto a él, Jim Pollard contribuyó con cerca de 14 puntos y Vern Mikkelsen con algo más de 12 tantos.

Al despertar de la derrota en las semifinales de 1951 ante los futuros campeones de liga, los Rochester Royals, los Lakers se vieron envueltos en un breve paréntesis. No obstante, a partir de 1952, volvieron a desplegar su dominio implacable sobre la NBA, conquistando el campeonato de manera inquebrantable durante tres temporadas consecutivas, hasta 1954.

En la final del año 1952, los Lakers se sumergieron en una serie ardua y despiadada frente a los New York Knicks, llevándose la victoria en un enfrentamiento que se prolongó hasta el séptimo partido. Una vez más, su trío estelar brilló con un rendimiento excepcional: George Mikan, con sus 21.7 puntos y 17.4 rebotes, Jim Pollard, aportando 16.4 puntos y 6.4 rebotes, y Vern Mikkelsen, con más de 12 tantos y 8.3 rebotes. Además, Pep Saul contribuyó con 13.0 puntos y 4.3 rebotes, completando una sinfonía de talento y destreza.

En 1953, los Lakers volvieron a encontrarse con los Knicks, pero esta vez la victoria les sonrió con mayor facilidad, sellando un contundente resultado de 4-1. Los protagonistas principales se mantuvieron en su esplendor, con Mikan rozando los 21 puntos por partido, Pollard cerca de los 15 y Mikkelsen superando los 12 tantos.

Finalmente, en el año 1954, los Lakers se enfrentaron a una larga y agotadora eliminatoria final contra los Syracuse Nationals, que se resolvió en un reñido 4-3 a su favor. Una vez más, George Mikan, el eterno dominante de la cancha, lideró el camino con sus imponentes 18.1 puntos por partido. Pollard, Mikkelsen y Clyde Lovellette se sumaron a la gesta, anotando entre 10 y 11 puntos por encuentro, engrandeciendo así el legado de los Lakers.

En la cúspide de su reinado, los Minneapolis Lakers se erigieron como el equipo dominante del baloncesto estadounidense, cosechando cuatro títulos en cinco años, cinco en seis si contamos el campeonato de la BAA en 1949. En el epicentro de este imperio baloncestístico se encontraba un hombre cuya grandeza trascendía las fronteras del juego: George Mikan.

George Mikan, un gigante de 2.08 metros y 111 kilogramos de pura determinación, personificaba la esencia de una estrella en su esplendor. Siempre llevaba unas gafas de gruesos cristales y su dominio en las canchas era insuperable. Con su envergadura imponente y un gancho depurado que lanzaba con maestría tanto con su mano derecha como con la izquierda, "Mr. Basketball", como se le conocía, se erigió como una fuerza imparable. Su impacto fue tan abrumador que incluso se tuvieron que modificar las reglas del juego en aquel entonces para contrarrestar su presencia, como la introducción de los 24 segundos de posesión por jugada o la ampliación de la zona de personal.

Durante su carrera de siete temporadas, seis de ellas en la NBA con los Minneapolis, Mikan dejó huella con unos promedios extraordinarios de 23.1 puntos, 13.4 rebotes y 2.8 asistencias. Sin embargo, tras su retirada en 1956, la vida cambió drásticamente para los angelinos. En 1957, el dueño del equipo, Ben Berger, vendió

AKERS
21

la franquicia a Bob Short, quien tomó una decisión trascendental en 1960: trasladar a los Lakers a la ciudad de Los Angeles.

Este cambio geográfico marcaría un nuevo capítulo en la historia de los Lakers, uniendo su destino al resplandor y la efervescencia de la ciudad de los sueños. A medida que la historia se desplegaba en las próximas décadas, los Lakers continuarían tejiendo su leyenda, y la sombra del inolvidable George Mikan perduraría como un recordatorio constante de la grandeza que una vez iluminó sus canchas.

Una nueva era, impregnada de resplandor y encanto, dio inicio en medio del fulgor y el glamour de la ciudad de Los Ángeles, una metrópolis que nunca duerme. Sin embargo, antes de adentrarnos en este fascinante capítulo, los Lakers se enfrentaron a una final en 1959 que resonaría a lo largo de los años, un enfrentamiento que marcaría el inicio de una rivalidad que perduraría por décadas en la historia de la NBA: Celtics vs Lakers.

En aquella final, los Boston Celtics se coronaron campeones de manera contundente, con una barrida (4-0) que no dejó lugar a dudas. Aunque los Celtics habían conquistado su primer título en 1957 frente a los St. Louis Hawks, esta final del 59 contra los Lakers merece una mención especial. Este enfrentamiento entre titanes daría origen a páginas y páginas de historia en la NBA, forjando una rivalidad que se eternizaría en el tiempo.

En su primer choque, los Celtics dominaron, primero con mayor apremio y después con mayor contundencia. Los hombres de verde demostraron su capacidad para adaptarse a cualquier circunstancia, siempre alcanzando la victoria. Por parte de los Lakers, emergió una nueva estrella en la franquicia: Elgin Baylor. El talentoso alero aportó cerca de 23 puntos y 12 rebotes, liderando a un conjunto conformado por Mikkelsen, quien contribuyó con 21 puntos y 12 rebotes, Dick Garmaker, con poco más de 19 tantos, la imponente presencia interior de Larry Foust y sus casi 13 puntos y 15 rebotes, y la enérgica dirección de Slick Leonard, con 14 puntos y 9 asistencias.

Sin embargo, todas estas destacadas actuaciones no fueron suficientes ante los "orgullosos" Celtics, que volaban por la cancha al ritmo de Bob Cousy, orquestador magistral del equipo, quien promedió 16.8 puntos, 12.8 asistencias y 8.0 rebotes. Junto a él, el trío ofensivo conformado por Heinsohn (24.3 puntos por partido), Ramsey (22.5 puntos por partido) y Sharman (22.5 puntos por partido) dejaron su impronta en cada jugada.

Así, en medio de esa derrota dolorosa pero enriquecedora, los Lakers comenzaron a forjar una mentalidad resiliente, alimentando su sed de revancha y preparándose para desafiar nuevamente a los legendarios Celtics. Este primer enfrentamiento apenas fue el preludio de una rivalidad mítica que trascendería el tiempo.

Elgin Baylor, un prodigioso jugador, ha sido consagrado históricamente como el primer alero moderno. Con una estatura de 1.96 metros, fue considerado la gran esperanza de los Lakers, llegando dos años después de la retirada de Mikan y siendo seleccionado como la primera elección en el Draft de 1958. Sin embargo, la for-

LAKERS
44

tuna no estuvo de su lado, ya que le tocó vivir uno de los capítulos más amargos en la historia de la franquicia, una década marcada por la tiranía de los Boston Celtics. Durante sus 14 años en los Lakers, Elgin Baylor nunca tuvo la oportunidad de alzar el anhelado título. Se encuentra en la dolorosa lista de jugadores magníficos que fueron incapaces de saborear la gloria de ser campeones. Su impresionante promedio de 27.4 puntos, 13.5 rebotes y 4.3 asistencias a lo largo de su carrera lo coloca entre los mejores de la historia, tanto es así que la NBA lo incluyó en la lista del 75° Aniversario, honrando su contribución al juego.

La maldición del anillo persiguió a Baylor hasta el último año de su carrera, en la temporada 71/72. Lamentablemente, una dolorosa lesión en la rodilla lo aquejaba y, en su recaída, su cuerpo dijo basta. Tomó la decisión de retirarse y, de manera irónica, coincidiendo con su partida, los Lakers encadenaron una racha de 33 victorias consecutivas y se alzaron con el título de la NBA al vencer a los New York Knicks. Oficialmente Baylor no pudo saborear la gloria del campeonato, aunque la franquicia angelina lo considera partícipe de aquel logro y le otorgó uno de los anillos conmemorativos que lo certifica. Curiosamente, en el año 2013, el jugador subastó esa joya junto con otros trofeos.

Tristemente, Elgin Baylor nos dejó en marzo de 2021 a la edad de 86 años. Falleció de causas naturales, rodeado por su esposa Elaine y su hija Krystal, quienes estuvieron a su lado hasta el último suspiro.

Jerry West, la otra estrella fulgurante de los Angeles Lakers en aquellos tiempos, era un escolta letal de 1.88 metros. Al igual que Baylor, West dedicó toda su carrera profesional a vestir la camiseta angelina. Su destino se cruzó con la desgracia de enfrentarse a aquellos imbatibles Celtics, aunque al menos tuvo la fortuna de saborear el anillo en el año 1972, antes de retirarse dos años después.

West fue seleccionado en la segunda posición del Draft de 1960 por los Angeles Lakers, únicamente superado por la legendaria figura de Oscar Robertson. Aquel año presenció el surgimiento de una generación excepcional de jugadores, ya que las dos primeras elecciones, junto con Lenny Wilkens, Tom Sanders y Al Attles, todos ellos llegaron a acceder al Salón de la Fama.

Curiosamente, le apodaban "Mr. Clutch", una paradoja intrigante, considerando que perdió en ocho finales. Sin embargo, es él quien se ha convertido en el emblemático logotipo de la NBA. Con promedios impresionantes de 27 puntos, 7 asistencias y 6 rebotes a lo largo de su carrera en la NBA, West se destacaba por su destreza y habilidad incomparables, así como por su implacable búsqueda de la perfección. Sentía un profundo pesar y dolor cuando experimentaba la derrota. Su camino no fue fácil.

Sobre la cancha, West era una maravilla en sí misma, capaz de anotar desde cualquier posición, tanto a media como a larga distancia. No es sorprendente que aún posea el récord de la NBA para el promedio más alto de puntos por partido en una serie de playoffs, con un asombroso 46.3. Además de ser un anotador destacado, también se se fajaba en tareas defensivas, ayudaba en el rebote y poseía una habilidad innata para doblar el balón y asistir a sus compañeros. Si no fuera por la supremacía de los Celtics en aquella época, su carrera habría adquirido el brillo del mejor jugador de todos los tiempos.

Una vez retirado de las canchas, Jerry West mantuvo una estrecha conexión con los Angeles Lakers, primero como entrenador durante tres temporadas y luego ocupando un puesto en la gestión del equipo. En la década de los 80, se desempeñó como Director General, y en los 90 ascendió al cargo de Vicepresidente Ejecutivo. Fue entonces cuando finalmente pudo saborear las mieles del éxito que como jugador le habían sido esquivas. Participó activamente en la gestión del famoso "show time", encabezado por Magic Johnson, Kareem Abdul-Jabbar, James Worthy y otros talentosos jugadores. En su papel ejecutivo, logró asegurar los derechos del joven novato Kobe Bryant, seleccionado originalmente por los Charlotte Hornets en el Draft de la NBA de 1996, a cambio del pívot Vlade Divac. Además, fichó a Shaquille O'Neal como agente libre, dos movimientos que sentaron las bases de otra gran era para la franquicia.

La relación entre Jerry West y los Angeles Lakers llegó a su fin en el año 2000 debido a dolencias cardíacas causadas por la tensión y el estrés del cargo que desempeñaba. Su contribución y legado en el equipo eran tan admirados que en un evento especial, Bill Russell, su eterno rival y leyenda del baloncesto, pronunció públicamente estas palabras: "*Jerry, eres, en todos los sentidos de la palabra, verdaderamente un campeón... Si pudiera tener un deseo concedido, sería que siempre fueras feliz*". Estas palabras reflejan el respeto y la admiración que la NBA y sus compañeros de profesión le tenían a Jerry West, reconocimiento merecido por su valiosa contribución al deporte que tanto amaba.

LOS ORGULLOSOS CELTICS LO DOMINAN TODO

Los orgullosos Celtics lo dominan todo

Arropados por el embriagador aroma del puro que siempre descansaba entre sus dedos, Arnold Jacob 'Red' Auerbach se alzaba como el incontestable líder de los Boston Celtics, controlando cada movimiento del equipo. Bajo su tiránico dominio, Boston desató su supremacía en la NBA, ganando nueve de los diez campeonatos en juego. Nueve finales, nueve anillos, nunca antes se había presenciado una demostración tan letal en la historia de la liga.

En la cancha, todo el juego de los Boston Celtics giraba en torno a Bob Cousy, un base de 1.85 metros de altura que lució el verde del equipo desde 1950 hasta 1963. Reconocido como uno de los mejores directores de juego de todos los tiempos, Bob destacaba por su excepcional capacidad para el pase y su envidiable visión de juego. Cuando le tocaba asumir la responsabilidad ofensiva, realizaba penetraciones letales que desarmaban por completo a las defensas rivales.

El juego exterior estaba liderado por John Havlicek, un jugador rebosante de energía y pasión, un auténtico líder en la cancha. Con su estatura de 1.96 metros, Havlicek llegaba al aro con facilidad gracias a sus habilidades en el manejo del balón en bote, una destreza característica en su juego. Se ganó el reconocimiento como el pionero del concepto de "sexto hombre", siempre presente en cada rebote, repartiendo asistencias y aportando una energía inigualable.

Y en el corazón de Boston, los Celtics tuvieron el privilegio de contar con Bill Russell, considerado por muchos como la verdadera fuerza motriz detrás de aquel despiadado dominio de la época. Con una envergadura imponente de 2.08 metros, Russell es aclamado como el mejor defensor en la historia de la competición. Durante sus 13 años en los Celtics, fue capaz de promediar cerca de 23 rebotes por partido, una hazaña extraordinaria. Aunque los tapones no eran contabilizados oficialmente en aquella época, se rumorea que Russell registraba un promedio de 8 tapones por partido en algunas temporadas. Estas estadísticas colosales reflejan el impacto que Russell ejercía sobre sus oponentes, cambiando por completo el juego en aquel tiempo. En ataque, anotaba con una férrea determinación desde la pintura, exhibiendo su visible fortaleza física.

Auerbach, Cousy, Havlicek y el poderío de Russell se convirtieron en una fuerza imparable en la era dorada de los Celtics. Su dominio incuestionable y su impacto en la historia de la NBA son una prueba del legado duradero que dejaron en el mundo del baloncesto.

A este trío supremo se le unieron piezas fundamentales como Sam Jones, Bailey Howell y Satch Sanders, entre otros, conformando un equipo mítico que roza lo legendario. No es para menos, de las diez finales posibles en la década de los años

60, disputaron y ganaron nueve, siendo seis de ellas contra los Angeles Lakers, convirtiéndose así en una auténtica bestia negra para ellos.

La franquicia californiana se encontró cara a cara con este conjunto formidable, y lo sufrieron, ¡vaya si lo sufrieron! Tras caer ante los orgullosos verdes en el 59, se volvieron a enfrentar en las grandes finales de la NBA en los años 1962 y 1963. Los Lakers tenían sus oportunidades, pero no las suficientes para triunfar. Podemos llamarlo como queramos: mala suerte, falta de acierto en los momentos cruciales, falta de mentalidad o creencia...

En el 62, la final fue un auténtico cara o cruz, con ningún equipo capaz de ganar dos partidos seguidos hasta después del quinto encuentro. Llegaron al séptimo partido, y los Lakers cayeron por un ajustado 107-110, tras un impresionante duelo entre Russell, quien anotó 40 puntos, y Baylor, quien sumó 41 tantos. Los Angeles rozaron el objetivo cuando Baylor se elevó hasta los 61 puntos en el quinto partido, acercándose a un paso del anillo. Sin embargo, a partir de ahí, los Celtics ganaron los dos últimos encuentros de la final, sellando su triunfo con un broche maravilloso en aquel séptimo y definitivo partido, donde ocurrió uno de los momentos más memorables en las finales de la NBA: llegaron a la última posesión con un empate a 100 en el marcador y el balón en manos de los Lakers.

Fue una última posesión que dio paso a uno de los fallos más recordados de todos los tiempos, un instante eternizado en los anales del baloncesto. Con previsibilidad, la ofensiva se encomendó a Baylor, el portentoso alero que promediaba casi 41 puntos y 18 rebotes por partido, o en su defecto a Jerry West, cuyo promedio en la final alcanzaba los 31 puntos. Naturalmente, los Celtics concentraron toda su defensa en ellos.

Entonces, el balón emprendió su trayecto hacia Hundley, quien avistó a Frank Selvy a su izquierda, un consumado francotirador con una oportunidad franca de ganar el partido. El balón rebotó en el aro. El encuentro se adentró en la prórroga, donde los Celtics no otorgaron más oportunidades.

En el seno de los Celtics, Russell, con 23 puntos, 27 rebotes y 6 asistencias, dominaba ambas canastas. Jones aportó 22 puntos, Heinsohn 19, y Cousy, con casi 17 puntos y algo más de 9 asistencias, daba inicio a las jugadas.

La final del 63 resultó ser menos reñida, ya que los Lakers cedieron ante los Celtics, esta vez con un marcador de (4-2). Si bien los resultados en la serie no mostraron grandes diferencias, cabe destacar que los verdes ganaron por un escaso margen de tres puntos tanto en el cuarto como en el sexto partido, el último y decisivo, aunque siempre con esa sensación persistente de estar un paso adelante, lo cual se manifestó desde que ganaron los dos primeros encuentros.

Sam Jones, con un promedio cercano a los 25 puntos por partido, Tom Heinsohn con algo más de 23, y el omnipresente Bill Russell, quien conseguía su tercer MVP consecutivo esa temporada con 20 puntos y 26 rebotes, resultaron ser demasiado para unos Lakers cuyas estrellas cumplieron con creces. Elgin Baylor rozó los 34 puntos y 15 rebotes, y Jerry West, casi 30 puntos, pero no fue suficiente para evitar la derrota en la gran final por segunda vez consecutiva.

Tras un año de pausa, los Lakers volvieron a disputar dos finales consecutivas, en los años 1965 y 1966, con el mismo desenlace que las anteriores: dos derrotas... dos derrotas frente a los Boston Celtics.

En el año 1965, recaló en las orillas de la franquicia otro de los jugadores emblemáticos, el espléndido Gail Goodrich, un alero cuya destreza adornaba cada una de sus jugadas. Durante dos etapas, el virtuoso se enfundó el uniforme de los Lakers y dejó su huella en la cancha, encumbrándose como un artista del baloncesto. Con casi veinte puntos por partido, sus estadísticas abrumaban, convirtiéndose en un elemento crucial para la obtención del anhelado título de 1972.

El deambular de Goodrich por los terrenos de juego también incluyó un par de temporadas en los Phoenix Suns y su última etapa como jugador en los New Orleans Jazz.

En el año 1965, el destino les deparó un enfrentamiento en la contienda final contra Boston, y la victoria fue, por dominio abrumador, para los verdes por un contundente 4-1, los Lakers, privados de la presencia de Baylor en esta serie, solo lograron alzarse con la gloria en el tercer partido. Fue una victoria que brilló con honra, pero poco más.

Mucho más reñida fue la final del año 1966, cuando una vez más estos encarnizados rivales se encontraron en el camino. En esta ocasión, el duelo se envolvió en una tensión palpable, desencadenando una serie de sucesos que mantuvieron en vilo a los espectadores. Como en el lejano 1962, la resolución no se esclareció hasta el séptimo y último encuentro, un colofón épico que dejó al público sin aliento. Vale la pena recordar que en aquellos tiempos, el sistema de competición dictaminaba que los encuentros se disputaran alternativamente en los hogares de los equipos, uno en casa y el siguiente como visitante, hasta llegar al séptimo partido si fuera necesario, donde el equipo con el factor cancha a su favor tendría el privilegio de enfrentarse en su feudo.

Tras la conclusión del cuarto encuentro, con Boston acumulando dos victorias consecutivas y afianzando su ventaja a un 3-1, todo parecía indicar que el título se teñiría de verde. Sin embargo, antes de que los laureles se posaran sobre ellos, tuvieron que atravesar el amargo trance de dos derrotas consecutivas frente a unos

Lakers que hallaron su comodidad al jugar con jugadores más bajos de estatura. Con West desplegando su genio como un alero disfrazado y Goodrich demostrando una efectividad asombrosa en la defensa sobre Havlicek, los Lakers lograron salir victoriosos en el séptimo y definitivo encuentro, pero sin que el triunfo les concediera una tregua. Fue una batalla desgarradora que culminó con un ajustado marcador de 93-95.

Los séptimos partidos de una final de la NBA poseen una mística inigualable, y este encuentro no fue una excepción. A pesar de que los Celtics comenzaron con fuerza, obteniendo ventajas significativas gracias a la mala selección de tiros de West y Baylor, todo cambió en la segunda mitad. Los Ángeles lograron enderezar su rumbo y acortar distancias a solo seis puntos y a escasos 20 segundos del final. Sin embargo, el tiempo ya no les permitió más. Russell, quien, por cierto, jugó con un hueso roto en su pie, se erigió como el hombre del partido con sus 25 puntos y 32 rebotes, demostrando su temple indomable.

Como en años anteriores, nos encontramos con un año de pausa, solo para volver a reunirnos en dos finales consecutivas entre los Celtics y los Lakers, en los años 1968 y 1969. Y una vez más, el calvario no llegaba a su fin para los angelinos, encadenando dos derrotas que sellaron una década para el olvido de cualquier aficionado angelino, acumulando un total de seis derrotas. El aroma del puro de Red Auerbach, entrenador bostoniano en aquel entonces, flotaba en el aire al cerrarse el pabellón al término de cada temporada, convirtiéndose en un tormento para las aspiraciones de los dorado y púrpura, quienes no lograron encontrar la fórmula para la victoria.

En la final de 1968, los Celtics se alzaron con la victoria por 4-2. La serie llegó a estar empatada 2-2, y en el quinto partido, los Lakers lucharon hasta el final en Boston, pero finalmente cayeron con un ajustado marcador de 117-120. Fue un resultado determinante, un golpe moral para los angelinos, quienes luego sufrieron una derrota más clara en el sexto y último encuentro, con un resultado de 124-109, a pesar de jugar en su propio territorio. Como siempre, en los Lakers todo giraba en torno a West, quien promedió 31 puntos, 6 rebotes y 6 asistencias por partido, y Baylor, con 26 puntos y 13 rebotes. Sin embargo, como era costumbre, no fue suficiente ante unos Celtics liderados por Havlicek, con 27 puntos, 9 rebotes y 7 asistencias, Howell, con 21 puntos y 8 rebotes, y Bill Russell, con 17 puntos, 22 rebotes y 6 asistencias por partido.

Antes de adentrarnos en la final de 1969, debemos detenernos en un movimiento trascendental, en un fichaje que dejó huella en la historia de la franquicia: la llegada del caníbal de récords, el inigualable Wilt Chamberlain. Este fichaje es considerado uno de los movimientos más brillantes llevados a cabo en los despachos, ya que los Lakers tuvieron que negociar arduamente para concretar el traspaso del imponente pívot, y la jugada les salió sumamente bien. Los Lakers lograron hacerse con Chamberlain a cambio de Jerry Chambers, Archie Clark y Darrall Imhoff, siendo Clark el único que tuvo una carrera modestamente significativa en la NBA.

Wilt Chamberlain, con sus descomunales 2.16 metros de altura y una constitución que rozaba lo inhumano, es considerado uno de los jugadores más dominantes en la historia del baloncesto. Poseía una fuerza física sobrehumana, un atletismo deslumbrante y una presencia avasalladora en la cancha. Cerca del aro era sencillamente imparable, mientras que en distancias mayores perdía efectividad, y en la línea de tiros libres su puntería era notoriamente desacertada, rondando el 50% de acierto. Además, destacaba por su capacidad para capturar rebotes de manera monumental y su habilidad para repartir asistencias.

Con una destacada trayectoria, Chamberlain fue incluido siete veces en el equipo ideal de la NBA, obtuvo cuatro premios de Jugador Más Valioso de la temporada, lideró la liga en puntos en siete ocasiones, en rebotes en once y en asistencias en una. Su grandeza trascendió las canchas, siendo ingresado en el Salón de la Fama, convirtiéndose en el máximo reboteador en la historia de la NBA y siendo seleccionado como uno de los 50 mejores jugadores de la historia de la liga en 1996, así como uno de los 75 en 2021.

Chamberlain fue capaz de anotar 100 puntos en un solo partido, promedió una asombrosa cifra de 50.4 puntos por encuentro en una temporada y culminó su carrera deportiva, que abarcó quince años, con unos promedios de 30.1 puntos, 22.9 rebotes y 4.4 asistencias por partido. Su legado enaltece el baloncesto y su nombre quedará grabado en los anales de la grandeza deportiva.

A los Lakers arribó en la etapa final de su gloriosa carrera, para disputar sus últimas cinco campañas en la NBA, desde 1968 hasta 1973, desde los 32 años de edad hasta los casi 37, cuando decidió colgar sus zapatillas. Antes de su paso por los Lakers, ya había alcanzado la cima de la NBA un año atrás, en 1967, con los Philadelphia Sixers, al superar a los San Francisco Warriors de Rick Barry en una emocionante serie (4-2), donde Wilt Chamberlain dejó su huella con 18 puntos, 29 rebotes y 7 asistencias.

Chamberlain cumplió su anhelo de volver a saborear las mieles del campeonato cuando decidió unirse a las filas de los Lakers, conquistando el anillo en el año 1972, del cual profundizaremos más adelante, con una actuación destacada que le valió el reconocimiento como el Jugador Más Valioso de la final.

13
CELTICS
6

Fuera de las canchas, Chamberlain también se destacó como un personaje polifacético y carismático. Desafió a Muhammad Ali en el ring, interpretó un papel secundario en la película "Conan el Destructor", junto a Arnold Schwarzenegger, y se convirtió en un exitoso empresario gracias a sus inversiones en bienes raíces en la ciudad de Los Ángeles. Como anécdota curiosa, en su autobiografía afirmó haber compartido intimidad con 20.000 mujeres, lo cual resulta llamativo no solo por la cifra en sí, sino también por el hecho de que nunca contrajo matrimonio ni tuvo hijos, al menos que se sepa.

Tristemente, Chamberlain falleció prematuramente debido a problemas cardíacos persistentes. A pesar de estar bajo control médico, sucumbió a un ataque al corazón mientras dormía en su hogar de Bel-Air a los 63 años, en octubre de 1999. Regresamos al año 1969, a la última confrontación entre los Celtics y los Lakers en aquella época. Como ya sabemos, los verdes volvieron a imponerse, como en otras finales previas, gracias a su maestría para manejar los momentos de máxima tensión. La eliminatoria llegó al séptimo y definitivo encuentro, que culminó con una dolorosa derrota para los Lakers en Los Ángeles por tan solo dos puntos (108-106). Era su séptimo enfrentamiento y, probablemente por primera vez, los Lakers partían como favoritos, contando además con la ventaja del factor cancha, gracias al sistema de competición 2-2-1-1-1. Este factor resultó determinante para que los angelinos tomaran la delantera en la final, al adjudicarse los dos primeros encuentros. Sin embargo, los Celtics aprovecharon sus compromisos en Boston para igualar la contienda (2-2), tras un cuarto partido agónico que concluyó con un ajustado marcador de (88-89).

Así fue la historia, el dicho de que el que juega en casa gana parecía tener peso en aquel enfrentamiento crucial. Por eso, cuando la final llegó a su séptimo y último partido, que se disputaría en el majestuoso Forum de Inglewood en Los Ángeles, el dueño de la franquicia, Jack Kent Cooke, ordenó que se colgaran numerosos globos en el techo del pabellón, listos para ser liberados al final del encuentro. Esta decisión, aunque hecha con entusiasmo y optimismo, acabaría generando muchas bromas en los días siguientes, ya que, como todos sabemos, los Lakers no lograron la victoria.

El encuentro estuvo envuelto en controversias. Con el marcador muy igualado, Wilt Chamberlain solicitó ser sustituido a falta de seis minutos para el final, alegando un dolor en la rodilla. Poco después, el pívot pidió regresar al juego, pero su entrenador, Bill van Breda Kolff, visiblemente molesto con Chamberlain, decidió dejarlo en el banquillo y jugarse el título sin su presencia en la cancha. Fueron decisiones tomadas en medio de la tensión y quedaría en el aire el interrogante de si la historia habría sido diferente con Chamberlain en acción.

En los Lakers, todo el peso del ataque recayó en Jerry West y sus extraordinarios 38 puntos por partido. El legendario Elgin Baylor no estuvo a la altura de su habitual nivel, sumando 18 puntos y 10 rebotes. Por su parte, Chamberlain aportó un promedio de 12 puntos y 25 rebotes. En el equipo campeón, destacó por encima de todos John Havlicek, con sus 28 puntos, 11 rebotes y casi 5 asistencias por encuentro. Bill Russell, en su adiós al baloncesto profesional, aportó 9 puntos, 21 rebotes y 5 asistencias. Era la despedida de uno de los jugadores más emblemáticos de este deporte, un verdadero ícono.

LOS 70
DONDE GANAR EL ANILLO NO ERA UNA QUIMERA

Los años 70 marcaron un cambio en la NBA, donde la búsqueda del anillo dejó de ser una quimera para el resto de equipos. La tiranía impuesta por los Celtics en los años 60 dio paso a otra sensación en la década siguiente: cualquier equipo tenía opciones reales de conquistar la liga. Este nuevo escenario obligó a los Lakers a adaptarse, dejando atrás a Boston como su rival a batir. No volverían a encontrarse en una final hasta 1984, mientras los angelinos seguirían persiguiendo sus aspiraciones de campeonato en este nuevo panorama.

En los primeros años de la década, Los Angeles se mantuvo en la élite de la competición, aprovechando el impulso positivo del proyecto con ambiciones que se había mantenido desde los 60. Esto les permitió disputar tres finales en un lapso de cuatro años: 1970, 1972 y 1973. Todas ellas fueron contra el nuevo gigante de la Conferencia Este: los New York Knicks. Estos enfrentamientos se saldaron con dos títulos para los neoyorquinos y un campeonato para los Lakers, el de 1972. Después de 18 años, finalmente los Lakers volvían a saborear la gloria, tras una larga y tortuosa travesía por el desierto.

Fue una última bocanada, un último aliento antes de que aquel conjunto de jugadores diera por terminado su recorrido conjunto. Pero antes de adentrarnos en esos detalles, centrémonos en las tres finales disputadas. La primera, en 1970, los Lakers se sentían optimistas, especialmente después de eliminar rápidamente en la final de conferencia a los Atlanta Hawks (4-0). Además, podían respirar aliviados, ya que no tendrían que enfrentarse a los temibles Boston Celtics una vez más.

Sin embargo, esta vez sucumbieron ante los New York Knicks, perdiendo nuevamente en el séptimo y decisivo partido. Parecía claro que los Lakers tenían pesadillas recurrentes con los séptimos encuentros de las finales de la NBA.

Considerada una de las finales más impactantes, nadie logró ganar dos partidos consecutivos en toda la serie, y siempre será recordada por el "efecto Willis Reed". Reed se había convertido en la estrella indiscutible de aquel momento en Nueva York. Con una altura de 2.08 metros, este jugador seleccionado en segunda ronda demostró ser intratable cerca del aro. Era un torbellino de energía capaz de alterar cualquier partido con su sola presencia, como pronto descubriríamos. El año 1970 fue su gran momento, coronado con el premio al Jugador Más Valioso (MVP) de la temporada, el MVP de las finales y, antes de eso, el MVP del All-Star. Un triplete individual que no se puede superar en una temporada. Además, su destacada actuación personal se vio respaldada por el anillo de campeón.

¿Y qué hay del "efecto Willis Reed"? Bueno, ocurrió en medio del fragor de la final. En el quinto partido de la serie, el interior se lesionó el muslo derecho. A pesar de ello, los Knicks ganaron el partido y tomaron ventaja en la final (3-2).

Los Lakers se frotaban las manos, pues ahora su monstruo interior, Wilt Chamberlain, tenía prácticamente vía libre para dominarlo todo. Y así sucedió en el sexto encuentro, con los angelinos imponiéndose por un contundente marcador de 113-135, gracias a los asombrosos 45 puntos y 27 rebotes del colosal pívot.

Pero llegamos al séptimo y ahí sucedió el momento, el momento clave. Cuando nadie esperaba que Willis Reed pudiera jugar, este gigante saltó a la cancha de un Madison Square Garden abarrotado. No hizo mucho en términos estadísticos, apenas 4 puntos y 3 rebotes en los 27 minutos que estuvo en la pista, pero su mera presencia y lo que eso representaba colocan a Willis Reed como el primer hombre capaz de ganar un encuentro, y qué encuentro, simplemente por estar en el campo de juego.

Fuera de los simbolismos, fueron las actuaciones destacadas del base Walter Frazier las que marcaron el rumbo de la victoria de los Knicks. Frazier fue simplemente increíble, anotando 36 puntos y repartiendo 19 asistencias. En el bando contrario, West contribuyó con 28 puntos, Chamberlain con 21 puntos y 24 rebotes, y Baylor con 19 tantos. Sin embargo, sus esfuerzos no pudieron evitar lo inevitable: la victoria de los Knicks por 99-113, una victoria forjada en el último cuarto del partido.

Y así llegamos a 1972, al final de una espera de 18 años y ocho finales perdidas en el camino, para que los Lakers pudieran volver a experimentar la sensación de ser campeones de la NBA. Alcanzaron la cima nuevamente al superar a los New York Knicks en la final, y lo hicieron de manera clara y convincente, con un marcador global de 4-1.

New York solo logró ganar el primer partido de la final, y además lo hizo en Los Angeles. Pero a partir de ese momento, los Lakers se convirtieron en un verdadero rodillo, ganando cuatro partidos consecutivos. Fueron liderados por el Jugador Más Valioso de la final, Wilt Chamberlain, quien cerró la serie con un promedio de 19.4 puntos y 23.2 rebotes por partido. También contribuyeron al poderío ofensivo Gail Goodrich, con 25.6 puntos, y Jerry West, quien ejerció un papel clave con 19.8 puntos y 8.8 asistencias. Además, jugadores como Jim McMillian, con 16.8 puntos, y Happy Hairston, sólido en sus 14.2 puntos y 14.6 rebotes, jugaron un papel importante en el éxito del equipo.

Dos curiosidades destacables: Elgin Baylor también se proclamó campeón, a pesar de haberse retirado al comienzo de la temporada y de haber disputado solo siete partidos debido a sus problemas de rodilla. Presenció cómo sus compañeros lograban el campeonato y fue partícipe de todo ello. Además, otro nombre de gran importancia para la franquicia, el de Pat Riley, hizo su aparición en escena. Riley ganaría un anillo como jugador y posteriormente los lograría como entrenador. Desde el banquillo, Riley aportó 5.0 puntos por partido en esta final.

Fue un anillo balsámico para algunos jugadores, ya que sería el único de su carrera, como Jerry West y Gail Goodrich. Para Chamberlain fue su segundo y último campeonato. Además, este título tuvo un significado especial, ya que marcó el primer anillo de los Lakers en la ciudad de Los Angeles.

Concluimos nuestro recorrido por las finales de los años 70 con la de 1973, en la cual los Lakers se enfrentaron nuevamente a los New York Knicks en la final. En esta ocasión, los neoyorquinos tomaron cumplida venganza por la derrota del año anterior, pagándoles con la misma moneda en una serie contundente que finalizó con un marcador global de 4-1.

Aunque los partidos siempre fueron disputados, con una diferencia media de cinco puntos, siendo el último ganado por nueve, esta final fue una réplica inversa de la del 72. Los Lakers lograron ganar el primer partido, pero luego los Knicks encadenaron cuatro victorias consecutivas para llevarse el campeonato.

Como anécdota, esta final estuvo envuelta en cierta controversia posterior cuando Phil Jackson, campeón como jugador con los Knicks ese año, admitió haber utilizado una artimaña: jugar con balones deshinchados. La razón detrás de esta estratagema se reveló trece años después, en 1986, cuando Jackson explicó: *"Lo que hicimos fue desinflar los balones. Estábamos faltos de centímetros con nuestros hombres altos, como Willis, nuestro pívot, de solo 2,06 metros, Jerry Lucas también de 2,06 metros y DeBusschere, de 1,98 metros. Así que confiábamos en cerrarnos alrededor del aro y asegurarnos de que el rebote no saliera largo. Para lograrlo, desinflamos los balones"*.

Jackson continuó explicando la artimaña: *"También benefició nuestro juego de ataque, ya que éramos un equipo que pasaba el balón sin botarlo, por lo que la cantidad de aire en los balones no importaba tanto. Además, dificultaba que los equipos contrarios pudieran correr, ya que el balón no botaba tan rápido al driblar"*.

No sabemos con certeza cuánto influyó "esta maniobra" en el resultado final, y posteriormente Phil Jackson intentó restarle importancia. Pero las hemerotecas siempre están ahí, recordándonos los hechos pasados... mal que les pese a muchos.

Elgin Baylor se retiró en 1972, como mencionamos anteriormente. Wilt Chamberlain dejó de jugar al baloncesto en 1973, Jerry West lo hizo en 1974, Jim McMillian abandonó el equipo en 1973, y Gail Goodrich en 1976. Estaba claro que la historia de la franquicia había dejado atrás una etapa.

Desde 1973 hasta 1979, los Lakers quedaron apartados de los focos mediáticos, de las posibilidades de ganar títulos y de las altas posiciones en la clasificación. Pasaron de ganar 60 partidos en 1973 a solo 30 en 1975. Incluso quedaron dos años consecutivos sin clasificarse para los playoffs. Durante este tiempo, esperaron pacientemente su momento, buscando la reconstrucción necesaria para volver a brillar.

Es en 1975 cuando la reconstrucción comenzó a tomar forma, justo después de una de las peores temporadas en la historia del equipo, exactamente cuando lograron fichar a un gigante, a uno de los más grandes en la historia de este deporte: Kareem Abdul-Jabbar.

La llegada de Abdul-Jabbar supuso un punto de inflexión para los Lakers. Su presencia en el equipo aportó una nueva dimensión y revitalizó las esperanzas de éxito. Con su dominio en la cancha, su habilidad sin igual y su capacidad para anotar puntos, Abdul-Jabbar se convirtió en el faro que guiaría al equipo hacia un futuro prometedor. Los Lakers habían encontrado al jugador que impulsaría su resurgimiento y los llevaría de regreso a la gloria en los años venideros.

Kareem Abdul-Jabbar, una superestrella de 2.18 de estatura, con seis años de experiencia en la liga y un campeonato en su haber con los Milwaukee Bucks, despertaba la curiosidad de muchos. ¿Cómo era posible que los Bucks se deshicieran de un jugador de semejante calibre? La respuesta no radicaba en una decisión del equipo, sino en el propio jugador. Kareem Abdul-Jabbar deseaba abandonar la ciudad de Milwaukee. Pero sus motivos trascendían lo deportivo y se adentraban en lo personal, como explicó el jugador en su momento: *"No tengo familia ni amigos aquí. Las cosas con las que me identifico no están en esta ciudad. Culturalmente, lo que soy y lo que me aporta Milwaukee, son dos cosas diferentes. La razón por la que no he comentado antes nada sobre esto, es que no quiero hablar mal de Milwaukee o de la gente de aquí. No se trata de eso".*

"No albergo sentimientos desagradables hacia la gente de Milwaukee o Wisconsin. Quiero dejar eso claro. Mi familia y mis amigos no están aquí y culturalmente no encuentro aquí lo que me gusta. Mi experiencia con la dirección del equipo ha sido genial, y el personal del equipo es estupendo. No tengo ninguna queja al respecto", continuó explicando el pívot.

Abdul-Jabbar anhelaba un cambio de aires, una vida en una atmósfera cosmopolita, en un entorno más relevante donde pudiera dar mayor visibilidad a sus

intereses en la cultura negra y su fe musulmana ortodoxa.

Tal era la desesperación por retener al jugador que los Bucks llegaron a ofrecer la salida tanto del gerente general Wayne Embry como del entrenador Larry Costello, e incluso le propusieron un avión diario para que viviera en Nueva York y se desplazara a Milwaukee a su conveniencia. Sin embargo, Kareem ya había tomado su decisión, una decisión que los Angeles Lakers aprovecharían magistralmente.

Jack Kent Cooke, presidente de los Lakers, quien ya había demostrado sus habilidades negociadoras al fichar a Wilt Chamberlain, se reunió con los directivos de los Bucks y alcanzaron un acuerdo. El trato enviaba a Kareem Abdul-Jabbar y al pívot Walt Wesley a Los Angeles, mientras que Milwaukee recibía a cambio a Elmore Smith, Brian Winters y las dos elecciones del draft, que serían utilizadas para seleccionar a Junior Bridgeman y Dave Meyers. Además, se incluyeron pagos fraccionados por un total de 800.000 dólares.

Este intercambio cambiaría el curso de la historia de los Lakers y abriría las puertas a una nueva era de grandeza. Abdul-Jabbar, con su indiscutible talento y sus convicciones personales, se convertiría en una figura clave en el renacimiento de la franquicia angelina.

Con la llegada de Abdul-Jabbar, las cosas comenzaron a cambiar. En 1977, los Lakers lograron alcanzar las finales de conferencia, aunque sufrieron una derrota contundente ante los Portland Trail Blazers, con un marcador desalentador de 0-4. En la siguiente temporada, quedaron eliminados en la primera ronda de los playoffs.

Kareem se encontraba en un equipo donde su talento destacaba en solitario. A su lado, solo contaba con la solidez de un joven Adrian Dantley y dos jugadores que se unieron en 1977: Jamaal Wilkes y Norm Nixon. Estos dos jugadores se convertirían en complementos perfectos para el equipazo que se estaba construyendo, aunque en aquellos años en Los Angeles aún no eran conscientes de ello.

Jamaal Wilkes, un alero de 1.98 metros, era el tipo de jugador que todo entrenador deseaba tener y al que cualquier compañero admiraba. Tenía un apodo que lo decía todo: "silk" (seda en castellano), porque su juego era suave, elegante y efectivo. Aunque su mecánica de tiro no seguía los cánones establecidos, su contribución en el juego era indiscutible. Era capaz de conectar perfectamente con la situación ideal para alcanzar el objetivo máximo: la victoria.

El inicio de su carrera deportiva fue con los Golden State Warriors, donde se coronó campeón en 1975. Fue un año excepcional para él, ya que, en su temporada de debut en la NBA, recibió el premio al Novato del Año y se llevó a casa un anillo de campeón. Permaneció dos años más en los Warriors antes de fichar por los Lakers.

Wilkes llegó a los Lakers como agente libre, y los Warriors recibieron una compensación económica y una selección de primera ronda del draft de 1978 (que posteriormente se utilizó para seleccionar a Purvis Short) como parte del trato. Los Warriors se desprendieron de un jugador que aportó 17 puntos y 8 rebotes, además de una pieza relevante en la obtención del anillo. Así es el mundo del baloncesto. En Los Angeles, Wilkes jugó un total de ocho temporadas, hasta 1985, promediando casi 19 puntos y algo más de 5 rebotes por partido. Aún tendría una última temporada, pero en el equipo vecino, en aquel entonces conocido como el "vecino pobre" de Los Angeles: los Clippers. Jamaal Wilkes se convirtió en un miembro del Salón de la Fama, un verdadero jugador de baloncesto sin alardes ni artificios superfluos.

Norm Nixon llegó a los Lakers a través del draft de 1978, siendo seleccionado en el puesto número 22 de la primera ronda. Era un base eléctrico, capaz tanto de anotar como de repartir asistencias con maestría. Rápidamente se hizo un hueco en el equipo y desempeñó un papel crucial durante los seis años en los que vistió la camiseta de los Lakers, hasta 1983. Promedió casi 17 puntos y 8 asistencias por partido.

Después de su paso por los Lakers, Nixon se unió a los vecinos de la ciudad, los Clippers, donde jugó otros seis años. Sin embargo, dos temporadas quedaron en blanco debido a lesiones importantes. Finalmente, decidió retirarse en 1990 mientras jugaba en Italia.

En el año 1979, los Lakers tampoco tuvieron una temporada destacada. Aunque lograron clasificarse para los playoffs, fueron eliminados en la segunda ronda de forma contundente por los Seattle Supersonics, con un resultado de 1-4.
Fue en este mismo año cuando llegó al equipo de manera discreta un jugador que luego se convertiría en una pieza fundamental debido a su labor defensiva y entrega incansable por el bien del equipo: Michael Cooper.

Michael Cooper sufrió el peso de haber jugado en una universidad alejada de los focos mediáticos, en Nuevo México. Sin embargo, resultó ser todo un robo en el draft, ya que los Lakers tuvieron una visión privilegiada al seleccionarlo en el número 60 de la tercera ronda. Este jugador lograría permanecer doce años en la franquicia.

Podía con su 1.96 jugar las tres posiciones exteriores. Era un seguro de vida, sobre todo en labores defensivas y sacrificio por su cumplir en todo lo que le mandaba el entrenador.

Con la llegada del verano de 1979, todo cambió para los Lakers. Fue en ese momento, en ese instante, en que todo se alineó y convergió. Es cuando la rueda comienza a girar y el reloj empieza a funcionar a la perfección. Este fue el punto exacto en el que Earvin “Magic” Johnson hizo su entrada triunfal. Todas las palabras se quedan cortas para describir la magnitud de lo que ocurrió en torno a la llegada de un jugador que transformaría el prisma y la historia de la franquicia para siempre. Magic Johnson fue una figura trascendental, un momento que merece ser recordado con gran admiración.

Los Angeles Lakers experimentaron un giro de los acontecimientos cuando cambiaron de propietario, todo ello inmerso en un proceso de divorcio. El desamor, con su poder transformador, movió los pilares de aquel imperio y la franquicia no fue una excepción. Jack Kent Cooke, quien hasta entonces era el dueño de los Lakers, se separó de su esposa de toda la vida, Barbara Jean Carnegie. En los Estados Unidos, los divorcios a menudo implican grandes sumas de dinero y en este caso no fue diferente, ya que Cooke tuvo que desembolsar la asombrosa cifra de 42 millones de dólares. Con el fin de hacer frente a esta situación, Cooke decidió vender la franquicia por 67,5 millones de dólares a Jerry Buss. Este cambio de manos llevó consigo modificaciones en todos los planes técnicos.

Los Angeles Lakers tenían la oportunidad de seleccionar al primer jugador del draft de ese año gracias a un movimiento estratégico previo en el que habían cedido a Goodrich a los New Orleans Jazz a cambio de esta elección de primera ronda. Además, habían ganado el lanzamiento de moneda contra los Chicago Bulls para determinar quién escogía primero. En un principio, el dueño y el entonces entrenador, Jerry West, tenían claro que utilizarían esa elección para adquirir a Sidney Moncrief. Y tenía cierta lógica, ya que ya contaban con Nixon en la posición de base, quien además se encontraba en un gran momento de forma. Lo que buscaban era más poder anotador en el perímetro, dado que la pintura estaba bien cubierta con Abdul-Jabbar. Por tanto, la elección más coherente para ellos era centrarse en Moncrief. Sin embargo, también estaba disponible un tal Larry Bird, quien finalmente sería seleccionado por los Boston Celtics en el número 6 de aquel draft de 1979.

No obstante, con la llegada del nuevo líder, Jerry Buss, todo cambió, ya que él siempre apostó por fichar a Magic Johnson. Esto también desencadenó cambios en el cuerpo técnico, con la salida precipitada de Jerry West, el efímero paso de Jack McKinney y, finalmente, la llegada de Paul Westhead.

Buss era conocido en la ciudad de Los Angeles por sus negocios de éxito, pero anhelaba dar un salto más allá. Y la llave para lograrlo eran los Angeles Lakers. Se arriesgó, no cabe duda, porque la NBA de aquel entonces no se asemejaba a la NBA de hoy en día, no tenía el fulgor que posee en la actualidad, donde se ha convertido en un negocio consolidado a nivel mundial. Pero Jerry Buss era un visionario, un revolucionario, alguien audaz e imprudente, o simplemente, el más astuto de todos.

Jerry albergaba un sueño profundo en su corazón. *"Siempre soñé con que Los Ángeles y los Lakers fueran una misma cosa. Cuando piensas en Nueva York, inmediatamente te viene a la mente los Yankees. Creo que aquí debería ser igual. Y creo que hemos logrado eso, ya que los Lakers representan a la perfección el carácter de Hollywood"*, expresó con convicción.

Y así, bajo el concepto del "show time", Jerry Buss hizo realidad su visión. No se trataba solo del juego desplegado por el equipo bajo la magia de Magic Johnson y el dominio de Kareem Abdul-Jabbar, sino de todo lo que rodeaba a la cancha. El espectáculo comenzaba en el Forum Club, un exclusivo sector VIP reservado para las estrellas de Hollywood que todos anhelaban pisar. Una banda de música amenizaba el encuentro, las famosas Lakers Girls danzaban con gracia y energía, y un sinfín de estrellas y sueños se entrelazaban en un cóctel mágico.

Era un nuevo escenario, una etapa que se abría tras una década de altibajos. Los años 80 llegaban, y con ellos el baloncesto que maravillaría al mundo entero. Renacía la legendaria rivalidad con los Celtics, y con ello, la NBA experimentaba una explosión mundial. Los 80 irrumpían en nuestras vidas, y con ellos se inauguraba el "show time".

Y todo esto comenzó con una figura única, con Earvin "Magic" Johnson a la cabeza. Él fue el epicentro de esta revolución, el jugador cuya magia encendió la llama de la transformación. Sus pases imposibles, su sonrisa contagiosa y su habilidad sin igual le otorgaron el papel protagonista en esta nueva era de los Angeles Lakers. Desde el primer instante en que Magic pisó la cancha, el mundo quedó cautivado por su talento deslumbrante y su carisma desbordante.

El sueño de Jerry Buss se estaba haciendo realidad, y Magic Johnson sería el catalizador de un fenómeno que trascendería el baloncesto para convertirse en un auténtico espectáculo, llevando a los Lakers y a Los Ángeles a una nueva dimensión de grandeza y gloria.

Magic Johnson, un nombre que resuena con fuerza, se ha forjado como una leyenda sin igual en este deporte. Con su imponente estatura de 2.06 metros, asumió el rol de base en la cancha. Nacido el 14 de agosto de 1959 en Lansing, Michigan, Johnson destacó desde su paso por la escuela secundaria, donde condujo a su equipo hacia la victoria en el campeonato estatal en 1977. Su talento no pasó desapercibido y capturó la atención de la Universidad Estatal de Michigan, donde se convertiría en una fuerza dominante en el baloncesto universitario, liderando a su equipo hacia un campeonato nacional en 1979.

Tras dos años en la universidad, Johnson tomó la decisión de presentarse al draft de la NBA en 1979, y los Angeles Lakers tuvieron el honor de seleccionarlo como la primera elección. Desde el primer día en la NBA, Magic dejó su huella, promediando 18 puntos, 7.7 rebotes y 7.3 asistencias por partido en su temporada de debut, lo que le valió el reconocimiento como Novato del Año.

A lo largo de su ilustre carrera en la NBA, que abarcó desde 1979 hasta 1996, Johnson conquistó la gloria en cinco ocasiones, alzándose con el título de campeón junto a los Lakers. Además, fue distinguido en tres ocasiones como el Jugador Más Valioso de las Finales. Su destreza y liderazgo en la cancha lo llevaron a ser nombrado MVP de la NBA en tres ocasiones y a ser seleccionado para el All-Star Game en 12 ocasiones.

No obstante, Magic Johnson trascendió las fronteras del deporte y se convirtió en una figura influyente fuera de la cancha. En 1991, valientemente anunció al mundo que era VIH positivo y se retiró del baloncesto. Sin embargo, regresó al escenario del All-Star Game en 1992 para mostrar al mundo su resiliencia, y después ese mismo año, lideró al "Dream Team" en los Juegos Olímpicos de Barcelona hasta el Oro. Desde entonces, ha sido un defensor incansable de la concienciación y la prevención del VIH/SIDA.

Magic Johnson era un jugador increíblemente versátil y dotado de habilidades excepcionales que le permitían desempeñarse en diversas posiciones. A pesar de su imponente estatura, su agilidad era asombrosa y poseía un manejo de balón y habilidades de pase destacables. Su capacidad para crear juego era extraordinaria, siendo capaz de encontrar a sus compañeros de equipo en cualquier rincón de la cancha.

Además, Johnson era un anotador formidable capaz de marcar puntos desde cualquier posición en el campo. Su destreza en la zona pintada era impresionante, aprovechando su tamaño y habilidades para generar oportunidades de tiro tanto para sí mismo como para sus compañeros de equipo gracias a su capacidad para leer y anticipar los movimientos en la cancha de sus compañeros y rivales. Era un jugador de baloncesto completo y versátil, capaz de hacer prácticamente cualquier cosa sobre el terreno de juego.

Durante las negociaciones de su fichaje, Magic Johnson no se conformó con menos y exigió ser el novato mejor remunerado en ese momento, alcanzando un acuerdo salarial de 500.000 dólares al año. Sin embargo, su distinción como el mejor pagado le duró solo un mes, ya que los Boston Celtics llegaron a un acuerdo con

Larry Bird por 560.000 dólares al año. La rivalidad entre ellos traspasaba todos los ámbitos del juego.

Una vez convertido en jugador de los Angeles Lakers, Magic Johnson expresó su emoción y su determinación al declarar: *"Estoy emocionado de unirme a los Lakers, ansioso por jugar con ellos y llevarlos a un nivel superior"*. Y vaya si cumplió su promesa.

Pero los Lakers necesitaban un nuevo entrenador, y el elegido fue Jack McKinney. Aunque, el destino le jugó una mala pasada al entrenador, ya que al poco tiempo de debutar sufrió un desafortunado accidente andando en bicicleta, lo que le cortó de forma abrupta su historia en Los Angeles.

Jack McKinney era reconocido como un entrenador táctico de baloncesto, especialmente por su enfoque en un juego de ritmo rápido y el uso del contraataque. Creía firmemente en la importancia de la transición rápida del balón y en crear oportunidades de canasta mediante una defensa agresiva y un ataque veloz. Además, McKinney también hacía hincapié en la importancia de la defensa y en mejorar la eficacia defensiva de su equipo. Estas tácticas le proporcionaron resultados positivos en los equipos que dirigió, incluyendo su breve pero exitoso período al frente de los Angeles Lakers, con un balance de 10 victorias y 4 derrotas, antes del grave accidente en bicicleta que lo apartaría del banquillo por el resto de la temporada.

Al asumir el cargo de entrenador de los Lakers, a Jack McKinney le preguntaron sobre su filosofía de juego, y fue contundente en su respuesta: *"Quiero un constante correcalles. Mi idea es que todos se muevan en ataque, no quiero que cuatro jugadores miren constantemente a Kareem y le pasen la pelota caliente. Creo que podemos lograrlo. Cuando tienes a alguien como Magic, todo es posible"*.

Sin embargo, tras el accidente de McKinney, su entrenador asistente, Paul Westhead, se hizo cargo del equipo mientras su recuperación progresaba. Aunque Jack nunca regresaría para recuperar su cargo.

Paul Westhead mantuvo la filosofía de su predecesor, compartiendo una ritmo ofensivo agresivo que se centraba en un juego rápido y una alta puntuación, lo que le valió el apodo de "Paul Ball" por parte de los medios de comunicación.
Durante su mandato esa temporada como entrenador en jefe de los Lakers, Westhead condujo al equipo a un récord impresionante de 50 victorias y 18 derrotas en la temporada regular, y los llevó a ganar el título en 1979. Su estilo de juego dinámico y su enfoque en el ataque resultaron ser un éxito notable para el equipo.

LOS AÑOS 80
CUANDO EL "SHOW TIME" ENTRÓ EN NUESTRAS VIDAS

Durante el periodo comprendido entre 1979 y 1992, los Angeles Lakers estuvieron bajo el liderazgo de uno de los jugadores más carismáticos en la historia de la NBA, el inigualable Earvin "Magic" Johnson. Bajo su mágica batuta, el equipo desplegó un estilo de baloncesto sin igual, enfrentándose en repetidas ocasiones a su histórico archienemigo, los Boston Celtics de Larry Bird, previamente contra los Philadelphia Sixers de Julius Erving y Moses Malone, y finalmente contra los emergentes Detroit Pistons de Isaiah Thomas.

Este escenario fue el ingrediente perfecto para forjar una historia potente y cautivadora. Fue una época de ensueño en la que los Lakers se erigieron como los protagonistas indiscutibles, llegando a disputar nueve finales en tan solo doce temporadas y alcanzando la gloriosa cifra de cinco anillos de campeonato.

La temporada regular de 1979-1980 se convirtió en un emocionante duelo mano a mano entre los Boston Celtics, quienes concluyeron con un impresionante récord de 61 victorias y 21 derrotas, y los Los Angeles Lakers, quienes acumularon un sólido balance de 60 victorias y 22 derrotas. Todo apuntaba a que estos dos titanes se enfrentarían en la gran final. La NBA anhelaba un enfrentamiento épico entre Magic Johnson y Larry Bird, luchando sin tregua por el anillo.

En esa misma temporada, Kareem Abdul-Jabbar fue reconocido como el Mejor Jugador de la Temporada, mientras que Larry Bird se alzó con el título de Mejor Novato del Año, lo cual generó cierto descontento en Magic.

En los emocionantes playoffs, los Lakers cumplieron con las expectativas, superando de manera contundente a los Phoenix Suns en la primera ronda y posteriormente a los Seattle Supersonics en la final de la Conferencia Oeste, ambas eliminatorias resueltas con un convincente 4-1. Por otro lado, los Celtics cayeron derrotados también por 4-1 ante los Philadelphia Sixers, donde Julius Erving brilló con su promedio de 25 puntos, 9 rebotes y 4 asistencias por partido, demostrando ser más determinante que Larry Bird y sus sólidos promedios de 22 puntos y 14 rebotes durante esa serie.

Los Philadelphia Sixers se alzaron como el equipo a vencer durante aquellos años, desde 1979 hasta 1983, al clasificarse como mínimo para la final de conferencia en cada temporada, disputando dos finales consecutivas de la NBA y finalmente coronándose campeones en 1984, y capaces de posponer el ansiado duelo "Lakers vs Celtics" por la victoria final.

Este equipo siempre se mostró aguerrido, liderado por la dirección magistral de Maurice Cheeks, la excelencia exterior de Julius "Doctor J" Erving, quien contó con un magnífico acompañamiento por parte de Andrew Toney. Además, contaban con una fuerza imponente cerca del aro, primero con Darryl Dawkins y años después con Moses Malone, quienes se convirtieron en las principales referencias del equipo. Su estilo de juego duro y físico se convirtió en un punto de referencia para otros equipos en los años siguientes, marcando el camino para otras franquicias que, quizás, carecían de tanta calidad en la mayoría de sus jugadores y optaron por endurecer su juego para alcanzar sus objetivos.

Julius Erving, también conocido como "Dr. J", es considerado uno de los mejores jugadores en la historia, y sirvió como espejo para figuras posteriores como Michael Jordan. Erving deslumbró principalmente en la posición de alero y se destacó por su estilo de juego espectacular y su habilidad para realizar mates asombrosos. Su talento se extendió tanto en la ABA como en la NBA, logrando ganar campeonatos en ambas ligas.

Nacido en 1950 en Long Island, Nueva York, Erving dio sus primeros pasos en su carrera profesional de baloncesto en la ABA con los Virginia Squires en 1971. Durante sus cinco temporadas Erving dejó su huella al promediar 28.7 puntos, 12.1 rebotes y 4.8 asistencias por partido, y ganó dos campeonatos. Su impacto en le convirtió en un ícono.

En 1976, cuando la ABA se fusionó con la NBA, Julius Erving se destacó como uno de los pocos jugadores de la ABA en ser directamente contratado por un equipo de la NBA sin pasar por el draft. Fue elegido por los Philadelphia Sixers, un destino que marcaría los siguientes 11 años de su carrera.

A lo largo de su destacada trayectoria en la NBA, Erving promedió 22 puntos, 6.7 rebotes y 3.9 asistencias por partido. Su excelencia en el juego le valió el reconocimiento en 11 ocasiones como seleccionado para el All-Star Game. Además, acumuló varios premios individuales, entre ellos el codiciado título de Jugador Más Valioso de la NBA en 1981, y fue incluido en el prestigioso Salón de la Fama del Baloncesto en 1993.

Pero Julius Erving fue mucho más que un atleta excepcional. A lo largo de su vida, se convirtió en un activista comprometido y un filántropo generoso. Trabajó incansablemente con varias organizaciones benéficas y recibió reconocimiento por su labor en la promoción de la educación y su lucha contra la diabetes.

La final de 1980 en la que se enfrentaron contra los Lakers fue un duelo apasionante, rematado por una actuación que se ha convertido en una de las mayores gestas en la historia de la NBA: la de Magic Johnson. En un giro inesperado, Johnson asumió un rol poco común para él al cubrir la baja por lesión de Abdul-Jabbar. Este ajuste fue una demostración de la versatilidad y el talento innato de Magic.

Los playoffs también estuvieron marcados por los problemas relacionados con las drogas de Spencer Haywood que no le permitieron casi jugar, lo que hizo aún más memorable la actuación de Magic. Esta serie se grabó en el recuerdo de todos los aficionados al baloncesto como un hito inolvidable.

FINAL 1980
ABDUL-JABBAR SE LESIONA Y MAGIC ENTRA EN EL OLIMPO DEL BALONCESTO

GAME 1. ¿QUIÉN PARA A KAREEM?

Los Sixers se enfrentaban a un gran desafío: ¿cómo detener a Kareem Abdul-Jabbar? El equipo comenzó de manera brillante, ganando un partido en el que nadie parecía tener el dominio absoluto hasta las últimas posesiones, con un marcador final de 102-109.

Los primeros dos cuartos transcurrieron como el preludio de una gran batalla. Ambos equipos buscaban imponer su estilo de juego, dejando claro desde el principio que no serían fáciles de superar. Así, llegaron al descanso con un empate a 53 puntos, reflejo fiel de la intensidad y la lucha que se vivía en la cancha.

Los Sixers veían un problema en su juego, conscientes de que sus porcentajes no estaban a la altura de los Lakers. Con un 44% de acierto en tiros de dos, sabían que su nivel de intensidad debía mantenerse alto para evitar el bajón que tarde o temprano llegaría. Y así sucedió en el tercer cuarto, cuando los Lakers ejecutaron un parcial de 17-31 que marcaría el rumbo del encuentro.

Con ventajas que rondaban los 14 o 16 puntos a favor de los angelinos, Philadelphia intentó una reacción, pero nunca logró dar la sensación de que una remontada era posible. El principal obstáculo era Abdul-Jabbar, y ni Dawkins, quien solo consiguió anotar 12 puntos y cuatro canastas en juego, pudo contener el vendaval de Kareem. El legendario pívot machacó el aro una y otra vez, finalizando el partido con una destacada actuación de 33 puntos, 14 rebotes, 6 tapones y 5 asistencias.

Julius Erving, "Dr. J", no logró marcar la diferencia en aquel partido, finalizando con 20 puntos, pero con porcentajes de tiro que dejaron mucho que desear. Mientras tanto, en las filas de los Lakers, varios jugadores se unieron a la causa para asegurar la victoria. Norm Nixon brilló con 23 puntos, Jamaal Wilkes aportó 20, y por supuesto, Magic Johnson se destacó una vez más.

Magic rozó el triple-doble con una actuación impresionante: 16 puntos, 10 asistencias y 9 rebotes. Su influencia en el juego era innegable, deslumbrando a todos con su talento y visión de juego.

Al final del partido, Nixon, con un toque de ironía en sus palabras, se dirigió a sus compañeros: *"Chicos, ¿no han visto a Darryl Dawkins últimamente? ¿Han visto a Chocolate Blunder por ahí?"*.

GAME 2. LOS 76ERS APRENDEN LA LECCIÓN PARA ASALTAR EL FORUM

En Philadelphia, surgieron reflexiones sobre la obsesión que tenían con Abdul-Jabbar. Era evidente que él iba a hacer sus números, pero al centrarse en detenerlo, mentalmente anulaban a su propio referente interior, Dawkins, quien, absorbido por su labor defensiva, no aportaba en el otro extremo de la cancha.

Los Sixers, con este cambio de mentalidad, lograron construir una ventaja de 23 puntos en el tercer cuarto. Sin embargo, tuvieron que contener la furiosa reacción de unos Lakers decididos a no permitir una derrota en su propio hogar.

Fue en una de las remontadas más espléndidas, cuando los Lakers, estando en desventaja de dieciocho puntos al inicio del último periodo, lograron reducir la brecha a 105-104 con tan solo 31 segundos por jugar.

Sin embargo, la canasta crucial de Bobby Jones desde la línea de falta, a falta de siete segundos y justo antes de que se agotaran los 24 segundos del reloj, resultó ser el golpe definitivo para los Sixers. Un intento desesperado de tiro de Norm Nixon sobre la bocina estuvo lejos de rozar siquiera el aro.

Los Sixers emergieron victoriosos con un marcador final de 107-104, un resultado que les permitió regresar a su querido Spectrum de Philadelphia con la serie igualada a un partido por lado, generando aún más presión sobre Los Angeles.

Dawkins se enfocó en defender a todo aquel que se adentraba en la pintura. Si no podía detener a Abdul-Jabbar, se encargaría de intimidar al resto. Además, en el ataque estuvo muy activo con 25 puntos. Erving se multiplicó en todas las facetas del juego, aportando 23 puntos, 10 rebotes, 7 asistencias y 5 tapones, mientras que Maurice Cheeks asumió el rol de base que se esperaba de él, sumando 23 puntos en un asombroso 11 de 13 en tiros de campo, además de repartir 10 asistencias.

En los Lakers, Abdul-Jabbar brilló con 38 puntos, 14 rebotes y 5 tapones, pero Nixon no tuvo su mejor noche, Magic Johnson se quedó en 13 tantos y Jamaal Wilkes anotó 18 puntos, aunque lanzó 23 veces al aro. Era evidente que solo el talento de Kareem no era suficiente para alcanzar la victoria.

El entrenador de los Sixers, Billy Cunningham, destacó el cambio de mentalidad en este segundo encuentro al afirmar: *"Esta serie la decidirá el equipo que realice más y mejores ajustes estratégicos en respuesta a lo que está haciendo el otro"*.

Nixon, intentando liberarse de la presión de ser considerados los favoritos, dejó claro que había que dejarlo todo en la cancha si querían ganar: *"Todo el mundo parece actuar como si fuéramos a ganar los cuatro partidos seguidos. No será tan fácil como parece"*.

GAME 3. JARRO DE AGUA FRÍA PARA LOS SIXERS

Los Lakers, heridos en su orgullo, anhelaban recuperar el preciado factor cancha cuanto antes. No tuvieron que esperar mucho, tan solo un cuarto de juego.

El imponente parcial de (31-18) a favor de los angelinos en los primeros doce minutos les otorgó el dominio absoluto del marcador durante todo el encuentro. Siempre adelante en la puntuación, Los Angeles encontraron la solidez necesaria para soportar cualquier presión que los 17.505 fanáticos de los Sixers pudieran ejercer.

Philadelphia se vio desorientado, a pesar de que los Lakers perdieron hasta 20 balones. Sin embargo, su abrumadora supremacía en el rebote, con 56 capturas en comparación a las 37 de los locales, resultó ser demasiado para los anfitriones. Al finalizar el tercer cuarto, la distancia era de +17 puntos a favor de Los Angeles.
En los últimos minutos, los Lakers comenzaron a dosificar sus esfuerzos, lo que permitió a los 76ers embellecer el marcador, que culminó con un resultado más ajustado de (111-101).

Abdul-Jabbar volvió a ser el referente indiscutible en el aspecto ofensivo de su equipo, aportando 33 puntos y 14 rebotes. Nixon, con 22 puntos, se convirtió en un estilete afilado, mientras que Wilkes contribuyó con 19 puntos y 12 rebotes, y Magic anotó 16 tantos, aunque con solo 5 asistencias.

Por parte de los Sixers, Erving destacó con 24 puntos, Dawkins aportó 21 puntos y 9 rebotes, y Cheeks sumó 18 puntos, 8 asistencias y 4 recuperaciones.

El equipo púrpura logró más que una simple victoria, brindaron una demostración de que parecían estar un paso por delante de su oponente, un paso adelante hacia la consecución del anhelado anillo de campeones.

GAME 4. LA MAGIA DE JULIUS ERVING HACE ACTO DE PRESENCIA Y NOS DEJA UNA ACCIÓN IMBORRABLE

Un 3-1 sería un golpe letal para los anhelos de Philadelphia, y el Doctor "J" era plenamente consciente de ello. Hasta ahora, había cumplido con números acordes a su estatus de jugador destacado, pero aún no había tenido un partido extraordinario que marcara la diferencia.

El encuentro se decidió por un ajustado margen a favor de los Sixers, con un marcador de (105-102), lo que les permitió igualar la serie final a (2-2). Fueron 48 minutos de baloncesto aguerrido, pero todo quedó eclipsado por una jugada, una acción protagonizada por Julius Erving, que se ha convertido en una imagen icónica en la historia de la NBA, conocida eternamente como "The Move" o "Baseline Move".

Erving se dirigió hacia el aro desde la derecha, superando la marca de Mark Landsberger en su penetración y elevándose hacia la canasta. Allí, en lo profundo de la pintura, lo esperaba Kareem Abdul-Jabbar. Julius se encontró desplazado hacia el tablero, justo debajo de este, teniendo que hacer un movimiento acrobático para evitar que su cabeza chocara con el cristal protector. En condiciones normales, todo habría terminado en nada, pero Erving tomó el balón con una sola mano, pasó por detrás del tablero, superó a Abdul-Jabbar y finalizó elegantemente por debajo del aro, bordeando la línea de fondo con una maravillosa elegancia.

Magic Johnson, quien presenció de cerca la acción, dijo: *"Yo estaba tratando de ganar un campeonato y mi boca se quedó abierta. Pensaba: '¿qué debo hacer, quitarle el balón o pedirle que lo hiciera de nuevo?"*.

Los Sixers lograron una ventaja de 21-28 al final del primer cuarto, pero los Lakers lograron recuperarse en el segundo cuarto y se fueron al descanso con una ligera ventaja de 51-49. En la segunda mitad, el partido se mantuvo muy parejo, con ambos equipos intercambiando la delantera en el marcador.

En los minutos finales del partido, los 76ers obtuvieron una ventaja de 101-97 después de una canasta de Bobby Jones, pero los Lakers respondieron con una racha de 5-0 para empatar el partido 102-102 con menos de un minuto por jugar. Sin embargo, un triple y una sólida defensa por parte de los 76ers les aseguraron la victoria por 105-102.

El partido también quedará grabado en la memoria por la destacada actuación de Julius Erving, quien lideró a los 76ers con su magistral desempeño de 23 puntos y 5 rebotes. No obstante, el brillo de los 76ers no se limitó solo a Erving, sino que

fue un juego colectivo deslumbrante, con seis jugadores que lograron anotar nueve o más puntos. Darryl Dawkins se destacó con una impresionante actuación de 26 puntos, mientras que Maurice Cheeks aportó 18 puntos y 7 asistencias.
En el bando de los Lakers, Kareem Abdul-Jabbar no tuvo su mejor noche, terminando el encuentro con 23 puntos y 11 rebotes, pero con una serie de tiros discutible de 11 de 27 intentos. Fue Magic Johnson quien cargó con el equipo, mostrando su liderazgo y habilidades excepcionales con 28 puntos, 9 rebotes, 9 asistencias y 3 recuperaciones de balón.
A pesar de la destacada actuación de los Lakers, los 76ers lograron la victoria gracias a su juego colectivo impecable y una defensa sobresaliente que limitó el impacto de los jugadores clave de Los Angeles. Fue un esfuerzo conjunto y coordinado el que les permitió superar a su rival.
Esta victoria tuvo una importancia trascendental para los 76ers, ya que les permitió igualar la serie y recuperar la confianza en sí mismos. Demostraron su capacidad para enfrentar el desafío y plantar cara a uno de los equipos más poderosos de la liga. Con la serie igualada, se abría un nuevo capítulo lleno de incertidumbre y emoción.

GAME 5. LOS LAKERS SE COLOCAN A UN PASO DEL ANILLO, PERO PIERDEN A ABDUL-JABBAR

El quinto encuentro de la serie resultó una experiencia emocionante que mantuvo en vilo a los aficionados, con Kareem Abdul-Jabbar emergiendo como el protagonista indiscutible. El pívot, tras su deslucida actuación en el cuarto partido, saltó a la cancha con la determinación de hacer valer su imponente presencia.

El dominio de Kareem fue excepcional con 40 puntos y 15 rebotes, esta vez exhibiendo una efectividad del 67%. Magic Johnson, aunque no estuvo en su mejor día en cuanto a puntería, se dedicó a otros aspectos del juego y logró un triple-doble con 14 puntos, 15 rebotes y 10 asistencias, mientras que Norm Nixon se destacó como el segundo máximo anotador con 20 puntos.

El juego de los 76ers giró en gran medida en torno a la figura de "Doctor J", quien dejó su impronta en el partido al finalizar con 36 puntos, además de capturar 9 rebotes y repartir 6 asistencias. Darryl Dawkins también fue un elemento destacado, contribuyendo con 23 puntos y 7 rebotes.

Sin embargo, toda la euforia en el campamento angelino, que finalmente se impuso por un marcador de 103-108, se vio eclipsada por una lesión. Kareem Abdul-Jabbar sufrió una lesión en el tobillo que lo obligó a abandonar la final. Los Lakers se encontraban sin su líder indiscutible, el MVP de la temporada.

A pesar del fuerte esguince en su tobillo izquierdo, Kareem hizo lo que pudo para continuar en el juego. En el último cuarto, ya lesionado y con la articulación visiblemente hinchada, logró 14 puntos y seis rebotes, incluyendo una canasta y la falta que resultó decisiva para otorgar la victoria a los Lakers.

Tras esta hazaña, el gigante angelino ya no volvería a pisar la cancha en aquella final que se encontraba en su punto más álgido, con una ventaja de 3-2 a su favor, a un solo paso de alcanzar el anhelado campeonato.

Los Sixers, que compitieron en todo momento en el partido y que realmente lo perdieron por pequeños detalles, se encontraban eufóricos, aunque dudaban de las noticias que indicaban que Kareem no volvería a jugar. No podían creer su buena fortuna, mientras que los Lakers se veían privados de su estrella en el peor momento posible.

GAME 6. LA NOCHE EN EL QUE MAGIC SE CONVIRTIÓ EN UNA LEYENDA

La leyenda de este encuentro comenzó a gestarse horas antes, cuando el entrenador Paul Westhead, en pleno vuelo hacia Philadelphia, planteó una idea descabellada a su base, Magic Johnson. Le propuso que jugara como pívot, una posición muy alejada de su habitual rol de base. *"Estoy pensando en ponerte de pívot. Sé que parece una locura y que prefieres jugar como base, pero creo que es lo mejor para el equipo"*, le planteó Westhead. A lo que Magic respondió con entusiasmo: *"¡De lujo! Me encanta. Vamos allá"*.

Ya en el pabellón, momentos antes de salir a la cancha, Johnson arengó a sus compañeros: *"El número treinta y tres no está aquí, pero tenéis al número treinta y dos. ¡Ahora, salgamos allí y vayamos a por ellos!"*. Nadie sabía aún que Magic jugaría como pívot, pero todo quedó al descubierto cuando fue el encargado de realizar al salto inicial. La sorprendente decisión dejó perplejos a todos, que fueron conscientes de que estaban presenciando un partido que podría sellar la gloria.

El encuentro se dividió en dos partes muy diferenciadas. La primera fue intensamente reñida, reflejada en el marcador al descanso con un empate a 60 puntos, augurando emociones fuertes. Una igualdad asfixiante que se mantuvo hasta pocos minutos antes del final, cuando los Sixers solo estaban dos puntos por detrás (103-101). Sin embargo, a partir de ese momento, Magic, claramente el mejor jugador de su equipo, lideró un parcial definitivo de 20-6 con 11 puntos anotados. Este parcial desató la locura en Los Angeles y aseguró la victoria final por 123-107, poniendo fin a una espera de 8 años y ganando su séptimo campeonato.

Magic Johnson, recordemos que aún era un novato y que jugaba en una posición totalmente atípica, concluyó el partido con impresionantes estadísticas: 42 puntos, 15 rebotes y 7 asistencias. El otro gran protagonista del encuentro fue Jamaal Wilkes, quien aportó 37 puntos y 10 rebotes. Juntos, anotaron más del 64% de los puntos de su equipo.

Por parte de los Sixers, Julius Erving contribuyó con 27 puntos y 7 rebotes, pero el resto del equipo no estuvo a la altura. Dawkins se quedó en 14 puntos y Cheeks en 13.

Johnson fue reconocido como el MVP de la final, y su actuación en el sexto encuentro se considera una de las mejores en la historia de las Finales de la NBA. Este momento se convirtió en un punto de inflexión en la carrera del jugador, quien se erigió como una de las estrellas más destacadas de la NBA.

Es cierto que hubo cierta controversia entre algunos aficionados, los cuales consideraban que el galardón de MVP debía ser para Kareem Abdul-Jabbar, quien indudablemente también habría sido un digno candidato. Sin embargo, nadie se atrevió a desviar los focos de Magic después de su hazaña en el sexto partido.

Los periodistas se agolparon en el vestuario de los angelinos, ávidos por capturar las emociones y las palabras de los nuevos campeones. Sin embargo, al adentrarse en aquel santuario de la victoria, se encontraron con un ambiente inusualmente silencioso, un contraste notable con la euforia que normalmente inundaba ese espacio sagrado.

Magic Johnson, rodeado por los micrófonos y las cámaras, compartió una revelación sorprendente: *"Es que todavía no nos lo terminamos de creer"*. Sus palabras resonaron en el vestuario, sumiendo a todos en una atmósfera de incredulidad y asombro. La hazaña que habían logrado, el título de campeones de la NBA, parecía demasiado grande para ser asimilado en ese momento.

Los jugadores, con sus rostros empapados de sudor y sus corazones aún latiendo con fuerza por la intensidad del partido, miraban a su alrededor, buscando confirmación de lo que habían conseguido. Era como si el éxito hubiera llegado de forma arrolladora y hubiera dejado a todos en un estado de aturdimiento.

Los flashes de las cámaras y las preguntas de los periodistas inundaban el vestuario, pero la calma persistía. Era una calma cargada de asombro, de asimilación gradual de una realidad que se había vuelto tangible. En ese silencio, cada jugador reflexionaba sobre el camino recorrido, sobre los obstáculos superados y las batallas libradas.

La incredulidad se entrelazaba con la satisfacción, y una sonrisa iluminaba el rostro de cada miembro del equipo. Las palabras eran escasas, pero las miradas hablaban por sí mismas. Era un momento de éxtasis contenido, de asimilar la grandeza del logro alcanzado.

Este partido también quedó marcado por la decisión de los Lakers de rescindir el contrato del entrenador Jack McKinney, ya que no lo consideraban parte de sus planes para la próxima temporada. Para Jerry Buss no fue una elección fácil, ya que no le agradaba tener que despedir a alguien, pero explicó su determinación diciendo: "No creo que encaje en nuestra estructura organizativa en este momento, pero no dudaría en recomendar a Jack como Gerente General o entrenador de cualquier equipo de la NBA".

Estadísticas jugador por jugador (* = titulares)

Angeles Lakers
**Magic Johnson - 21.5 puntos, 11.2 rebotes, 8.7 asistencias y 2.7 recuperaciones*
**Norm Nixon - 15.5 puntos, 7.0 asistencias, 3.7 rebotes y 2.2 recuperaciones*
**Jamaal Wilkes - 21.3 puntos, 7.7 rebotes y 3.2 asistencias*
**Jim Chones - 8.3 puntos, 7.0 rebotes y 1.5 asistencias*
**Kareem Abdul-Jabbar - 33.4 puntos, 13.6 rebotes, 4.6 tapones y 3.2 asistencias en cinco encuentros*
Micheal Cooper - 8.8 puntos, 4.2 rebotes, 3.3 asistencias y 1.2 recuperaciones
Mark Landsberger - 4.2 puntos y 6.2 rebotes
Brad Holland - 3.3 puntos y 1.0 recuperación en tres encuentros
Spencer Haywood - 1.0 punto en dos encuentros
Marty Byrnes - Sin estadísticas destacables en el encuentro que disputó

Philadelphia Sixers
**Maurice Cheeks - 14.7 puntos, 6.7 asistencias, 3.2 rebotes y 2.5 recuperaciones*
**Lionel Hollins - 12.8 puntos, 8.8 asistencias, 3.7 rebotes y 2.0 recuperaciones*
**Julius Erving - 25.5 puntos, 7.0 rebotes, 5.0 asistencias, 2.3 tapones y 2.0 recuperaciones*
**Caldwell Jones - 9.0 puntos, 8.3 rebotes, 2.7 tapones y 1.8 asistencias*
**Darryl Dawkins - 20.2 puntos, 6.0 rebotes, 2.3 tapones, 2.2 asistencias y 1.2 recuperaciones*
Bobby Jones - 11.0 puntos, 5.7 rebotes, 2.0 asistencias, 1.8 tapones y 1.2 recuperaciones
Steve Mix - 7.2 puntos, 1.8 rebotes y 1.4 asistencias en cinco encuentros
Henry Bibby - 5.0 puntos, 3.2 asistencias y 1.8 rebotes
Clint Richardson - Sin estadísticas destacables en el encuentro que disputó
Jim Spanarkel - Sin estadísticas destacables en el encuentro que disputó
Bernard Toone - Sin estadísticas destacables en el encuentro que disputó

CUANDO MAGIC SE CARGA A SU ENTRENADOR

Cuando Magic se carga a su entrenador

La temporada 1980/81 marcó un pequeño parón en el proyecto de Jerry Buss. Después de haber conquistado el anillo el año anterior, todas las miradas se posaban sobre los Lakers, pero algo no funcionó en aquella campaña.

Todo comenzó con un cambio de estilo de juego implementado por Paul Westhead, quien parecía ignorar el proverbio "no toques lo que funciona". Este cambio táctico generó tensiones entre el entrenador y los jugadores, especialmente con Magic Johnson. La falta de química se tradujo en un equipo campeón que fue eliminado en la primera ronda de los playoffs por los Houston Rockets, con un resultado de 2-1.

Los angelinos se encontraron con una fuerza de la naturaleza llamada Moses Malone, quien con 31 puntos y 18 rebotes expulsó a los Lakers de la competición. Aquel año, el título fue a parar a los Boston Celtics, quienes vencieron merecidamente a los Rockets por 4-2. Los Celtics regresaban al camino de la victoria después de cinco años de sequía, iniciando así la rivalidad de los 80 entre los Lakers y los Celtics por determinar quién sería la mejor franquicia de la década.

El anillo de Boston aumentó aún más las discrepancias entre los jugadores angelinos y su entrenador. El vestuario era un polvorín y esto solo podía terminar de una manera: con el despido del entrenador. Johnson estaba descontento con la forma en que Westhead manejaba al equipo y quería un estilo de juego más rápido y ofensivo. Por otro lado, el entrenador prefería un enfoque equilibrado que incluyera tanto la defensa como el ataque. Estos desacuerdos llevaron a tensiones entre Westhead y Johnson, así como con otros jugadores del equipo, incluido Kareem Abdul-Jabbar, quien también tuvo sus propios problemas. La falta de buenos resultados y el ambiente tenso fueron determinantes para la sentencia del entrenador.

Tras la disputa de la 11ª jornada de la temporada 81/82, con un balance de 7 victorias y 4 derrotas, Magic Johnson lanzó un ultimátum después del partido contra los Utah Jazz, declarando a la prensa que quería ser traspasado y que no volvería a vestir la camiseta de los Lakers. Magic presionó al máximo para lograrlo: *"No puedo seguir jugando en este equipo. Quiero irme de aquí. Quiero ser traspasado. No puedo soportarlo más. No estoy a gusto, no soy feliz. No me divierto jugando así. Necesito marcharme"*. Fue una pataleta en toda regla que solo podía significar una cosa: el despido de Westhead.

Sin embargo, surgió la pregunta de quién ocuparía su lugar. La temporada estaba en sus primeras etapas tanto en la NBA como en la NCAA, por lo que no era fácil encontrar un candidato ideal. Se habló de la posibilidad de que Jerry West volviera, pero él se negó a asumir el papel de entrenador. No había muchas opciones... hasta que se tomó la decisión de contratar a Pat Riley.

Pat Riley era un hombre de la casa. Recordemos que había sido campeón de la NBA como jugador en 1972 y como entrenador asistente en 1980 junto a Westhead. En el entorno del equipo había muchas dudas al respecto, pero...

Las dudas sobre la contratación de Riley eran tantas que al principio no le otorgaron plenos poderes. En su lugar, se inventaron el puesto de "capitán en ataque", una posición claramente ficticia creada para que Jerry West estuviera cerca de Pat, a quien calificaron como "capitán en defensa". Tras la conferencia de prensa en la que se anunció la contratación de Riley, West le dijo: *"Tú eres el único entrenador del equipo"*. Sin embargo, su fichaje generaba muchas dudas y se notaba que la directiva de los Lakers no confiaba en absoluto en la decisión, era una especie de apaño.

En ese momento, nadie sabía que estábamos presenciando uno de los idilios más resonantes en la historia de la franquicia. En su primera temporada como entrenador, Riley llevó a los Lakers a ganar el campeonato de la NBA, derrotando a los Philadelphia 76ers en las finales. En los siguientes siete años, con Riley al mando, los Lakers ganaron tres campeonatos más en 1982, 1985 y 1987.

Bajo su liderazgo, los Lakers adoptaron un estilo de juego rápido y ofensivo que se convirtió en su sello distintivo durante la década de los 80. Además de su éxito en la cancha, Riley también era conocido por su habilidad para motivar a sus jugadores y crear un ambiente de equipo unido. Junto a Magic Johnson, se le considera uno de los creadores del "Showtime", el estilo de juego rápido y espectacular que llegó a definir a los Lakers.

En el año 1990, Pat Riley decidió continuar su carrera lejos de Los Ángeles, pero su legado quedó firmemente asegurado. Su estilo de liderazgo y su búsqueda constante de la excelencia se convirtieron en la clave del éxito de los Lakers a lo largo de los años, dejando una huella imborrable en la historia del equipo y de la NBA.

La prensa, sin embargo, no fue amable con Magic Johnson. Su insistencia en despedir a un entrenador no lo dejó en buen lugar ante nadie. Fue tildado de niño mimado de la franquicia, de consentido en exceso, y se le lanzaron críticas de índole personal. Los Lakers sabían que esto solo se solucionaría en parte ganando partidos y luchando por objetivos.

A lo largo de la temporada 81/82, los Lakers lograron su propósito, jugando a una velocidad vertiginosa, se convirtieron en líderes del Oeste con un balance de 57 victorias y 25 derrotas, solo superados por el imponente equipo del Este, los Boston Celtics, que acumuló 63 victorias.

En cuanto a la composición del equipo, los Ángeles se reforzaron con tres jugadores interiores, una auténtica fuerza pretoriana destinada a respaldar el juego interior de un Kareem Abdul-Jabbar que ya contaba con 34 años. Kurt Rambis, Bob McAdoo y Mitch Kupchak se sumaron al conjunto, aunque este último se vio afectado por lesiones que lo mantuvieron alejado de las canchas durante largos periodos de tiempo.

Kurt Rambis, un ala-pívot de 2.06 metros de altura, inició su carrera en la NBA en 1981 con los Lakers de Los Ángeles y rápidamente se convirtió en un jugador clave para el equipo. Aunque no era una estrella, Rambis era un jugador valioso y respetado en la cancha gracias a su ética de trabajo y su estilo de juego físico.

En el campo, Rambis era conocido por su capacidad para correr y realizar jugadas de alto impacto. También sobresalía como reboteador, tanto en el rebote ofensivo como en el defensivo. Su estilo de juego físico era apreciado por todos y a menudo se veía involucrado en enfrentamientos con jugadores rivales.

A pesar de sus habilidades en la pista, lo que realmente hizo que Kurt Rambis se destacara, era por ser un jugador sumamente inteligente y siempre realizaba acciones que no salen reflejadas en las estadísticas, como su defensa tenaz, su lucha por los rebotes y su capacidad para hacer jugar al equipo en conjunto.

A lo largo de su carrera con los Lakers, Rambis se alzó con cuatro campeonatos de la NBA, dejando su huella en cada uno de ellos. A nivel estadístico, promedió 5.2 puntos y 5.6 rebotes por juego durante su tiempo en la NBA. Finalmente, se retiró en 1995 tras acumular 14 temporadas en la liga.

Kurt Rambis se ganó el respeto y la admiración en la NBA. Aunque no era una estrella, su presencia en la cancha y su papel fundamental lo convirtieron en un jugador muy querido por los aficionados, quienes no dudaban en emular su icónico look con las aparatosas gafas que él utilizaba.

Mitch Kupchak, un coloso de estatura y destreza con sus 2.06 metros, se alzó como un protagonista en los escenarios universitarios, donde sus logros brillaron con fuerza. Conquistó dos campeonatos de la NCAA y fue honrado con el título de All-American en 1976, un año que también lo vio vestirse con la gloria olímpica en Montreal, ondeando la bandera de Estados Unidos y llevándose consigo el oro más preciado.

La NBA, como una seductora sirena, llamó a su puerta en aquellos días dorados. Los Washington Bullets le otorgaron un lugar privilegiado en la primera ronda del draft, y así comenzó su travesía en la máxima liga del baloncesto. Durante seis temporadas, Kupchak dejó su huella en la capital, encestando y defendiendo con ímpetu.

Sin embargo, el destino depararía un nuevo rumbo para este prodigioso jugador. En 1981, los Lakers lo reclamaron como suyo, donde su estirpe floreció. Convertido en una pieza clave del equipo, ayudó a conquistar dos anillos de campeonato de la NBA, en los años 1982 y 1985.

La carrera de Kupchak en la NBA fue un constante torrente de talento y versatilidad. Su fortaleza en la zona pintada era temida por los contrincantes, pues sabían que su capacidad de anotar y defender desde cerca o a distancia era inigualable. No solo eso, su destreza para capturar rebotes y repartir asistencias era sublime, y siempre se entregaba con pasión en ambos lados de la cancha.

Cuando el tiempo hizo resonar el último suspiro de su carrera como jugador en 1986, Kupchak encontró una nueva morada en los pasillos de la oficina de los Lakers. Allí, como asistente del gerente general, desplegó su vasto conocimiento del juego y su amor inquebrantable por el equipo que le había dado tanto. En el año 2000, ascendió al trono como gerente general principal.

Era el tercer fichaje, aquel que engrandecería el nombre de los Lakers, forjando una alianza imprevista debido a una infortunada lesión que aquejaba a Kupchak y que obligó a buscar alternativas en el mercado. En ese momento, el destino tramaba un gran movimiento, una obra maestra del arte de negociar que siempre envolvió la fama de esta mítica franquicia, hablamos de McAdoo

Bob McAdoo, un gigante en estatura y talento, había permanecido apartado del juego durante varios meses tras un desacuerdo económico con los New Jersey Nets. Fue entonces cuando los designios del destino le llevaron a Los Angeles. Una futura segunda ronda del Draft y un generoso pellizco económico fueron las monedas que sellaron su traslado desde Nueva Jersey.

McAdoo, cuyo nombre resonaba con ecos de grandeza tras su impecable actuación como uno de los máximos anotadores de la NBA con los Buffalo Braves, e incluso ganando el codiciado título de Jugador Más Valioso en la temporada de 1975, supo fundirse con los Lakers, dotando al equipo de un magnífico talento colectivo. Su estampa de 2.06 metros de altura encendía la cancha con su envergadura y destreza.

La época de púrpura y oro se tiñó de gloria en aquellas cuatro inolvidables temporadas en las que McAdoo portó con orgullo la camiseta angelina. Su aporte fue invaluable para los Lakers, conduciéndolos hacia la conquista de dos campeonatos de la NBA, en los años 1982 y 1985.

Desde su posición como jugador clave, emergiendo desde el banquillo con el ímpetu de un volcán en erupción, McAdoo deleitó con su explosivo juego ofensivo y una defensa sólida que asfixiaba a sus rivales. Fue un pilar imprescindible en la consagración del equipo en el campeonato de la NBA en 1982, promediando 17.0

puntos y 7.3 rebotes durante los emocionantes playoffs. Y en 1985, cuando los Lakers volvieron a saborear las mieles del triunfo, contribuyó con una media de 12.6 puntos y 4.6 rebotes por encuentro en las batallas de postemporada.

McAdoo trascendía la cancha con una personalidad luminosa y una energía contagiosa. Su sonrisa iluminaba los vestuarios y su carisma lo convertía en líder y camarada para sus compañeros de equipo.

En la enardecida batalla de los playoffs de 1982, los Angeles Lakers se alzaron como una implacable apisonadora, arrollando a sus oponentes en su imparable avance hacia la final de la NBA. Primero, los Phoenix Suns sucumbieron ante ellos en una contundente barrida (4-0), y luego, en las finales de la conferencia Oeste, los San Antonio Spurs fueron aplastados sin piedad (4-0).

En el umbral de la gran final, un viejo conocido volvió a entrometerse en el camino de los Lakers: los Philadelphia Sixers. Por segunda vez en apenas dos años, este encuentro impedía el anhelado duelo de titanes entre los Lakers y los Celtics en la batalla definitiva. En la final del Este, los Celtics se erguían como claros favoritos, pero nuevamente se encontraron con unos combativos Sixers que, al final, se llevaron la serie en el séptimo y decisivo partido. En este épico enfrentamiento, el liderazgo de Toney brilló con 22 puntos y 5 asistencias, mientras que Julius Erving aportó 19 puntos y 6 rebotes.

En el bando de los orgullosos verdes, hasta entonces los vigentes campeones, destacaron las actuaciones magistrales de Robert Parish, con un promedio de 20 puntos y 11 rebotes por partido, y Larry Bird, quien exhibió su genio con 18 puntos, 14 rebotes y 7 asistencias. El destino les había arrebatado su corona, pero no sin un titánico esfuerzo por parte de estos hombres de Boston.

Para los Angeles Lakers, una vez más se avecinaba una final contra los Philadelphia Sixers, después de un año de hiato. De nuevo, tendrían que enfrentarse a Cheeks, Erving, Dawkins y tratar de contener la nueva amenaza ofensiva de los de Philadelphia, encarnada en Andrew Toney. Además, este año su rival gozaba del ansiado factor cancha en esta eliminatoria, un desafío arduo y desalentador para los hijos de Los Ángeles. Enfrentarse a esta adversidad sería una prueba de fuego, una batalla encarnizada que pondría a prueba la determinación y el temple de los angelinos.

LAKERS
21
M. THOMPSON
43
32

FINAL 1.982
LOS LAKERS VUELVEN A IMPONERSE A ERVING Y COMPAÑÍA

GAME 1. UN TREMENDO PARCIAL FINAL DE LOS LAKERS LE DA LA PRIMERA VICTORIA

El ambiente en el Spectrum era eléctrico cuando los Sixers dieron inicio a la tan esperada final. Después de superar a los formidables Celtics, el público rebosaba ansias de revancha por la final anterior en 1980. Esta motivación adicional se tradujo en un arranque arrollador por parte de los locales, dominando el marcador a lo largo de la primera mitad y alcanzando una ventaja de quince puntos al comienzo del tercer cuarto (68-83).

Sin embargo, a partir de ese momento, el partido tomó un giro radical. El genio estratega de Riley comenzó a modificar las defensas. Esto desquició tanto a los jugadores de los Sixers como a su entrenador, quienes se vieron abrumados por un demoledor parcial que no solo permitió a los Lakers remontar, sino que incluso se permitieron el lujo de ganar con una cómoda diferencia en las últimas posesiones (124-117).

Wilkes, con 10 puntos, y la formidable dupla interior formada por Abdul-Jabbar y McAdoo, con 8 cada uno, lideraron el asombroso parcial de 9-40 en tan solo 11 minutos, allanando el camino hacia la victoria angelina.

En el bando de Los Angeles, brillaron Wilkes y Nixon, ambos con 24 puntos, mientras que Abdul-Jabbar anotó 23 puntos. Destacaba el hecho de que los siete jugadores que estuvieron en la cancha anotaron al menos 10 puntos, y Magic Johnson se quedó a una sola asistencia de conseguir un triple-doble.

Por parte de los Sixers, quienes contaron con una rotación más amplia, el ataque se apoyó en Erving, quien logró 27 puntos y 9 rebotes, y Toney, con 20 puntos y 9 asistencias.

Tras el partido, el entrenador de los Sixers, Billy Cunningham, justificó la derrota de su equipo atribuyéndola a los bajos porcentajes de acierto y la falta de búsqueda de sus mejores opciones ofensivas.

En cuanto a Wilkes, uno de los destacados en los Lakers, Copper no escatimó elogios y resaltó su juego al decir: *"Cuando le ves jugar, te das cuenta de que es uno de los mejores jugadores de la liga"*.

Los jugadores, imbuidos por el impulso de ese impresionante parcial, comenzaron a fantasear con la posibilidad de ganar la serie con otro contundente 4-0, tal como habían logrado en las dos rondas anteriores. Magic Johnson, desde una perspectiva casi imposible, confesó entre risas: *"Es algo que comentamos entre nosotros, sin más. Nos hace gracia, eso es todo"*.

GAME 2. LOS SIXERS ADQUIEREN SOLIDEZ PARA EMPATAR LA SERIE

Philadelphia dominó de manera contundente el juego bajo los tableros, capturando 52 rebotes en comparación con los 39 de los angelinos, lo cual les permitió mantener el control del marcador en todo momento. A pesar de que Riley decidió colocar a Magic Johnson en la defensa sobre Julius Erving, la estrategia solo tuvo éxito parcial, ya que el "Doctor J" finalizó el encuentro con 24 puntos y 14 rebotes.

Los 76ers impusieron su dominio desde el inicio del partido y mantuvieron una ventaja constante a lo largo del encuentro. Los pobres porcentajes de acierto de los Lakers, con un 42% en tiros de dos puntos y un 0 de 5 en triples, no hacían presagiar ningún cambio en la soberanía de los locales. Billy Cunningham hizo uso de todos sus pívots, Caldwell Jones, Darryl Dawkins y Earl Cureton, en diferentes momentos para vigilar a Kareem Abdul-Jabbar, quien finalizó el partido con 23 puntos y 7 rebotes.

El encuentro concluyó con una clara victoria para los 76ers, con un marcador de 94-110. Magic Johnson aportó 18 puntos y 11 rebotes, mientras que Wilkes se quedó en solo 13 tantos. En el equipo de Philadelphia, Maurice Cheeks brilló en la dirección del juego, sumando 19 puntos y 8 asistencias.

Julius Erving mostró una confianza desafiante al finalizar el partido, afirmando: *"Hemos entrenado mucho estos días para vencer a los Lakers. Les hicimos pagar por cada riesgo que tomaron. Nosotros ya sabemos qué hacer, ahora son ellos los que deben buscar la manera de vencernos"*. Estas palabras del "Doctor J" resultaron insultantes para Riley, quien las tomó como una afrenta. *"Dicen que ya saben cómo detenernos. Están convencidos de ganar esta final..."*, fueron las irónicas palabras del entrenador angelino, consciente de que la serie se trasladaba a su feudo, el Forum de Inglewood.

GAME 3. NIXON Y MAGIC JOHNSON LIDERAN EL ATAQUE ANGELINO

Los Lakers salieron al terreno de juego con una energía arrolladora, decididos a socavar la defensa de los Sixers. Nixon, con sus 29 puntos, y Magic, con 22 puntos y 9 rebotes, se destacaron como los más incisivos en el ataque.

El equipo local siempre estuvo al mando, gracias en gran parte a sus parciales en el primer cuarto, donde lograron una ventaja de 12 puntos, y al inicio del tercer cuarto, donde ampliaron la brecha en 9 puntos. Estos parciales permitieron a los Lakers llevarse la victoria con un contundente marcador de 108-129, recuperando así la ventaja en la final.

En los Sixers, Toney anotó una gran cantidad de puntos, sumando 36 en total, pero con la sensación de llevar a cabo una batalla individual. Erving, con 21 tantos, no tuvo su mejor noche, y se empezó a criticar la falta de rigor defensivo de Dawkins, quien desde el banquillo logró 14 puntos y 13 rebotes, a pesar de sus 3 tapones.

Abdul-Jabbar aportó 16 puntos al marcador, y en el banquillo destacaron McAdoo, con 14 tantos, y Cooper, con 12, quien recordó las palabras previas de Erving. El enfrentamiento estaba servido entre ellos: *"¿Qué te parece lo que has visto? ¿Creías que ya nos tenías la medida? Echa un vistazo al marcador"*.

Riley hizo hincapié en la labor de su asistente, Bill Bertka, y destacó: *"Utilizamos su defensa en zona 1-3-1 en toda la cancha para derrotarles. No tenían ni idea de cómo enfrentarla"*.

GAME 4. LOS ANGELINOS SIGUEN INFALIBLES EN EL FORUM Y APUNTILLAN LA FINAL

Los Lakers sentenciaron la final al ganar el cuarto partido con un marcador de 101-111, dejando la serie con una ventaja de 3-1 a favor de los angelinos. Nadie en la historia había logrado remontar un déficit tan abrumador, por lo que era sinónimo de coronarse campeones. Solo quedaba por determinar en qué partido pondrían la guinda al campeonato.

La receta de los Lakers fue la misma de siempre: Magic y Wilkes, ambos con 24 puntos, anotando desde el perímetro, Abdul-Jabbar dominando la pintura con sus 22 puntos y 11 rebotes, y McAdoo aportando 19 puntos para dar profundidad a la rotación del equipo.

Los Lakers comenzaron el partido tomando una ventaja de once puntos y al llegar al descanso la diferencia se movía en torno a los quince o diecisiete puntos a favor de los locales. Philadelphia logró igualar la intensidad en la segunda mitad, pero solo consiguió recortar ligeramente la brecha.

Toney volvió a tener una destacada actuación individual, anotando 28 puntos y repartiendo 11 asistencias, mientras que Erving sumó 25 puntos y no dejaba de repetir al final del partido: *"No estamos muertos. Mientras esto no esté terminado, lucharemos por cada victoria, competiremos"*.

Dawkins, quizás más realista o menos diplomático, aseguraba: *"Somos conscientes de que no basta con jugar al 100%"*.

Las defensas zonales implementadas por los Lakers se habían convertido en un grave problema para el juego de los Sixers, que se sentían completamente desorientados y fuera de ritmo durante todo el encuentro. Siempre incómodos, incapaces de encontrar su propio tempo.

GAME 5. LOS SIXERS SACAN SU ORGULLO EN EL SPECTRUM

El partido se desplegó como un duelo desigual, el más dispar de toda la eliminatoria. ¿Acaso los Lakers se permitieron un respiro, confiados en que tendrían la oportunidad de triunfar frente a su entusiasta afición? ¿O fue la reacción furiosa de los Sixers, conscientes de que no había marcha atrás en su derrota final?

Sea cual fuera la razón, nos vimos privados de un encuentro en la segunda mitad. Al llegar al descanso, el marcador reflejaba un empate (54-54), pero en el ambiente flotaba la certeza de que Philadelphia tomaría la delantera en cualquier instante.

Fue tras el reinicio del juego cuando los Sixers se despegaron, aumentando su ventaja en diez puntos, y fue en el último cuarto cuando el poderoso espíritu del Spectrum impulsó a su equipo, con un parcial de (21-44), sellando el encuentro con una contundente diferencia de (102-135).

Toney, con sus 31 puntos y 8 asistencias, volvió a erigirse como el mejor anotador de los 76ers, seguido de cerca por Erving, quien logró 23 puntos, Jones con 21 y Dawkins con 20 tantos.

En el bando de los Lakers, McAdoo emergió desde el banquillo con sus 23 puntos, mientras que Nixon destacó con 20 puntos y 13 asistencias. Magic Johnson, por su parte, mostró un rendimiento discreto con tan solo 10 puntos, y Abdul-Jabbar, en una actuación aún peor, apenas alcanzó los 6 puntos.

Al final del partido, Magic intentó infundir calma en su equipo: *"Esto no significa nada. Regresamos a casa, y allí todo será muy diferente"*.

El Doctor J, por su parte, brindó palabras de aliento a los suyos: *"Ya se los advertí. Esto no ha terminado. No estamos muertos. No permitan que nos den por vencidos aún"*.

GAME 6. LOS LAKERS ZANJAN LA SITUACIÓN PARA PROCLAMARSE CAMPEONES

Los Sixers anhelaban mantener el impulso ganador del partido anterior, y aunque este encuentro se disputara en el Forum, llevaban consigo la firme intención de forzar un séptimo enfrentamiento. Los Lakers sostenían pequeñas ventajas, hasta que un arrebato al final del segundo acto los posicionó con una ventaja de 57-66 al descanso.

Philadelphia emergió con furia en la reanudación, acercándose en varias ocasiones a tan solo un punto de diferencia. Bob McAdoo, más conocido por su juego ofensivo, llevó a cabo una jugada defensiva crucial al final del tercer cuarto al bloquear un intento de bandeja de Julius Erving, que habría dado a los Sixers la ventaja tras varios minutos de lucha. Aunque aún faltaba mucho por jugarse, este momento podría tener un impacto psicológico importante.

Los Lakers remontaron y ampliaron su ventaja a 11 puntos al comienzo del último periodo. Era la fuga definitiva, el público lo sabía, los Sixers lo sabían. El partido se les escapaba (104-114), y con él, el anillo. Erving, con 30 puntos, y Toney, con 29 puntos, encabezaron, como lo habían hecho a lo largo de toda la serie, el ataque de los Sixers.

Wilkes, con 27 puntos, fue el mejor jugador por parte angelina, mientras que Abdul-Jabbar anotó 18 puntos. Además, otros tres jugadores, McAdoo, Cooper y Nixon, aportaron 16 puntos cada uno. Magic, quien al final sería reconocido como el Jugador Más Valioso de la final, logró un triple-doble con 13 puntos, rebotes y asistencias.

En la victoria, Kareem recordó la derrota en los playoffs del año anterior y consideró este resultado como una redención: *"Esta es la remontada definitiva. Hemos tropezado en el camino, pero lo hemos logrado. Esto es dulce"*.

Riley obtuvo su primer anillo como entrenador en jefe y compartió sus sentimientos al respecto: *"He soñado con esto en muchas ocasiones, aunque más que sueños, he tenido pesadillas con un séptimo partido que no ganamos. Ahora, disfrutemos de este sueño hecho realidad"*.

Wilkes, tras una temporada personalmente desafiante, reflexionó: *"Es hora de mirar hacia atrás y apreciar todo lo que hemos logrado, y disfrutar este momento después de tanto trabajo"*.

En el bando contrario, Maurice Cheeks explicó una de las claves de la victoria angelina: "Ritmo, definición. Utilizan su velocidad como otros equipos utilizan la fuerza".

Final 1.982 - Los Lakers vuelven a imponerse a Erving y compañía

Estadísticas jugador por jugador (* = titulares)

Angeles Lakers

**Magic Johnson - 16.2 puntos, 10.8 rebotes, 8.0 asistencias y 2.5 recuperaciones*
**Norm Nixon - 17.7 puntos, 10.0 asistencias, 3.7 rebotes y 1.7 recuperaciones*
**Jamaal Wilkes - 19.7 puntos, 5.8 rebotes, 2.8 asistencias y 1.5 recuperaciones*
**Kurt Rambis - 7.8 puntos, 6.5 rebotes, 1.2 asistencias y 1.0 recuperación*
**Kareem Abdul-Jabbar - 18.0 puntos, 7.7 rebotes, 3.8 asistencias, 3.2 tapones y 1.3 recuperaciones*
Bob McAdoo - 16.3 puntos, 5.0 rebotes, 2.3 tapones y 1.0 recuperación
Michael Copper - 13.3 puntos, 4.7 rebotes, 3.7 asistencias y 1.3 recuperaciones
Mark Landsberger - 1.0 punto y 3.8 rebotes en cuatro encuentros
Clay Johnson - 0.6 puntos en tres encuentros
Mike McGee - 5.0 puntos y 1.0 rebote en dos encuentros
Jim Brewer - 2.0 puntos en dos encuentros
Eddie Jordan - 0.0 puntos y 2.5 asistencias en dos encuentros

Philadelphia Sixers

**Maurice Cheeks - 14.7 puntos, 8.7 asistencias, 2.5 rebotes y 2.0 recuperaciones*
**Andrew Toney - 26.0 puntos, 7.8 asistencias, 2.7 rebotes y 1.2 recuperaciones*
**Julius Erving - 25.0 puntos, 8.2 rebotes, 3.3 asistencias, 1.8 recuperaciones y 1.3 tapones*
**Bobby Jones - 11.5 puntos, 6.2 rebotes, 2.7 asistencias y 1.0 tapón*
**Caldwell Jones - 6.0 puntos, 7.8 rebotes y 3.0 tapones*
Darryl Dawkins - 12.2 puntos, 5.0 rebotes y 2.0 tapones
Clint Richardson - 6.2 puntos, 2.2 rebotes y 2.0 asistencias
Mike Bantom - 5.3 puntos y 4.3 rebotes
Lionel Hollins - 3.3 puntos, 4.0 asistencias, 2.3 recuperaciones y 1.0 rebote en tres encuentros
Steve Mix - 3.3 puntos en tres encuentros
Earl Cureton - 2.6 puntos y 4.3 rebotes en tres encuentros
Franklin Edwards - 6 puntos en el encuentro que disputó

EL ARTE DE NEGOCIAR

A lo largo de su historia, los Lakers han sido elogiados, a veces a regañadientes, por su notable habilidad para la gestión. Han demostrado esto a lo largo de los años, y por eso son, junto con los Celtics, el equipo más laureado en la historia de la NBA. En los despachos, se deben manejar los tiempos, templar los nervios y saber lidiar con grandes sumas de dinero en juego. Pero a veces, también se necesita suerte. Y fue precisamente la suerte la que les sonrió en el verano de 1982, cuando los Lakers, como vigentes campeones de la NBA, tuvieron la oportunidad de elegir en primer lugar en el Draft. Era algo inusual, que el campeón pudiera elegir en la primera posición tan solo unos días después. Por supuesto, esta situación atípica tenía una historia detrás.

Todo se gestó dos años antes, en 1980, cuando los Lakers y los Cavaliers llegaron a un acuerdo de traspaso que en aquel momento no generó mucha atención. El traspaso envió a Butch Lee a Los Angeles, mientras que Cleveland recibió a Don Ford. Además, se incluyó un intercambio de futuras primeras rondas del Draft. Y ahí, en esa sutil cláusula añadida, y gracias a la fortuna, los Lakers tuvieron la posibilidad de elegir al número 1 del Draft a través de los Cleveland Cavaliers, dos años después.

En aquel verano, Jerry Buss estaba decidido a hacerse con el pívot universitario Ralph Sampson. Los Lakers veían en él al sucesor ideal para dar descanso a Kareem Abdul-Jabbar y que luego ocupara su puesto cuando "Cap" decidiera retirarse. Parecía un plan perfecto, pero finalmente Sampson decidió jugar un año más en la universidad.

Llegó el momento de tomar una decisión, y aunque en un principio parecía que se inclinarían por Sleepy Floyd, al final, debido a la cantidad de jugadores que ya tenían en la posición de base en la plantilla, Pat Riley se decantó por un auténtico alero, un talentoso jugador de la posición tres que brindaría muchas noches de gloria a los Angeles Lakers: James Worthy.

James Worthy, un imponente alero de 2.06 metros de estatura, también conocido como "Big Game James" debido a su habilidad para elevar su juego en momentos trascendentales, había dejado una huella imborrable en la Universidad de Carolina del Norte en Chapel Hill, donde deslumbró con su destacada carrera. Su destreza en la cancha no pasó desapercibida para los Lakers, y la historia demostraría que tomaron la decisión correcta.

A lo largo de sus 12 temporadas en la NBA, todas ellas defendiendo la camiseta de los Lakers, Worthy se convirtió en una auténtica estrella y en uno de los pilares fundamentales del equipo. Su estilo de juego versátil, combinado con su envergadura, fuerza y habilidades atléticas, lo convirtieron en un alero dominante en ambos extremos de la cancha.

Worthy se destacaba por su habilidad para anotar en el poste bajo, su capacidad para correr en los contragolpes y su destreza para finalizar jugadas con espectaculares mates. Además, era un defensor sólido y siempre aportaba en el juego del rebote.

Conquistó tres campeonatos de la NBA en 1985, 1987 y 1988. En 1988, durante las Finales, Worthy fue galardonado como el Jugador Más Valioso de las mismas. A lo largo de su carrera, recibió el honor de ser seleccionado en siete ocasiones para el All-Star Game de la NBA y fue reconocido como el Jugador Más Valioso del All-Star Game en 1990. En 1994, decidió poner fin a su trayectoria profesional, y como homenaje a sus notables contribuciones al equipo, los Lakers retiraron el número 42 que lucía en su espalda.

Para la temporada 82/83, los Lakers se presentaban como un equipo formidable, manteniendo su bloque campeón de la NBA y sumando a su arsenal al número 1 del Draft, James Worthy. Este hecho los situaba como favoritos para revalidar el anillo, aunque desde los legendarios Celtics de los años 60 nadie había logrado repetir como campeón.

En la fase regular, los Lakers dominaron de manera contundente el Oeste, cosechando 58 victorias, cinco más que los Suns y los Spurs. Sin embargo, quedaban muy por debajo del equipo más destacado de la temporada 83, los Philadelphia Sixers.

En las semifinales de la conferencia, eliminaron a los Portland Trail Blazers por un contundente 4-1, mostrando su superioridad. En las finales del Oeste, se enfrentaron nuevamente a los San Antonio Spurs de destacados jugadores como Mike Mitchell, George Gervin y Artis Gilmore, y lograron la victoria por 4-2.

La final de la NBA les deparaba un desafío aún mayor, ya que se encontrarían nuevamente con unos Philadelphia Sixers que habían aprendido la lección a la perfección y estaban decididos a cobrarse revancha, esta vez liderados por un imponente Moses Malone. La historia en esta final de 1983 prometía ser muy distinta para los Lakers.

Sin embargo, los problemas se multiplicaron para los angelinos. Además de enfrentarse a unos Sixers llenos de rabia y determinación, las lesiones se convirtieron en un obstáculo insuperable. Los Lakers no pudieron contar con James Worthy durante toda la serie final, y tanto Bob McAdoo como Norm Nixon no estaban en plenitud física para afrontar cada partido.

Estas adversidades complicaron en gran medida el camino de los Lakers hacia el anillo. A pesar de su talento y valentía, se vieron mermados y debilitados en la batalla decisiva. Ahora, enfrentados a una situación incierta, tendrían que buscar la manera de superar las dificultades y hacer frente al desafío.

FINAL 1983
A LA TERCERA FUE LA VENCIDA PARA LOS PHILADELPHIA SIXERS

GAME 1. LOS SIXERS GOLPEAN PRIMERO, GOLPEAN DOS VECES

La gran final tuvo lugar el 8 de junio en el The Spectrum, un escenario lleno de expectativas. Los dos equipos protagonistas habían tenido temporadas sobresalientes, liderando sus respectivas conferencias y llegando a las Finales con el anhelo de alzarse con el campeonato.

En el primer cuarto, los 76ers tomaron la delantera al superar a los Lakers por 10 puntos. Sin embargo, los Lakers se recuperaron en el segundo cuarto y lograron ponerse al frente con una ventaja de 13 puntos. Llegando al tercer cuarto, el marcador mostraba un ajustado 64-62 a favor de los californianos, pero los 76ers no se rindieron. Consiguieron una racha de 8 puntos sin respuesta y no dejaron escapar la oportunidad de llevarse la victoria.

Los Lakers batallaron en el ataque y tuvieron serias dificultades para frenar al pívot Moses Malone, quien tuvo una destacada actuación con 27 puntos y 18 rebotes. Andrew Toney también contribuyó con 25 puntos, mientras que Julius Erving aportó 20 puntos y 10 rebotes. Por parte de los Lakers, Norm Nixon lideró el equipo con 26 puntos, a pesar de abandonar brevemente el partido debido a molestias en el hombro. Aunque fue una lesión que le marcó de forma definitiva en lo que restó de eliminatoria. Magic Johnson estuvo cerca de lograr un triple-doble con 19 puntos, 9 rebotes y 11 asistencias.

El último cuarto resultó particularmente emocionante, con ambos equipos luchando intensamente por la victoria. Los locales lograron mantener una pequeña ventaja en los momentos finales gracias a su juego en equipo y su eficiencia ofensiva. A pesar de los esfuerzos de los Lakers, no lograron superar a los 76ers, y el partido culminó con la victoria de Philadelphia por 113-107.

Riley no quiso buscar escusas pero tampoco ocultó que las lesiones estaban empezando a ser un factor en su juego *"Nos faltan jugadores de profundidad, y hoy Nixon puede haberse lastimado. Tenemos que seguir buscando nuestro juego"*.

GAME 2. LOS SIXERS MANTIENEN EL CONTROL

Tanto el primer partido como este segundo, las distancias nunca fueron insalvables, en este encuentro solo en la segunda mitad Philadelphia superó en varias ocasiones rentas por encima de los diez, pero lo que los Lakers no lograban quitarse era esa sensación de ir a remolque, de nunca ir claramente en ventaja. Sentirse superados en el juego.

Los Lakers tomaron el control del partido desde el principio y se fueron al descanso con una ventaja de cuatro puntos. El regreso de Bob McAdoo fortaleció al equipo con sus contribuciones desde el banquillo.

Sin embargo, en el tercer cuarto los 76ers sorprendieron al superar a los Lakers por ocho puntos, llegando a liderar por cuatro puntos cuando Malone se vio obligado a descansar en el banquillo debido a las faltas acumuladas. A pesar de esta oportunidad, los Lakers no lograron remontar, el partido terminó 93-103, y la serie se inclinó 2-0 a favor de Philadelphia.

A pesar de los problemas de faltas, Malone finalizó el encuentro con 24 puntos y 12 rebotes. Maurice Cheeks y Toney aportaron 19 puntos cada uno.

Por parte de los Lakers, Kareem Abdul-Jabbar lideró el equipo con 23 puntos, aunque solo logró capturar cuatro rebotes por segundo partido consecutivo. Magic Johnson dejó su huella con 12 puntos, 8 rebotes y 13 asistencias.

Moses Malone, a pesar de las dos victorias, mantenía la tensión competitiva *"Aún no ha ocurrido nada. Ganar y ganar. Como dije al comienzo de los playoffs, four, four, four, four..."*

GAME 3. LOS SIXERS DEJAN HERIDO DE MUERTE A LOS LAKERS

El escenario se trasladó al Forum, donde los Lakers comenzaron el partido con una ventaja de 11 puntos en el primer cuarto. Sin embargo, los 76ers no se amilanaron y respondieron rápidamente, reduciendo la diferencia a solo tres puntos en la primera mitad del juego. Con el último cuarto en marcha, el partido se encontraba igualado y la emoción estaba en su punto máximo. Fue en ese momento crucial cuando los 76ers desataron su potencial.

Con un impresionante parcial de 14-0, los 76ers lograron tomar una ventaja de 10 puntos que resultó determinante para asegurarse la victoria, por 111-94 en el tercer encuentro de la serie.

Una vez más, Moses Malone se destacó como la figura dominante de los 76ers, realizando una actuación magnífica con 28 puntos y 19 rebotes. Su presencia en la pintura fue imponente y causó estragos en la defensa de los Lakers. Julius Erving también dejó su huella en el partido, aportando 21 puntos y 12 rebotes, mostrando su versatilidad y liderazgo en la cancha.

Por parte de los Lakers, Kareem Abdul-Jabbar hizo un esfuerzo notable con 23 puntos y 15 rebotes, pero tuvo dificultades para convertir sus lanzamientos, acertando solo 8 de los 20 tiros de campo intentados. Magic Johnson, por su parte, rondó el triple-doble al registrar 18 puntos, 7 rebotes y 13 asistencias. Sin embargo, también experimentó problemas en su puntería, fallando 9 de los 12 intentos realizados. Jamal Wilkes aportó 20 tantos más.

El tercer encuentro de la serie fue un verdadero espectáculo de habilidad, estrategia y corazón por parte de ambos equipos. Los 76ers demostraron su determinación y capacidad para revertir situaciones desfavorables, mientras que los Lakers lucharon incansablemente a pesar de las dificultades encontradas en la cancha.

Julius Erving se sentía cómodo en su nuevo status de segunda espada, dando el absoluto protagonismo a Moses Malone *"Nos permite dominar, produce terror en el rival. Él es nuestro hombre"*.

GAME 4. EL ÉXTASIS POR LA VICTORIA NO SE HACE ESPERAR PARA LOS SIXERS

A pesar de las bajas por lesión de Norm Nixon y Bob McAdoo, los Lakers comenzaron el partido mostrando un juego dominante. En el segundo cuarto, lograron construir una sólida ventaja de 17 puntos sobre los 76ers.

Kareem Abdul-Jabbar fue un destacado protagonista en la primera mitad, anotando 17 puntos y liderando la ofensiva de los Lakers. Mientras tanto, Moses Malone, figura central de los 76ers, solo había conseguido acumular 9 puntos en ese momento del juego.

Sin embargo, la historia se repitió una vez más, y los californianos se vieron superados por el empuje y el talento de los 76ers. En el último cuarto, los 76ers desataron su poderío con un deslumbrante parcial de 35-11. Fue en esos momentos cruciales cuando Julius Erving, conocido como "Dr. J", brilló con siete puntos consecutivos, llevando a su equipo hacia la victoria final con un marcador de 115-108 y, lo que es aún más significativo, asegurando el tan ansiado campeonato de la NBA.

Moses Malone, a pesar de su desempeño poco destacado en los primeros 24 minutos del partido, se recuperó de manera impresionante y finalizó el encuentro con 24 puntos y 23 rebotes. Su actuación sobresaliente y su impacto en ambos lados de la cancha le valieron el merecido reconocimiento como el Jugador Más Valioso (MVP) de las Finales. A lo largo de los cuatro encuentros de la serie, Malone promedió impresionantes cifras de 25.8 puntos y 18 rebotes, estableciéndose como una fuerza dominante en el enfrentamiento. Rambis reconoció *"Ninguno de nosotros pudo frenarlo. Sería ridículo afirmar lo contrario"*.

Julius Erving, icono del baloncesto y líder indiscutible de los 76ers, también dejó su marca en el cuarto y decisivo partido. Con 21 puntos en ese encuentro, logró obtener su primer título de la NBA, un hito trascendental en su brillante carrera deportiva.

Este último duelo de las Finales no solo fue un enfrentamiento épico en términos de puntos y rebotes, sino que también fue una prueba de la tenacidad y la resiliencia de los 76ers. Su capacidad para superar adversidades y mantenerse firmes en los momentos clave los catapultó hacia la gloria del campeonato. Los aficionados de Filadelfia celebraron con júbilo la victoria de su equipo y se regocijaron con el logro de sus queridos 76ers en una temporada inolvidable, no es para menos, por fin, se proclamaban campeones de la NBA.

Final 1983 - A la tercera fue la vencida para los Philadelphia Sixers

El entrenador de los Sixers, Billy Cunningham, tenía bastante claro por qué otros años habían perdido en la final, y por qué este año el resultado había sido diferente *"La diferencia con el pasado año fue Moses"*.

Estadísticas jugador por jugador (* = titulares)

Philadelphia Sixers
**Maurice Cheeks - 15.3 puntos, 6.3 asistencias, 2.8 recuperaciones y 2.3 rebotes*
**Andrew Toney - 22.0 puntos, 5.8 asistencias, 2.3 rebotes y 1.3 recuperaciones*
**Julius Erving - 19.0 puntos, 8.5 rebotes, 5.0 asistencias, 2.8 tapones y 1.3 recuperaciones*
**Marc Iavaroni - 5.8 puntos, 5.5 rebotes y 2.0 asistencias*
**Moses Malone - 25.8 puntos, 18.0 rebotes, 2.0 asistencias, 1.5 recuperaciones y 1.5 tapones*
Bobby Jones - 12.0 puntos, 4.8 rebotes, 2.8 asistencias, 2.3 tapones y 2.0 recuperaciones
Clint Richardson - 6.3 puntos, 3.3 rebotes, 1.8 asistencias y 1.3 recuperaciones
Clemon Johnson - 3.3 puntos y 3.0 rebotes en tres encuentros disputados
Franklin Edwards - 0.6 puntos en tres encuentros disputados
Earl Cureton - 1.0 punto, 1.5 rebotes y 1.0 recuperación en dos encuentros disputados
Mark McNamara - 4 puntos y 1 rebote en el encuentro que disputó
Reggie Johnson - 0 puntos en el encuentro que disputó

Angeles Lakers
**Magic Johnson - 19.0 puntos, 12.5 asistencias, 7.8 rebotes y 1.8 recuperaciones*
**Norm Nixon - 13.6 puntos, 4.6 asistencias, 2.6 rebotes y 1.3 recuperaciones en tres encuentros disputados*
**Jamaal Wilkes - 18.5 puntos, 5.8 rebotes, 2.0 recuperaciones, 1.8 asistencias y 1.3 tapones*
**Kurt Rambis - 7.8 puntos, 4.5 rebotes y 1.5 tapones*
**Kareem Abdul-Jabbar - 23.5 puntos, 7.5 rebotes, 3.0 asistencias y 2.3 tapones*
Michael Cooper - 10.0 puntos, 3.5 rebotes, 1.8 asistencias y 1.5 recuperaciones
Mark Landsberger - 2.5 puntos y 5.0 rebotes
Mike McGee - 2.0 puntos y 2.3 rebotes en tres encuentros disputados
Clay Johnson - 2.0 puntos en tres encuentros disputados
Bob McAdoo - 11.0 puntos, 7.0 rebotes, 2.5 recuperaciones y 1.0 tapón en dos en-

cuentros disputados
Dwight Jones - 1.0 punto y 2.0 rebotes en dos encuentros disputados
Steve Mix - 0 puntos en el encuentro que disputó

En el año 1983, un acontecimiento inusual sacudió los cimientos de los Angeles Lakers. La partida de Norm Nixon, un jugador de gran relevancia en las últimas seis temporadas, dejó perplejos a los fans del equipo. Lo más sorprendente fue que fue el propio Nixon quien solicitó el traspaso, sumergiendo al equipo en un mar de incertidumbre y confusión.

Puesto que después de expresar su deseo de abandonar los Lakers, Nixon, con arrepentimiento palpable en sus palabras, intentó retractarse de su decisión. Sin embargo, el destino había sido sellado de manera irrevocable, ya que los Lakers ya habían llegado a un acuerdo para enviarlo al equipo vecino, los Clippers. Para añadir un toque de ironía, esta sería la última temporada de los Clippers en San Diego, antes de su traslado definitivo a Los Angeles.

El traspaso en cuestión involucraba a Nixon, junto con Eddie Jordan y una segunda elección del Draft, quienes partirían hacia San Diego. A cambio, los Lakers recibieron a Swen Nater, un jugador experimentado, y a un joven talento recién seleccionado en el cuarto puesto del Draft de 1983: Byron Scott. Estas transacciones entre los equipos angelinos no eran comunes, pero este movimiento en particular resultó ser beneficioso para los Lakers.

Byron Scott, un astuto tirador con una habilidad excepcional para el lanzamiento, se convirtió en una pieza fundamental para las campañas venideras del equipo. Su destreza en el tiro infundió nueva vida en la ofensiva de los Lakers y su presencia en la cancha se volvió cada vez más imponente.

Con el transcurso del tiempo, los Lakers comprendieron que la marcha de Nixon, aunque inicialmente desconcertante, les había proporcionado una valiosa adquisición. Byron Scott demostró su valía y se convirtió en un engranaje esencial en la maquinaria del equipo.

En 1983, los Angeles Lakers vieron en Scott un diamante en bruto y lo seleccionaron como la cuarta elección del Draft. Su llegada a la organización no pasó desapercibida, y pronto comenzó a destacar con su precisión en los tiros y su agresividad en la cancha. Con una envidiable capacidad para anotar desde cualquier posición, Scott se ganó rápidamente un lugar en la rotación del equipo.

Scott acumuló 1.079 triples en su carrera, con un promedio de 1,4 por partido. Su precisión desde el rango de tres puntos le permitió abrir espacios en la defensa y agregar una dimensión adicional al ataque.

ORTHWEST
LAKERS
4
PERKIN
44

Pero su contribución no se limitó solo al aspecto ofensivo. Scott también demostró ser un defensor tenaz, capaz de marcar de cerca a los mejores jugadores rivales y frustrar sus intentos de anotar.

A lo largo de su carrera, cosechó numerosos éxitos. Ganó tres campeonatos de la NBA con los Lakers en 1985, 1987 y 1988, y además, fue seleccionado en tres ocasiones para el All-Star Game de la NBA.

En la temporada 1983-1984, los Angeles Lakers emergieron una vez más como una potencia en la Conferencia Oeste, navegando sin problemas hacia la cima con un impresionante récord de 54 victorias y 28 derrotas. Su dominio era innegable, superando al segundo clasificado, los Utah Jazz, por nueve victorias.

Sin embargo, en el horizonte de la Conferencia Este surgió una fuerza imparable, los Boston Celtics, quienes reclamaron su lugar con autoridad después de tres años de espera. Con un impresionante récord de 62 victorias en la temporada regular, los Celtics se perfilaban como respetados contendientes.

Los Playoffs trajeron consigo un nuevo sistema, involucrando a 16 equipos en la primera fase. Los campeones de división ya no estaban exentos, lo que significaba que el equipo campeón tendría que luchar en tres eliminatorias previas en lugar de dos. Los Lakers iniciaron su camino hacia el título al eliminar rápidamente a los Kansas City Kings en una barrida perfecta de 3-0.

En la siguiente ronda, se enfrentaron a los Dallas Mavericks, a quienes superaron sin mayores dificultades en una serie que terminó 4-1 a favor de los Lakers. Pero el verdadero desafío estaba en las finales de conferencia contra los Phoenix Suns, liderados por los talentosos Walter Davis y Larry Nance. Los Lakers mostraron su gran momento de forma para llevarse la serie por 4-2, asegurando su lugar en la final.

Mientras tanto, en la otra parte del cuadro, los Boston Celtics no dejaron margen para sorpresas, eliminando con contundencia a los Milwaukee Bucks en una serie que concluyó 4-1 a favor de los Celtics en la previa a la final de la NBA.

Y así, finalmente, llegó el momento esperado. La NBA tenía su anhelada final: los Angeles Lakers frente a los Boston Celtics. Quince años después de su último enfrentamiento en una final, Magic Johnson y Larry Bird se preparaban para disputarse el codiciado anillo de campeón. Ambos equipos contaban con un talento excepcional y, estaban rodeados de jugadores destacados. El escenario estaba preparado para un enfrentamiento épico, y los aficionados solo tenían que sentarse y disfrutar del espectáculo que se avecinaba.

El choque entre los Lakers y los Celtics prometía ser un duelo de titanes, una batalla en la que la historia y la rivalidad se entrelazaban. Todo lo que quedaba era deleitarse con el espectáculo y ver quién se alzaría como el rey indiscutible del baloncesto.

Los Lakers comenzaron la serie con una declaración de intenciones, ganando dos partidos en territorio enemigo. El segundo y el cuarto partido quedaron sellados en intensas prórrogas, dejando en claro que ambos equipos estaban dispuestos a darlo todo por la victoria. Los Celtics, sin embargo, encontraron el impulso necesario para enderezar su camino hacia el anillo. Conquistaron dos partidos consecutivos, el mencionado cuarto partido en tiempo extra y el quinto encuentro, dejando a los Lakers contra las cuerdas con una desventaja de 3-2 en la serie.

Kareem Abdul-Jabbar, James Worthy y Magic Johnson, pilares fundamentales de los Lakers, respondieron y demostraron su calidad en cada partido. Pero al final, el destino tenía reservado un lugar destacado para otro jugador, uno cuyo talento, malicia y feroz competitividad no podían pasarse por alto: Larry Bird. Su presencia en la cancha era magnética, y su influencia en el desarrollo de la serie fue inigualable.

Bird llevó consigo una gran dosis de mala leche, una ferocidad que lo convertía en un rival temible. Cada jugada, cada tiro, estaba impregnado de su pasión por el juego y su deseo inquebrantable de ser el mejor. Su dominio en la cancha fue excepcional, y su contribución no pasó desapercibida. Como testamento a su grandeza, Bird fue nombrado el Jugador Más Valioso de la final, un merecido reconocimiento. Al final, a pesar de los esfuerzos y la calidad indudable de los Lakers, tuvieron que rendirse ante al gen competitivo de Larry Bird y los Celtics. El anillo de campeón se deslizó de sus dedos, dejando un sabor agridulce en el corazón de los jugadores y los aficionados de Los Angeles.

La final cumplió con todas las expectativas, mostrando el nivel de juego y la intensidad que solo los enfrentamientos entre los Lakers y los Celtics pueden proporcionar. Fue un duelo para la historia, en el que las estrellas brillaron con fuerza y los corazones de los fanáticos latieron con ansiedad. La NBA había presenciado una batalla épica, y Larry Bird se había consagrado como el indiscutible héroe de la contienda.

Los Boston Celtics resplandecían en la cancha como auténticas constelaciones de talento y determinación. Entre todas las estrellas que iluminaban aquel equipo legendario, destacaban tres figuras que eclipsaban al resto: Larry Bird, Kevin McHale y Robert Parish.

Larry Bird, con su mirada penetrante y su dominio sublime del balón, encarnaba la perfección en cada movimiento. Su tiro preciso y su habilidad para leer el juego lo convertían en un estratega inigualable, capaz de desafiar cualquier defensa con su astucia y destreza.

Junto a Bird, emergía la figura de Kevin McHale. Con su estampa fornida y su elegancia en el poste bajo, McHale era una fuerza imparable. Sus movimientos fluidos y su capacidad para encontrar los ángulos más difíciles lo convertían en un anotador incansable cerca del aro. Sus fintas y giros desconcertaban a los defensores, dejándolos impotentes ante su dominio absoluto en la pintura.

Completaba este trío de astros el imponente Robert Parish, una torre de fortaleza y experiencia. Con su presencia intimidante en la zona pintada, Parish era el guardián de la canasta, bloqueando los sueños de los adversarios con su envergadura. Su resistencia y liderazgo silencioso inspiraban a sus compañeros, mientras se erigía como el pilar de la defensa de los Celtics.

Estas tres luminarias formaban un triángulo mágico, una combinación de talento excepcional y química inigualable. Juntos, encarnaban el espíritu feroz de los Celtics, una franquicia legendaria que había renacido de sus cenizas para escribir nuevas páginas doradas.

Larry Bird, alero de 2.06, nació el 7 de diciembre de 1956 en West Baden Springs, Indiana, Estados Unidos. Bird jugó toda su carrera profesional en la NBA con los Boston Celtics, donde será una leyenda por siempre.

Bird se destacó por su habilidad para anotar, inteligencia en el juego y su mentalidad competitiva. Era conocido por su tiro de larga distancia, su capacidad para anotar en situaciones difíciles y su habilidad para liderar a su equipo en momentos críticos. Era versátil, siendo igualmente efectivo tanto en lanzamientos exteriores como en el juego cerca del aro.

A lo largo de su carrera ganó tres campeonatos de la NBA con los Celtics en 1981, 1984 y 1986. Además, fue nombrado MVP de la temporada regular en tres ocasiones consecutivas, desde 1984 hasta 1986, y ganó dos veces el premio al Jugador Más Valioso de las Finales de la NBA en 1984 y 1986.

Tras retirarse debido a lesiones en 1992, Bird continuó su trayectoria en el baloncesto como entrenador y ejecutivo. Fue entrenador de los Indiana Pacers y luego se convirtió en el presidente de operaciones de baloncesto del equipo, desempeñando un papel importante en el éxito de los Pacers durante los años 2000.

Kevin McHale, desde sus 2.08, jugó el total de 13 años en la NBA con los Boston Celtics, desde 1980 hasta 1993. Las características distintivas de McHale como jugador eran su habilidad para anotar cerca del aro gracias a su movimiento de pies y gran repertorio de fintas y amagos de lanzamiento.

McHale también fue un defensor destacado. Su envergadura y conocimiento del juego le permitían bloquear tiros, alterar lanzamientos y dificultar la tarea de los oponentes en la zona. Fue seleccionado en el mejor equipo defensivo de la NBA en tres ocasiones.

Después de su carrera como jugador, McHale incursionó en el mundo de los banquillos. Fue entrenador asistente y posteriormente entrenador en jefe de los Minnesota Timberwolves, y también tuvo un breve paso como entrenador interino de los Houston Rockets. Aunque su carrera como entrenador no alcanzó los mismos logros que su etapa como jugador.

Robert Parish, conocido como "El Jefe", es reconocido por su larga y exitosa carrera en la NBA, en la cual jugó durante 21 temporadas, estableciendo un récord de longevidad que perdura hasta el día de hoy con sus 1.611 encuentros disputados. Inició su carrera en 1976 con los Golden State Warriors y luego se unió a los Boston Celtics en 1980, donde alcanzó la cúspide de su carrera.

Con su altura imponente de 2.16 metros y una envergadura impresionante, Parish se convirtió en uno de los mejores defensores y reboteadores en la historia del baloncesto. Su presencia en la zona pintada era intimidante para los oponentes, bloqueando tiros y protegiendo el aro con ferocidad. Además, era un maestro en el arte del rebote, utilizando su físico y su instinto para capturar innumerables balones tanto en ataque como en defensa.

Parish fue un anotador consistente, especialmente en la pintura. Tenía un juego de pies fluido y una variedad de movimientos cerca del aro que le permitían anotar con eficacia. A lo largo de su carrera, acumuló más de 23.000 puntos.

Tras su etapa en los Celtics, Parish jugó dos temporadas con los Charlotte Hornets y luego pasó a los San Antonio Spurs, para finalmente disputar una última temporada, con los Chicago Bulls, donde finalizó su carrera en 1997 con otro anillo de campeón de la NBA para su palmarés.

BIRD
33

FINAL 1.984
DE NUEVO EL SÉPTIMO PARTIDO ENCUMBRÓ A LOS CELTICS

GAME 1. NI LAS MIGRAÑAS SON CAPACES DE PARAR A ABDUL-JABBAR

Había transcurrido un largo y nostálgico lapso de tiempo, un sorprendente paréntesis de quince años, desde la última vez que los Lakers y los Celtics se encontraron en la imponente arena de las Finales. Era como si el destino hubiera tejido una red invisible, manteniendo alejados a estos dos colosos del baloncesto, dejando a sus seguidores anhelando la reanudación de una rivalidad épica, y como casi siempre la "realidad superó a la ficción".

Ya anticipaba Riley lo cuan importante era esta final en la historia de la franquicia angelina *"Los fantasmas de Sam Jones, Jerry West, Bill Russell, Elgin Baylor y todos los demás estarán pululando entre nosotros, observando de cerca"*.

Magic se convencía así mismo antes de aterrizar en Boston *"No te preocupes, lo haremos bien. Tenemos un mejor equipo esta vez"*, antes de saber lo que le esperaba.

Cuando el avión de los Lakers aterrizó en el aeropuerto Logan de Boston, quedó claro que Red Auerbach, la encarnación del orgullo celta, había dejado su huella personalizada en la ciudad. La expedición californiana esperó durante una hora para recoger su equipaje, solo para descubrir que algunas maletas habían sido abiertas en la cinta transportadora. Magic lo tenía claro *"Nos están mandando un mensaje muy claro, no somos bienvenidos"*.

Afortunadamente, no faltaba nada, pero el mensaje era evidente. Mientras recorrían el aeropuerto rodeados de Green People, los radicales fanáticos de los Celtics, los Lakers subieron al autobús que los llevaría al hotel, solo para encontrar al conductor luciendo una camiseta verde. La emboscada continuó en el hotel, donde el recepcionista también llevaba su camiseta celta y las cortinas de la habitación eran del color de la buena suerte.

Finalmente, en el legendario Boston Garden, un grupo de aficionados se presentó al primer partido vestidos con sábanas blancas, representando a aquellos que habían frustrado una y otra vez los intentos angelinos por llevarse el campeonato. Pero los Lakers no estaban dispuestos a permitir que la historia se repitiera. Con un Kareem Abdul-Jabbar, ya con treinta y siete años y sufriendo de migrañas, había tenido una noche previa casi sin dormir por culpa de ellas *"Me empezó a doler una barbaridad, tenía ganas de vomitar y la luz me molestaba muchísimo"*, pero que logró desafiar a Robert Parish con una actuación impresionante de 32 puntos, 8 rebotes, 5 asistencias y 2 tapones; la feroz defensa de Michael Cooper sobre Larry Bird (24 puntos y 14 rebotes), quien se quedó en un 7 de 17 en tiros de campo; y la magistral dirección de Magic (18 puntos y 10 asistencias), quien superó a Gerald Henderson sin piedad, los Lakers arrebataron la ventaja de campo a los Celtics desde el inicio (109-115).

La decisión del entrenador K.C. Jones de emparejar a Henderson con Magic destrozó anímicamente a Dennis Johnson, experto defensor que se había preparado minuciosamente para enfrentarse al genio de Michigan State.

GAME 2. LOS CELTICS IGUALAN Y DEJAN A LOS LAKERS CON MAL CUERPO

Magic, liberado de la presión que suponía enfrentarse a Dennis Johnson, inició el segundo partido con una exhibición asombrosa. Anotó catorce puntos en el primer cuarto con una facilidad de juego impresionante. Parecía que los Lakers finalmente estaban dispuestos a triunfar. Con veinte segundos restantes y los Celtics dos puntos abajo (111-113), Kevin McHale se acercaba a la línea de tiros libres, llevando consigo un sólido porcentaje de acierto del 78%. Aun así, su rostro mostraba una expresión de preocupación. El balón rebotó en el suelo antes de llegar a las manos de Kevin para lanzar. Falló ambos tiros de forma estrepitosa. Magic atrapó el rebote y pidió tiempo muerto, un tiempo muerto que nunca debió solicitar.

Riley le había indicado a Magic que pidiera tiempo después de los tiros libres de McHale, convencido de que los lanzamientos serían convertidos. Sin embargo, McHale falló y Magic cometió un error monumental. Los Lakers celebraban prematuramente, tal y como lo habían hecho en ocasiones anteriores. Después de la pausa, James Worthy sacó el balón desde la banda en su propio campo, con McHale defendiéndolo. El balón llegó a Magic, quien estaba marcado por Bird y McHale en una doble cobertura. Magic pasó el balón de regreso a Worthy. Fue entonces cuando emergió una vez más, el omnipotente duende de la suerte, personificado en Gerald Henderson, quien robó un pase inexistente de Worthy mientras buscaba a Byron Scott de banda a banda.

En un abrir y cerrar de ojos, el partido estaba empatado. Después de otro tiempo muerto, la decisión era clara: el balón debía llegar a Kareem Abdul-Jabbar. Así, Worthy puso el balón en juego para Scott, que estaba cerca de la línea divisoria. En un duelo individual, el balón quedó en posesión de Magic, quien enfrentaba la defensa de Cedric Maxwell mientras se postulaba cerca de la línea de tres puntos. Mientras tanto, Kareem se desmarcaba para ganar una posición ventajosa contra Parish. El tiempo avanzaba implacablemente mientras Magic luchaba por encontrar a Kareem. Cuando finalmente se dio cuenta del tiempo que quedaba, el reloj mostraba el tres rojo en el pabellón. Lleno de angustia, Magic encontró en la cabeza del aro a Bob McAdoo, quien vio cómo su lanzamiento, apenas sin tiempo, era bloqueado por McHale. La magia, por un momento, desapareció por completo. Los Lakers, al borde de la desesperación, fueron derrotados en la prórroga, enterrados por un lanzamiento lateral del suplente Scott Wedman. De un aparente 0-2, la serie quedó igualada 1-1 (124-121). Aunque los Lakers habían logrado su objetivo de arrebatar la ventaja de campo a los Celtics, algo había cambiado con el empate en la serie.

Kareem no lo podría explicar mejor *"Teníamos la presa a tiro y nos disparamos en el pie. Es de esas cosas que cuesta asimilar"*.

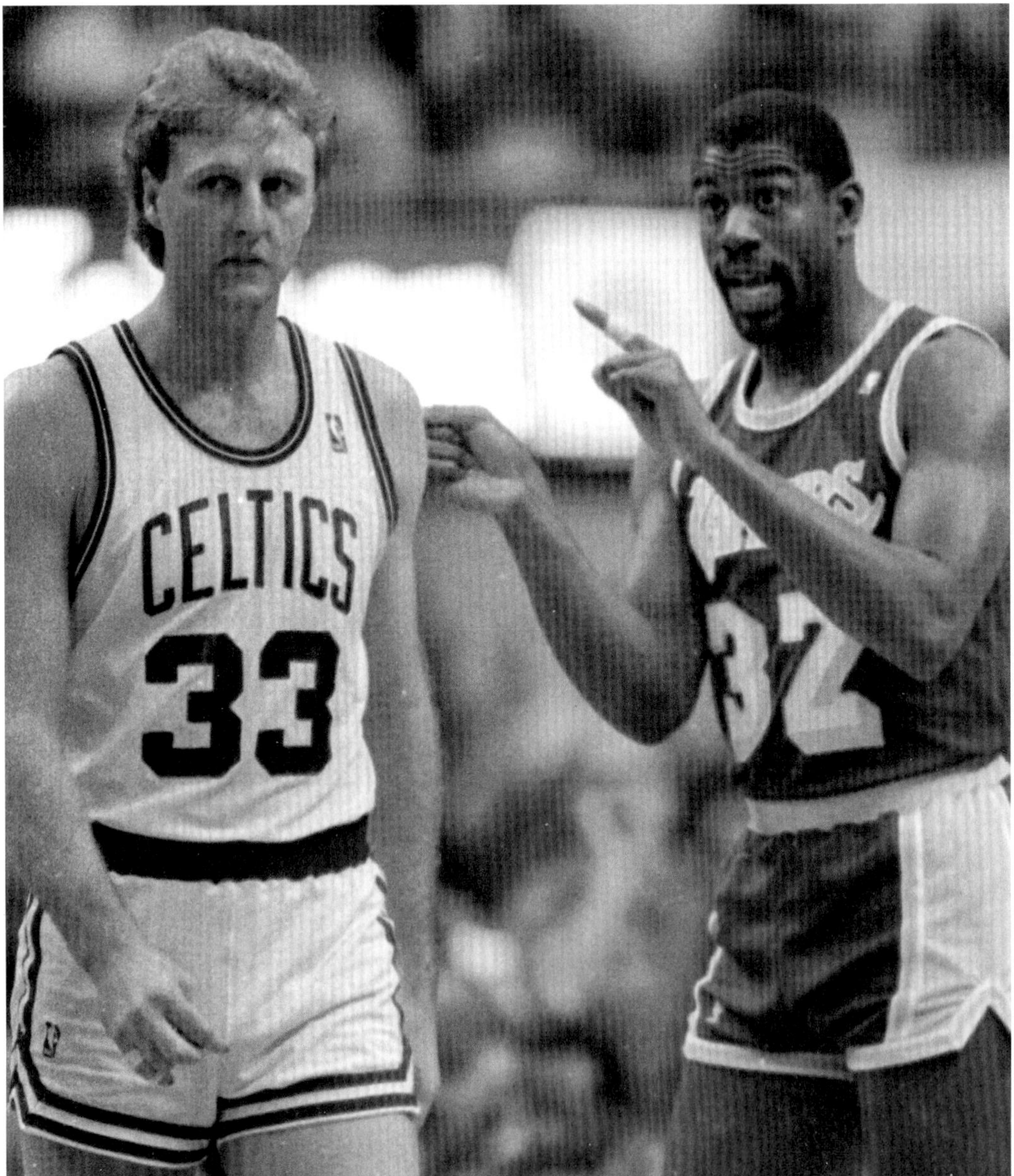

GAME 3. MAGIC LANZA A SUS LAKERS A VELOCIDAD DE CRUCERO

El tercer partido comenzó como el primero para los Lakers de Riley, desplegando una velocidad tres veces superior a la de los Celtics. Los barrió por completo. Aquella aplastante derrota, rodeada de todo el brillo ficticio de Hollywood, despertó a los guerreros de Massachusetts (137-104).

Tras una primera mitad en la que la balanza osciló con una leve incertidumbre, los contendientes se retiraron a los vestuarios para descansar, mientras el aire vibraba con la tensión del enfrentamiento. Los Angeles se encontraban en una posición favorable, reflejando un marcador que rezaba (46-57) a su favor. Parecía que habían tejido una tela de araña impenetrable alrededor de sus rivales.

En la reanudación, los Lakers emergieron con una determinación inquebrantable, dejando una estela de destreza y superioridad que hizo temblar los cimientos del recinto. En cuestión de minutos, sus ventajas se dispararon a alturas insospechadas, superando con creces los veinte puntos de diferencia. La batalla parecía sentenciada.

Aunque en la sombra del esplendor anotador se alzó la figura majestuosa de Larry Bird, quien sumó 30 puntos a su cuenta personal, sus esfuerzos quedaron eclipsados por la deslumbrante visión de juego de Magic Johnson. El prodigio de los pases, con sus 14 puntos y 21 asistencias que se materializaron en canastas, dominó el campo y dejó perplejos a propios y extraños. Además, su aporte se extendió a los rebotes, acumulando un impresionante total de 11.

Abdul-Jabbar, el gigante imperturbable, se hizo presente con 24 puntos, aportando su destreza inigualable en el poste bajo. Y desde la banca, el incansable McAdoo surgió como una chispa inesperada, sumando 21 puntos que encendieron la euforia de los seguidores. Fue así que los Lakers, con este elenco de talento deslumbrante, se colocaron nuevamente en una posición de ventaja en la eliminatoria, liderando con un marcador de (1-2).

Dennis Johnson, claramente enojado tras lo que suscitó este claro resultado angelino *"Ya nos habéis dado por muertos, ¿Para qué seguir con las series?, ¿Qué sentido tiene?"*.

Bird dio un toque de atención a si mismo y a todos sus compañeros tras la dolorosa derrota: *"Es vergonzoso, no hay duda al respecto. Tenemos grandes jugadores en el equipo, pero a veces les falta el corazón que necesitamos. Hasta que no encontremos ese corazón, tendremos problemas"*.

GAME 4. LOS CELTICS ELEVAN SU LISTÓN DE DUREZA

Una vez más, los Celtics se mostraron incapaces de detener el vuelo de los Lakers a lo largo de la primera mitad. Los angelinos mantenían su velocidad de crucero. En la reanudación, los Lakers disfrutaban de una ventaja de catorce puntos cuando K.C. Jones pidió un tiempo muerto.

Los Celtics insistieron en la necesidad de endurecer el partido, especialmente en la zona. Al regresar a la cancha, Dennis Johnson lanzó un tiro desastroso y los Lakers salieron disparados. Kareem Abdul-Jabbar realizó un pase estilo béisbol hacia Worthy, quien conectó con Rambis. En medio de la penetración, McHale agarró del cuello a Rambis y lo derribó al suelo en una de las jugadas más sucias que se recuerdan, sin recibir más castigo que una falta personal. Se desató una trifulca y la serie dio un giro completo.

Los Lakers estaban completamente desconcertados, y Kareem, el jugador más tranquilo del equipo, se mostraba aún más desorientado. En términos psicológicos, los Celtics superaban a los Lakers. A partir de ese momento, la remontada era un hecho consumado. Kareem se sentó en el banquillo con seis faltas personales, el balón estaba en posesión de los Lakers y el marcador estaba igualado. La situación era similar a la del segundo partido. El balón estaba en manos de Magic con dieciséis segundos por jugar. Después de un doble bloqueo, Magic se encontró en el lateral derecho, posteando a Dennis Johnson. Nuevamente, dejó pasar los segundos. En esta ocasión, Worthy esperaba el pase de Magic, a cuatro metros del aro, con Parish realizando una defensa en tres cuartos perfecta. Magic volvió a bloquearse, el balón fue interceptado por Parish y el partido se fue a la prórroga, donde Magic, con un marcador de 123-123, falló dos tiros libres consecutivos a treinta y cuatro segundos del final.

En el lado opuesto, la estrella sí respondía. Maxwell recibió el balón en el lateral izquierdo del ataque de los Celtics, mientras se desataba un enredo de jugadores en medio de la zona. Cooper cayó al suelo y Bird recibió el pase para luego enviarlo a Dennis Johnson en la esquina. Con Cooper fuera de acción, Magic asumió la defensa de Bird. Tras de un par de forcejeos mutuos, Bird logró ganar la posición. Dennis Johnson no falló en el pase y, con un fade-away característico, Bird anotó para poner el marcador en 125-123.

Después de un destacado partido de Worthy, fue nuevamente el alero quien frustró las esperanzas de los californianos. M.L. Carr y Henderson lograron influir en la mente de Worthy, provocando que fallara el primer tiro libre que podría haber igualado el partido. No contento con ese error, con el marcador en 127-124 a favor de los Celtics, Worthy volvió a entregar un pase, esta vez al locuaz M.L. Carr, quien sentenció el partido al contraataque y dejó la serie en un estado de tensión, aunque la batalla mental ya estaba ganada (2-2).

Carr destacó el hecho de que si no sentencias cuando debes sueles perder *"Era imposible que ganaran. Estaba claro. Si no ganas cuando tienes que ganar, es muy difícil hacerlo luego"*.

GAME 5. EL "HEAT GAME" FUE DEMASIADO PARA LOS LAKERS

El quinto encuentro será recordado por los aficionados como uno de los partidos más insoportables de presenciar en la historia. No precisamente por la atmósfera en el Boston Garden, sino por lo vivido en la cancha.

Las temperaturas oscilaron entre los 36 y los 46 grados, tanto en las gradas como en los vestuarios. El Forum ya contaba con aire acondicionado en ese entonces, pero el Garden, como dijo Maxwell, era un granero andrajoso.

El calor afectó de manera extraordinaria a los jugadores de los Lakers, quienes se encontraron atrapados en una trampa monumental. Pérdidas de balón por doquier y la frustración de saber que todo estaba orquestado por un hombre: Red Auerbach, quien se relamía desde las gradas.

La deshidratación no solo afectó a los jugadores, incluso el árbitro Hugh Evans tuvo que abandonar el partido por ello. Si bien alguien podría argumentar que el calor afectaría a ambos equipos por igual, evidentemente eso no fue así, ya que Larry Bird se convirtió en el héroe rural y lideró a los Celtics hacia la victoria, dejando de lado el agobiante ambiente que sí derrotó a los hollywoodenses, como quedó demostrado en las estadísticas: 34 puntos, con 15 de 20 tiros de campo, y 17 rebotes para el rubio alero. Anotó de todas las formas y colores: triples desde el perímetro, penetraciones con su mano izquierda, tiros desde el poste y rebotes ofensivos al contraataque.

Mientras tanto, en el banquillo rival, Kareem necesitaba una máscara de oxígeno para poder respirar. Magic casi ni apareció, y Worthy fue el único, 22 puntos, que sacó algo de raza. El resultado final de 121-103 dejaba la serie a tan solo una victoria de repetir la historia de siempre (3-2).

Riley visiblemente enojado hizo una comparación comparándolo con lo vivido *"Lo que ha hecho Boston es como cuando dos bandas se reúnen antes de pelearse a puñetazos pero una de las bandas se presentan con pistolas"*.

Como curiosidad, aquella ocasión sería la última en su clase en la que el equipo con factor cancha jugaría ese quinto partido en casa, el adiós a una tradición arraigada en las entrañas de la competición. Un año después, las reglas se reescribirían, y la NBA adoptaría un nuevo formato: el 2-3-2, que relegaría al equipo con ventaja de campo a ceder su quinto choque en la comodidad de su propio hogar. Un gran cambio en la dinámica de las Finales.

GAME 6. HOGAR, DULCE HOGAR PARA LOS LAKERS

El sexto partido, envuelto en un aire denso de tensión y rivalidad, se convirtió en un capítulo épico marcado por la implacable actitud de los Celtics. Ante la aguerrida resistencia de sus adversarios angelinos, los Lakers sucumbieron a la tentación de emular las artimañas de sus contrincantes, intentando ganar la partida en terreno turbio. Fue en el fragor del primer cuarto cuando Worthy, en un gesto despiadado, lanzó un codazo a Maxwell en pleno vuelo, dejando en claro las intenciones de los hombres de púrpura y oro.

Sin embargo, a pesar de los intentos de los Lakers por torcer el destino, los Celtics se veían victoriosos en ese sexto enfrentamiento. La confianza envolvía a los jugadores de Boston, como si supieran que la victoria estaba al alcance de sus manos. Pero en ese preciso instante, como si la magia del baloncesto hubiera decidido intervenir, Byron Scott emergió en la cancha para infundirle vida a los Lakers. Con una puntería certera, acertó cuatro tiros consecutivos que retumbaron en el recinto, inyectando una chispa de esperanza en el corazón de los seguidores angelinos.

Aquella irrupción inesperada de Scott fue respaldada por las actuaciones estelares de las dos figuras emblemáticas de California. Kareem Abdul-Jabbar, majestuoso como siempre, desplegó su clásica maestría en el arte del baloncesto, sumando 30 puntos y 10 rebotes que resonaron en cada rincón del estadio. Mientras tanto, la magia de Magic Johnson iluminaba el parquet, con su destreza y visión de juego únicas. Sus 21 puntos, 10 asistencias y 6 rebotes brillaron con un fulgor deslumbrante, sellando el marcador final en un rotundo 119-108 a favor de los locales.

Después del partido, un aficionado de los Lakers arrojó una cerveza al jugador de los Celtics M.L. Carr cuando éste abandonaba la cancha. Los nervios en Los Angeles estaban a flor de piel, la serie se encaminaba al séptimo y último partido, rumbo al legendario Boston Garden, y eso a todo aficionado a los Lakers le ponía muy nervioso. La historia era inapelable en contra de su equipo.

GAME 7. LOS ANGELES NO LOGRAN SUPERAR SU PARTICULAR MALDICIÓN

12 de junio de 1984. Boston, Massachusetts. El Garden ardía de pasión mientras aguardaba la entrada en la cancha de sus guerreros y de su encarnizado rival. Jabbar y Parish se alzaban imponentes, y el séptimo partido estaba en marcha.

Los Ángeles jamás había conseguido un campeonato frente a su némesis, y mucho menos en un séptimo partido. Y mucho, muchísimo menos en el Boston Garden. El peso de la historia se abatía sobre los angelinos como una losa imponente.

Maxwell protagonizó uno de esos partidos que quedarán grabados en la memoria del Garden. Desde el inicio, se cargó el equipo a sus espaldas, controlando a Worthy de manera implacable, dejándolo impotente. Lo tenía bajo control.

Los Lakers estaban al borde del abismo, pero entonces Magic comenzó a brillar y encendió la chispa en su equipo. Los Celtics sufrieron un apagón tan abrupto que, a falta de un minuto y diez segundos, la cómoda ventaja de catorce puntos se esfumó (105-102).

Sin embargo, una vez más, "Tragic", apodo maligno que colocaron los aficionados a los Celtics a Magic cuando cometía errores, hizo acto de presencia al perder dos balones en el ataque de los Lakers, uno frente a Dennis Johnson y otro ante Robert Parish.

Quedaban cuarenta y cinco segundos, pero ya no había nada que hacer. La historia pesaba demasiado sobre los frágiles hombros de los californianos, quienes contemplaban desde el otro lado de la cancha cómo M.L. Carr se coronaba campeón, cómo la sonrisa y el salto del mejor jugador del mundo se alzaban hacia el cielo, cómo Kevin McHale alzaba los brazos en señal de victoria y cómo Danny Ainge se acercaba a saludar a K.C. Jones, el enlace entre las dos grandes generaciones de Celtics en la historia.

Larry Bird fue nombrado MVP de las Finales. Los Celtics seguían imbatibles ante los Lakers, ganando las ocho Finales en la que ambos equipos se habían enfrentado en la historia.

Carr exultante *"Les hemos comido el coco. Eso era exactamente lo que pretendíamos"*.

Aún resuenan en la memoria de todos los seguidores celtas, tanto aquellos que lo vivieron en carne propia como los que lo escucharon en relatos posteriores, las palabras de Red Auerbach en la entrevista tras el partido, en el sagrado santuario del vestuario donde se forjan las victorias: "*¿Qué ha pasado con esa dinastía de los Lakers de la que tanto he oído hablar? Aquí está. Esta es la dinastía*".

Estadísticas jugador por jugador (* = titulares)

Boston Celtics

**Dennis Johnson – 17.6 puntos, 4.7 asistencias, 3.0 rebotes y 1.6 recuperaciones*
**Gerald Henderson – 12.3 puntos, 4.0 asistencias, 2.6 rebotes y 1.4 recuperaciones*
**Cedric Maxwell – 13.0 puntos, 5.6 rebotes, 3.3 asistencias y 1.1 recuperaciones*
**Larry Bird – 27.4 puntos, 14.0 rebotes, 3.6 asistencias, 2.1 recuperaciones y 1.1 tapones*
**Robert Parish – 15.4 puntos, 11.4 rebotes, 1.6 tapones, 1.6 recuperaciones y 1.3 asistencias*
Kevin McHale – 13.4 puntos, 5.9 rebotes, 1.1 asistencias y 1.1 tapones
Danny Ainge – 6.0 puntos, 2.1 asistencias y 1.1 rebotes
Quinn Buckner – 2.0 puntos
Scott Wedman – 9.3 puntos, 5.3 rebotes y 2.5 asistencias en cuatro encuentros disputados
M.L. Carr – 3.3 puntos en cuatro encuentros disputados
Greg Kite – 0.5 puntos en cuatro encuentros disputados
Carlos Clark – 1.3 puntos en tres encuentros disputados

Angeles Lakers

**Magic Johnson – 18.0 puntos, 13.6 asistencias, 7.7 rebotes y 2.0 recuperaciones*
**Michael Cooper – 13.4 puntos, 5.3 asistencias, 3.6 rebotes y 1.1 recuperaciones*
**James Worthy – 22.1 puntos, 4.4 rebotes, 2.3 asistencias y 1.4 recuperaciones*
** Kurt Rambis – 7.1 puntos y 6.4 rebotes*
**Kareem Abdul-Jabbar – 26.6 puntos, 8.1 rebotes, 4.4 asistencias, 2.1 tapones y 1.7 recuperaciones*
Bob McAdoo – 12.5 puntos, 5.5 rebotes y 1.3 tapones en seis encuentros disputados
Byron Scott – 6.0 puntos, 1.1 rebotes y 1.0 recuperación
Jamaal Wilkes – 4.6 puntos y 1.9 rebotes
Swen Nater – 4.0 puntos y 3.1 rebotes

Final 1.984 – De nuevo el séptimo partido encumbró a los Celtics

Mike McGee – 7.6 puntos y 2.3 rebotes en tres encuentros disputados
Mitch Kupchak – 2.3 puntos y 2.6 rebotes en tres encuentros disputados
Larry Spriggs – 2.0 puntos y 1.0 rebote en dos encuentros disputados

En la temporada 84/85, una campaña siempre especial porque fue la del debut de un jugador como Michael Jordan, los Angeles Lakers apostaron por mantener su equipo intacto, confiando en la solidez y talento de sus jugadores. Eran considerados un conjunto destacado, con un quinteto titular brillante y jugadores de banquillo igualmente sólidos. La temporada anterior, habían estado a punto de alcanzar el anillo, pero un séptimo y cruel partido de la final los privó de la gloria.

Ahora, el momento de buscar la redención había llegado, de luchar incansablemente por alcanzar la cima. Con un año más de experiencia y una mayor cohesión como equipo, estaban decididos a conseguir el campeonato. Todos eran conscientes de que para lograrlo, debían enfrentarse y vencer a su eterno rival: los Boston Celtics de un Larry Bird que obtenía su segundo MVP de la temporada consecutivo.

Durante la fase regular, los Lakers demostraron ser una fuerza imparable, aplastando a sus oponentes y dejando un impresionante balance de (62-20). Se adueñaron del Oeste con autoridad, dejando al segundo mejor equipo, los Denver Nuggets, a una distancia considerable, con diez victorias menos.

A pesar de su destacado desempeño, no podían evitar observar con precaución a los Celtics de Boston, quienes también jugaban a un nivel excepcional y lograron una victoria más en su récord (63-19).

En los playoffs, los Lakers avanzaron sin problemas en la primera ronda al vencer sin despeinarse a los Phoenix Suns en una barrida implacable (3-0). En la segunda ronda, los Portland Trail Blazers no representaron una amenaza seria, cayendo ante los Lakers en un claro (4-1). Luego, en las finales de conferencia, los Denver Nuggets tampoco lograron plantar cara a los Lakers, siendo superados con contundencia (4-1).

Mientras tanto, en la costa Este, los Boston Celtics también dominaban su camino hacia la final. Solo los Pistons lograron extender la serie hasta el sexto partido en la segunda ronda, pero finalmente los Celtics se impusieron. En la final de conferencia, barrieron sin piedad a los Philadelphia Sixers, consolidando su supremacía con otro aplastante (4-1). Ambos equipos demostraron ser los mejores en sus respectivas conferencias, y el mundo del baloncesto esperaba con ansias el enfrentamiento tan deseado entre ellos en la gran final.

La emoción y la anticipación crecían a medida que se acercaba el momento de la verdad, aquel en el que los Lakers y los Celtics se encontrarían nuevamente en la lucha por el campeonato.

Los Angeles Lakers y los Boston Celtics se encontraron nuevamente en la final de la NBA, avivando la llama de una rivalidad que trascendía décadas. Los Celtics habían ganado el primer partido, pero los Lakers estaban dispuestos a escribir un nuevo capítulo en su historia.

Con Magic Johnson liderando el ataque de los Lakers y Kareem Abdul-Jabbar dominando la pintura, el equipo de Los Ángeles se adentró en una batalla encarnizada. Los Celtics, por su parte, contaban con el trío dinámico de Larry Bird, Kevin McHale y Robert Parish, dispuestos a defender su legado. La final era un calco de la del año anterior, todos tenían sus cartas preparadas, llegaba el momento.

La serie continuó con emocionantes partidos, cada uno luchado hasta el último segundo. Los Lakers lograron imponerse en los siguientes dos encuentros, aprovechando al máximo el talento de sus jugadores estrella y la habilidad de su banquillo para marcar la diferencia. Sin embargo, los Celtics no se dieron por vencidos y respondieron con una victoria en el cuarto partido, nivelando la serie.

Con el campeonato en juego, los Lakers sabían que debían desplegar su mejor juego en el quinto partido. En un enfrentamiento de alto voltaje, Magic Johnson asumió el liderazgo y, junto con Abdul-Jabbar, guió a su equipo hacia una victoria crucial. Con el marcador 3-2 a su favor, los Lakers se acercaban a su objetivo.

La ciudad de Boston estaba en llamas para el sexto partido, ya que los Celtics buscaban forzar un séptimo y definitivo encuentro. Sin embargo, los Lakers no iban a dejarse arrebatar la oportunidad de cerrar la serie. En un Boston Garden repleto de tensión y pasión, los Lakers desplegaron un juego excepcional.

Magic Johnson lideró a su equipo con una actuación magistral. Anotando y asistiendo a sus compañeros, el "Showtime" estaba en su máximo esplendor. Junto a Abdul-Jabbar, James Worthy y el resto del equipo, los Lakers se impusieron en un partido épico.

El sonido de la bocina final resonó en el Boston Garden, anunciando la victoria de los Lakers. Habían superado a los Celtics en su propio terreno y se coronaban campeones de la NBA en 1985. Las celebraciones estallaron en Los Ángeles mientras los aficionados coreaban el nombre de sus héroes. No era para menos, por fin, habían sido capaces de superar a los "orgullosos" Boston.

Magic Johnson fue merecidamente nombrado el Jugador Más Valioso de una serie final que quedó grabada en la memoria de los aficionados como un enfrentamiento legendario.

FINAL 1.985
LOS LAKERS SUPERAN SU PARTICULAR MALDICIÓN

GAME 1. PALIZA DE LOS CELTICS PARA EMPEZAR

En el primer encuentro de la serie, los tiempos muertos se sucedieron hasta sumar la impresionante cifra de doce. Doce breves respiros en los que los Lakers intentaron encontrar una respuesta ante la aplastante paliza que los Celtics les estaban infligiendo desde el mismo comienzo. Al final del encuentro, el marcador reflejaba un abrumador 148-114 a favor de los de Boston, en lo que se denominó como el "Memorial Day Massacre".

El margen de victoria de 34 puntos por parte de los campeones defensores se convirtió en la segunda mayor diferencia registrada en la historia de los playoffs. Los Celtics destrozaron varios récords en su camino hacia la victoria, incluyendo la máxima cantidad de puntos anotados en un partido, la mayor cantidad de puntos en una mitad (79), la mayor ventaja al medio tiempo (30 puntos, 79-49) y el porcentaje de acierto en tiros de campo en un solo juego (61%).

Esta derrota igualó el récord de Los Angeles en cuanto al margen más amplio de derrota en la postemporada, siendo además la peor derrota sufrida en un partido de las finales, superando el mínimo anterior establecido en una derrota por 33 puntos contra Boston en 1965, y durante muchos años fue así, hasta que de nuevo, Boston, ganó por 38, 131-92 ante los Lakers en el sexto partido de las Finales de la NBA de 2008, estableciendo un nuevo récord.

Varios jugadores de Boston compartieron los honores en esta gloriosa actuación. El escolta Danny Ainge anotó 15 de sus 19 puntos en el primer cuarto, contribuyendo así a que Boston tomara una ventaja de 38-24. Kevin McHale se destacó con 26 puntos, mientras que Larry Bird finalizó el encuentro con 19 puntos y nueve asistencias, realizando jugadas que desafiaban los límites de la credibilidad.

Sin embargo, lo más sorprendente fue la actuación del suplente de Boston, Scott Wedman, quien acertó los 11 tiros que intentó, incluyendo cuatro triples, lo que le permitió anotar un total de 26 puntos. Los Celtics también tuvieron un gran acierto desde la línea de tres puntos, acertando siete de los nueve intentos que realizaron.

El entrenador de los Celtics, KC Jones, estaba asombrado por la actuación de su equipo: *"Parecía que acertamos el 200 por ciento de los tiros de campo"*, mientras que Riley, el entrenador de los Lakers, compartía esa impresión: *"Nunca había visto a un equipo, excepto al nuestro en ocasiones, lanzar desde el perímetro de esa manera"*.

El brillante despliegue de tiro por parte de Boston minó la capacidad de los Lakers para tomar el control del partido. Los Lakers fueron superados en el apartado de los rebotes por 48-35, en gran parte debido a la escasez de oportunidades para capturar balones sueltos.

"No podíamos jugar a nuestro estilo porque pasábamos demasiado tiempo sacando el balón de la canasta", expresó Abdul-Jabbar. Magic Johnson compartía la misma opinión: *"¿Qué se puede decir? ¿Qué se puede hacer? Cuando intentábamos doblar a los jugadores de Boston, ellos encontraban la manera de pasar el balón y acertar. Cuando los defendíamos desde fuera, ellos lo devolvían dentro. Estábamos trabajando duro, pero no avanzábamos. Cuando un equipo lanza así, es difícil lograr algo"*.

No obstante, KC Jones dio en el clavo al señalar que esta dura derrota sería un gran estímulo para los Lakers. Preveía que utilizarían este revés como una fuente de motivación en el segundo partido de la serie: *"Ha sido una paliza, pero ellos lo utilizarán como punto de inspiración en su contra para el próximo partido. Saldrán en llamas, dispuestos a cobrar venganza"*.

GAME 2. LOS LAKERS SE ARENGAN PARA VENGARSE DEL PRIMER ENCUENTRO

En el segundo partido, que tuvo lugar el 30 de mayo en el sagrado escenario del Boston Garden, Kareem Abdul-Jabbar desató una auténtica tormenta sobre los Celtics. Con una demoledora exhibición anotó 30 puntos, atrapó 17 rebotes y repartió ocho asistencias. Pero antes de que el balón se elevara en el aire, Abdul-Jabbar había llevado a cabo un acto de humildad y camaradería que marcaría el rumbo del enfrentamiento.

Consciente de la importancia del encuentro, Kareem pidió disculpas a sus compañeros en las sesiones de vídeo y, uno a uno, estrechó la mano de cada uno de ellos, mirándolos a los ojos. Era un gesto cargado de significado, un símbolo de unidad y determinación. El capitán de los Lakers, conocido como "el cap", dirigía así el asalto al Boston Garden con una determinación férrea.

Siguiendo la estela de la espada sagrada de su maestro Wooden, Kareem Abdul-Jabbar lideró el ataque de los Lakers. Y junto a él, emergió la figura de Michael Cooper, cuyo tiro certero fue una constante amenaza para los Celtics. Con 22 puntos en su cuenta personal, Cooper brilló en la cancha, acertando ocho de sus nueve intentos a canasta.

Fue así como los Lakers dominaron el segundo partido de la final, sellando una victoria apasionante por un marcador de 109-102, y nivelando así la serie. El grito de guerra previo al encuentro de su entrenador, Pat Riley, resonaba en sus oídos: *"Ha llegado el momento de que este equipo demuestre quién es, aquí, en Boston"*. Estaban dispuestos a desafiar al destino y dejar una marca imborrable en la historia del baloncesto.

En aquella noche memorable en el Boston Garden, Kareem Abdul-Jabbar y sus compañeros de los Lakers se alzaron con una victoria épica. Fue un momento en el que los lazos de camaradería se fortalecieron. Los Lakers habían enviado un mensaje claro y desafiante a los Celtics: estaban listos para revelar su verdadera esencia y conquistar la gloria en territorio enemigo.

GAME 3. LOS LAKERS DAN UN PASO HACIA DELANTE

La serie se trasladó al majestuoso Forum de Inglewood, en Manchester Boulevard, Los Ángeles, donde la atmósfera estaba cargada de emoción y expectativa.

En el tercer partido, los Lakers se impusieron con una contundente victoria de 136-111, catapultándose al control de la serie a pesar de los esfuerzos de Kevin McHale, quien brilló por el bando verde.

Mientras tanto, Larry Bird, el emblemático jugador bostoniano, se debatía en un estado de tensión y lucha interna. Su precisión en los tiros se tambaleaba bajo la presión defensiva implacable de Michael Cooper. *"Estoy jugando terrible y eso es todo, nada de excusas"*, reflexionó Bird, consciente de su bajo rendimiento con un registro de 17 aciertos de 42 intentos en los partidos segundo y tercero de la serie. Las sombras de la duda se cernían sobre él, mientras su juego luchaba por encontrar su esencia.

El segundo cuarto presenció una intensa batalla en la que los Celtics mantenían una ventaja de diez puntos, con un marcador de 48-38. Sin embargo, liderados por James Worthy (29 puntos), los Lakers aprovecharon cada oportunidad para acercarse y superar a sus rivales.

Al llegar al descanso, Los Ángeles se encontraba al frente con una ventaja de seis puntos, con un marcador de 65-59. Era un momento decisivo en el que los Lakers demostraron su determinación y capacidad de respuesta.

La segunda mitad del partido fue un espectáculo dominado por los Lakers. Exhibiendo su superioridad en todas las facetas del juego, sellaron su victoria.
Fue un momento histórico para Kareem Abdul-Jabbar (26 puntos, 14 rebotes y 7 asistencias), quien se convirtió en el máximo anotador en la historia de los playoffs durante el transcurso del encuentro.

Mientras tanto, las dificultades de Bird continuaban, sufriendo molestias en la espalda y en el codo derecho. Aunque se especulaba que la férrea defensa de Cooper estaba afectando su rendimiento, solo Bird conocía la verdadera naturaleza de sus luchas internas.

En el ambiente cargado del Forum, los Lakers celebraron su triunfo con euforia. Habían demostrado su superioridad en casa y sentenciado el duelo en su favor. La serie tomaba un giro inesperado mientras los Celtics se enfrentaban a la urgente necesidad de encontrar respuestas y recuperar su mejor versión.

KC Jones comparaba la final con un combate de boxeo *"esto parece el combate de pesos medios entre Marvin Hagler y Tommy Hearns, cualquiera puede ganar este campeonato"*.

GAME 4. LOS BOSTON CELTICS GANAN UNA VIDA EXTRA

El cuarto enfrentamiento, el segundo en el Forum, otorgó a los Celtics una vida extra, una oportunidad para reavivar su espíritu combativo. Fue una noche en la que Kevin McHale se convirtió en un faro de luz, anotando 28 puntos y preparando el escenario para el momento decisivo. En los segundos finales, cuando el tiempo agonizaba, fue Dennis Johnson quien emergió como el héroe inesperado.

Sobrepasando las marcas defensivas, recibió un pase de Larry Bird y, con solo dos segundos restantes, lanzó el tiro victorioso. El marcador se inclinó a favor de los Celtics, 105-107.

El resultado igualaba la serie 2-2 y por unos días, una sombra oscura pareció instalarse en el horizonte de los Lakers. Los Celtics habían logrado nivelar el enfrentamiento en el cuarto partido con una emocionante victoria, sellada por la canasta milagrosa de Dennis Johnson en la bocina. Fue una secuencia épica en la que Magic Johnson había anotado previamente debajo del aro al capturar un rebote ofensivo tras un intento fallido de gancho por parte de Abdul-Jabbar.

Además del destacado desempeño de McHale en los Celtics, Dennis Johnson se lució con 27 puntos y 12 asistencias, mientras que Larry Bird mostró su habilidad con 26 puntos y 11 rebotes.

Por parte de los Lakers, que recibieron esta derrota como un golpe devastador, Magic Johnson ofreció un rendimiento excepcional con un triple-doble: 20 puntos, 12 rebotes y 11 asistencias. Abdul-Jabbar también contribuyó con 21 puntos, pero la derrota supuso una verdadera sacudida para el equipo angelino.

La serie había tomado un giro inesperado, y el enfrentamiento entre los Lakers y los Celtics se volvía cada vez más intenso y emocionante. El siguiente capítulo prometía aún más emociones y desafíos.

Rambis tenía clara la receta para no desanimarse, seguir luchando *"Tenemos que marcar nuestro territorio. Ese es nuestro trabajo"*.

Kupchak mantenía esa misma línea motivacional *"Nada de miedos, nada de rendirse. Solo trabajo y más trabajo"*.

GAME 5. LOS LAKERS DEMUESTRAN QUE ESTE AÑO VA A SER DIFERENTE

En una noche cargada de emoción y determinación, los Angeles Lakers se aferraron a su ventaja, a pesar de casi dilapidar una renta de 17 puntos debido a su propia obstinación, los Lakers resistieron el intento de remontada de los Celtics en el último cuarto y emergieron victoriosos con un marcador de 120-111. Con esta crucial victoria, los Lakers se colocaban con un balance de 3-2 en la final y con la sensación de que, de una vez por todas serían capaces de superar a los Celtics. Fue algo más que una victoria, fue la puntilla de la eliminatoria.

El partido estuvo marcado por un contraataque implacable de los Lakers, que ampliaron su ventaja al descanso de 64-51 a 89-72 durante el tercer acto. Sin embargo, al comienzo del último cuarto, el juego angelino se estancó, parecía que la insistente estrategia de cargar su ataque casi de forma exclusiva en Kareem Abdul-Jabbar, empezaba a perder su efectividad.

Para cuando quedaban 3 minutos y 55 segundos en el reloj, los Celtics habían reducido la diferencia a tan solo cuatro puntos, con un marcador de 107-103.

A pesar de esta peligrosa situación, al observar el resultado final, sería difícil cuestionar la estrategia del entrenador de los Lakers, Pat Riley. Después de todo, fue Kareem Abdul-Jabbar quien lideró el marcador con una impresionante cifra de 36 puntos, la más alta del partido.

"Fuimos mucho más astutos en este partido en comparación con el anterior", declaró Abdul-Jabbar con satisfacción. *"No caímos en las trampas que nos tendieron. Había cosas que ellos esperaban que hiciéramos, pero nos mantuvimos firmes y no caímos en su juego"*.

"Fue una cuestión de determinación", agregó Riley. *"Nos mantuvimos resistentes, soportamos sus embates más fuertes y regresamos con fuerza"*.

Si los Celtics hubieran logrado la victoria, casi se habrían asegurado el título consecutivo, siendo el primer equipo en hacerlo desde 1969, pero en aquel entonces era casi un hito lograrlo, y este resultado minó la determinación de los verdes.

Robert Parish lideró el ataque de los Celtics con 26 puntos, seguido de cerca por sus compañeros de equipo Kevin McHale con 24 puntos y Dennis Johnson con 22.

En los Lakers Worthy estuvo inmenso junto a Kareem, con 33 puntos y 8 rebotes, y no menos brillante fue Magic Johnson con sus 26 puntos y 17 asistencias.

Estaba claro que los Celtics tenían un problema. Tenían que luchar contra la historia, hacía muchos años que nadie ganaba dos campeonatos, y contra unos Lakers preparados para dar por zanjada su maldición contra los equipos del trébol. *"Fue una gran victoria, pero debemos regresar a su cancha"*, afirmó Riley. *"Sin embargo, me gusta nuestras posibilidades. Nuestros jugadores están emocionados y listos para enfrentar el desafío"*.

GAME 6. A LA NOVENA FUE LA VENCIDA, LOS LAKERS SUPERAN A LOS CELTICS

Con motivo del lleno consecutivo número 221 en el Boston Garden, con 15 banderas de campeón colgando del techo, Kareem Abdul-Jabbar anotó seis puntos consecutivos al final del último cuarto para ganar 111-100 y zanjar la eliminatoria. Aun así, los Celtics hicieron todo lo posible para poner las cosas incómodas a Los Ángeles. Los Lakers ganaban 82-73 al entrar en el último cuarto, pero Boston se acercó a 86-82 a falta de 8:56 gracias al juego de Bird y Kevin McHale (32 puntos, 16 rebotes).

Los siguientes seis puntos fueron anotados por Abdul-Jabbar, James Worthy (28 puntos) y Rambis. Bird anotó cuatro puntos seguidos para recortar el margen a seis a seis minutos para el final. Hasta aquí duró la resistencia verde, que bajó los brazos a poco más de un minuto del final, cuando Rambis sentenció desde el tiro libre cualquier posibilidad de victoria céltica.

Con Abdul-Jabbar anotando 29 puntos, los Lakers negaron a los Celtics la oportunidad de convertirse en el primer equipo de la NBA en 15 años que repite título y, de paso, borraron toda una vida de frustración. Los Lakers habían perdido ocho series de campeonato consecutivas contra Boston.

"Esto elimina una de las declaraciones más odiosas del baloncesto", dijo el propietario de los Lakers, Jerry Buss. *"Ya no se puede decir que los Lakers nunca han derrotado a los Celtics en una serie del campeonato"*.

El entrenador Pat Riley, ganador de su segundo anillo de campeón en cuatro temporadas, se mostró de acuerdo. *"Es como escribir una autobiografía. Es catártico"*, dijo. *"Todo ha sido purgado, como debe ser. Ganarles una vez puede que no suponga mucha diferencia para algunos, pero para este equipo sí. Ahora estamos 1-1 contra ellos"*.

James Worthy anotó 28 puntos con una serie en el tiros de 11 de 15 para los Lakers y Magic Johnson, terminó la final con un triple-doble, 14 puntos, 14 asistencias y 10 rebotes. Para Magic el anillo fue su redención a lo ocurrido un año antes "me molestó. Siempre que cometes errores... te molesta. Fue un largo año para esperar este momento".

Final 1.985 – Los Lakers superan su particular maldición

Los Celtics fueron constantemente superados por los Lakers hoy. *"Tan pronto como salimos del vestuario, todo el mundo en este equipo sabía que íbamos a ganar hoy"*, comentaba un insultante Kurt Rambis.

Dennis Johnson, base rival de los Celtics, no quitó ningún mérito al resultado final *"Se abalanzaron sobre todos los balones sueltos, consiguieron todos los grandes rebotes y Kareem hizo todos los excelentes pases. Hay que darles todo el mérito"*. McHale, que realizó una gran final, también reconoció la derrota *"Hicimos todo lo que pudimos, pero ellos fueron mejores"*.

Larry Bird, duro consigo mismo, pero fiel a su mentalidad y sin mencionar que jugó toda la serie con distintos dolores en codo, dedo y tobillo, algo que le mermó como muestra su menos del 42% de efectividad en el tiro *"Vivo y muero con el tiro en suspensión. Eso es lo que me ha traído hasta aquí y lo que nos ha hecho ganar campeonatos. Cada vez que fallaba, me decía que el siguiente iba a entrar, pero no fue así"*. Un Larry en estado puro prometía volver a estar ahí más adelante *"Me gustó el reto. Lamentablemente, no conseguimos ganar, pero no estoy apenado. Sólo voy a mirar hacia adelante. No puedes vivir en el pasado"*.

Ya con el trofeo y el champán como principales protagonistas tras el partido, los ojos se centraban en Kareem Abdul-Jabbar, no era para menos, tras ser premiado como el MVP de la final con 38 años de edad, y con una noticia que dar al mundo, la temporada siguiente sería la última para él, el gran Abdul-Jabbar anunciaba su futura retirada *"Estaré allí el año que viene defendiendo el campeonato. Será una buena forma de jugar mi último año"*, finalmente no fue así, se lo pensó mejor, y aún jugaría unas temporadas más, hasta 1989.

Estadísticas jugador por jugador (* = titulares)

Angeles Lakers
**Magic Johnson – 18.3 puntos, 14.0 asistencias, 6.8 rebotes y 2.2 recuperaciones*
**Byron Scott – 11.2 puntos, 3.7 rebotes, 2.5 recuperaciones y 2.2 rebotes*
**James Worthy – 23.7 puntos, 4.5 rebotes y 3.2 asistencias*
**Kurt Rambis – 7.5 puntos, 8.5 rebotes y 1.3 recuperaciones*
**Kareem Abdul-Jabbar – 25.7 puntos, 9.0 rebotes, 5.2 asistencias, 1.5 tapones y 1.0 recuperación*
Michael Cooper – 10.2 puntos, 3.7 asistencias, 2.0 rebotes y 1.2 recuperaciones
Bob McAdoo – 8.2 puntos y 3.0 rebotes
Mitch Kupchak – 5.2 puntos y 3.3 rebotes
Mike McGee – 4.8 puntos y 1.0 rebote en cuatro encuentros disputados
Larry Spriggs – 3.5 puntos, 1.8 rebotes y 1.5 asistencias en cuatros encuentros disputados
Ronnie Lester – 1.0 punto en dos encuentros disputados
Chuck Nevitt – 1 punto y 1 recuperación en el encuentro que disputó

Boston Celtics
**Dennis Johnson – 16.0 puntos, 9.5 rebotes, 4.3 rebotes y 1.7 recuperaciones*
**Danny Ainge – 11.0 puntos, 7.0 asistencias, 3.0 rebotes y 2.0 recuperaciones*
**Larry Bird – 23.8 puntos, 8.8 rebotes, 5.0 asistencias y 1.8 recuperaciones*
**Kevin McHale – 26.0 puntos, 10.7 rebotes, 1.8 tapones y 1.3 asistencias*
**Robert Parish – 17.2 puntos, 9.0 rebotes, 2.0 asistencias, 1.8 tapones y 1.0 recuperación*
Scott Wedman – 9.3 puntos, 3.3 rebotes y 1.7 asistencias
Cedric Maxwell – 2.6 puntos y 1.0 rebotes en cinco encuentros disputados
Greg Kite – 1.8 puntos y 2.0 rebotes en cinco encuentros disputados
Ray Williams – 3.5 puntos y 2.8 rebotes en cuatro encuentros disputados
Quinn Buckner – 3.0 puntos, 2.0 asistencias y 1.5 rebotes en cuatro encuentros disputados
ML Carr – 2.3 puntos en tres encuentros disputados
Carlos Clark – 2.0 puntos y 1.5 asistencias en dos encuentros disputados

En la temporada 1985/86, los Lakers se entregaron con vehemencia a su misión de fortalecer el equipo, anhelando adquirir jugadores interiores para aligerar la carga que recaía sobre Abdul-Jabbar durante la temporada regular.

Así fue como dos nuevas caras se sumaron al elenco, cada una dejando su marca de forma distinta. La primera, Maurice Lucas, pasó fugazmente por la escena, dejando una estela efímera que solo perduró en aquella campaña. Sin embargo, el verdadero tesoro llegó con la adquisición de AC Green, un jugador que caló hondo en los cimientos de la franquicia y se convirtió en parte fundamental de su historia durante las nueve inolvidables temporadas que defendió los colores de los Lakers. Su presencia se mantendrá grabada en los anales de la gloriosa trayectoria del equipo.

Maurice Lucas, un ala-pívot de 2.06 metros, forjó su camino en los terrenos de juego desde sus primeros pasos en la ABA. Fue en aquel glorioso año 1977 cuando se alzó como campeón de la NBA con los Portland Trail Blazers, deslumbrando a propios y extraños con su dominio en la final frente a los Sixers, anotando 20 puntos y atrapando 11 rebotes.

Sin embargo, su andar por los Lakers fue efímero, aunque no carente de importancia. Aportó de manera notable al equipo, promediando alrededor de 10 puntos y 8 rebotes por encuentro. Al año siguiente, su senda lo llevó hacia los Seattle Supersonics, y poco después, colgó sus zapatillas para siempre.

AC Green, ala-pívot con 2.06 metros, fue seleccionado por los Lakers en el puesto 23 del draft. Comenzó su trayectoria desde el banquillo, pero no pasó mucho tiempo antes de que su esencia ganadora se hiciera evidente. A través de los años, labró su reputación en el equipo y se erigió como una figura imprescindible en la cancha.

El juego de AC Green se caracterizaba por su tenacidad incansable y su compromiso inquebrantable en ambos extremos de la cancha. Desplegaba una energía desbordante y una entrega feroz en cada posesión. Era conocido por su resistencia física y su disposición a luchar por cada rebote y balón suelto, sin importar el desafío que se le presentara.

En ataque, Green se destacaba por su capacidad para finalizar cerca del aro con fuerza y determinación. Utilizaba su cuerpo atlético y su habilidad para encontrar espacios en la pintura, anotando con eficiencia en situaciones de cercanía al aro. Además, poseía un buen juego de pies y una sólida técnica de tiro que le permitían ser una amenaza desde distancias intermedias.

Sin embargo, su verdadero impacto trascendía los números. Green era reconocido por su inteligencia en la pista, su sacrificio en defensa y su capacidad para involucrar a sus compañeros en el juego colectivo. Su liderazgo silencioso lo convirtieron en un referente dentro y fuera de la cancha. Se le conocía con el apodo de "Iron Man" porque prácticamente no se perdió partido alguno en una carrera de 16 temporadas en la NBA.

En los Lakers tuvo dos etapas, la más larga, la primera, de ocho temporadas, hasta 1993, donde ganó los anillos de 1987 y 88, y después de su partida, siete años transcurrieron antes de que AC Green volviera a vestir el uniforme púrpura y oro. A los 36 años, regresó al equipo que había dejado atrás, dispuesto a aportar su experiencia y liderazgo en la búsqueda de un último capítulo glorioso. Fue en la temporada 1999-2000 cuando Green, junto a luminarias como Kobe Bryant y Shaquille O'Neal, logró alzar nuevamente el trofeo de campeón de la NBA.

En la temporada regular, los Lakers volvieron a ejercer un dominio absoluto sobre la conferencia Oeste, demostrando su autoridad al obtener un impresionante balance idéntico al del año anterior, con un registro de (62-20). Esta destacada actuación les permitió aventajar a los Houston Rockets, segundos clasificados, en una impresionante brecha de 11 victorias. Sin embargo, la verdadera historia se escribiría en los playoffs, donde las distancias no se reflejarían de la misma manera.

En el Este, los Boston Celtics se erigían como el equipo a batir y demostraron ser el conjunto más sólido de la fase regular. Su dominio fue tal que solo permitieron 15 derrotas en los 82 partidos disputados. Con una plantilla talentosa y una mentalidad ganadora, los Celtics se perfilaban como un desafío formidable para cualquier adversario.

En la primera ronda de los playoffs, los Lakers se impusieron sin problemas a los San Antonio Spurs con un contundente marcador de (3-0). Sin embargo, en la siguiente etapa del torneo, surgieron señales de que las cosas no fluían como se esperaba. Tuvieron que batallar más de lo previsto para eliminar a los Dallas Mavericks, liderados por Mark Aguirre y Rolando Blackman, con un resultado final de (4-2).

Este obstáculo fue solo el preludio de una dura realidad que se materializaría en las finales de conferencia, donde los Lakers se enfrentaron a los Houston Rockets. Los tejanos, comandados por las imponentes torres gemelas, Hakeem Olajuwon y Ralph Sampson, prácticamente humillaron a los angelinos con un aplastante resultado de (4-1).

Houston, sin embargo, no pudo llevarse el campeonato de la NBA, ya que fueron derrotados en la final por los Boston Celtics, con un marcador final de (4-2). Los Celtics contaban con un impresionante Larry Bird, quien fue nombrado MVP de la serie, promediando casi un triple-doble por partido, y un imparable Kevin McHale cerca del aro.

Una de las claves de la derrota angelina ante los Rockets fue motivado por la incapacidad de defender a uno de los interiores con más talento de la historia, Hackeem Olajuwon. Rambis lo explicaba perfectamente "Jugó demasiado bien. Nunca sabíamos hacia que lado iba a girarse. Podía moverse a la perfección en todas las direcciones, bailaba sobre la pista. Era alto, tenía unos brazos larguísimos y podía tirar echándose hacia atrás. Además, en defensa se hinchaba a tapones. Demasiado bueno".

Tras el devastador golpe sufrido en el año 1986, las oficinas de los Lakers se veían sumidas en una inquietud abrumadora. Los rumores de posibles traspasos de jugadores clave en la franquicia corrían como un reguero de pólvora, y entre ellos destacaba con fuerza uno en particular: la posibilidad de que James Worthy abandonara el equipo a cambio de la llegada de Mark Aguirre.

En medio de la incertidumbre y la especulación, el ambiente era tenso y las posibles negociaciones mantenían a todos en vilo. Sin embargo, el tiempo transcurrió y las aguas finalmente se calmaron. Las oficinas de los Lakers optaron por no realizar adquisiciones relevantes, salvo por una excepción notable: la llegada del pívot Mychal Thompson, procedente de los San Antonio Spurs, quien se uniría al equipo en plena temporada.

De manera paradójica, la decisión de no alterar demasiado la estructura del grupo resultó ser un acierto para la franquicia. En ese momento, los Lakers se encontraban inmersos en un período de gracia, capaces de ganar dos campeonatos de forma consecutiva en los años siguientes, específicamente en 1987 y 1988. Este logro significaba algo trascendental, ya que ningún equipo desde los años 60 había sido capaz de conseguirlo.

Mychal Thompson, un pívot de 2.08, que aportó un juego sólido y valioso al equipo, destacando por su habilidad para dominar la zona y ser una fuerza intimidante tanto en defensa como en el rebote.

En el aspecto ofensivo, Thompson poseía una buena capacidad de finalización cerca del aro, utilizando su envergadura y habilidad para convertir puntos importantes. Además, era un jugador inteligente que sabía aprovechar los espacios en el ataque y encontrar las oportunidades adecuadas para sumar puntos.

Además Thompson destacaba por su compromiso y entrega en la cancha. Era conocido por su tenacidad defensiva y su capacidad para alterar los tiros de los oponentes, siendo un auténtico muro en la zona.

Su traspaso significó la marcha de Mitch Kupchak. A su llegada el jugador, pletórico, solo quería sentirse un jugador de los Lakers "Dadme un partido. Creo que después de un partido y un entrenamiento, ya estaré preparado".

El fichaje, mediada la temporada, no gustó a su encarnizado rival, los Boston Celtics, lo veían un movimiento que podría ser decisivo, Larry Bird ironizaba al respecto "¿En que estaban pensando los San Antonio Spurs? Si necesitan dinero, nosotros les podíamos haber ofrecido más. Tal vez ahora nos cedan a Artis Gilmore para compensar".

En la fase regular, los Lakers desplegaron un juego de proporciones extraordinarias, guiados por la sublime dirección de un Magic Johnson que brillaba con destellos mágicos. Con un promedio de 24 puntos y 12 asistencias por partido, Johnson fue recompensado con el codiciado título de Jugador Más Valioso de la temporada. Su equipo cosechó un total de 65 victorias, seis más que sus más cercanos rivales del Este, los célebres Celtics.

En los playoffs, los Lakers mantuvieron su nivel sobrenatural, desafiando a cualquiera que se atreviera a enfrentarles. Una velocidad de crucero imparable los conducía hacia un único destino: regresar a la gloria de la final de la NBA. En la primera ronda, barrieron sin piedad a los Denver Nuggets (3-0), mientras que en la segunda ronda superaron con claridad a los Golden State Warriors (4-1). En las semifinales, en la confrontación por el campeonato de conferencia, los Seattle Supersonics de Xavier McDaniel, Tom Chambers y Dale Ellis no tuvieron oportunidad alguna de ganar un solo partido frente al arrollador poderío de los Lakers (4-0).

En la final de la NBA, se verían nuevamente las caras con sus eternos rivales, los Boston Celtics, en lo que sería su último enfrentamiento de la década. El equipo de Massachusetts, en contraste con los Lakers, había atravesado unos playoffs tremendamente reñidos, con dos series que no se resolvieron hasta el séptimo y definitivo partido. La primera de ellas fue contra los Milwaukee Bucks en la segunda ronda, y las finales del Este los enfrentaron a unos Detroit Pistons que anhelaban alcanzar metas más trascendentales.

Era evidente que el cansancio se convertiría en un factor a tener en cuenta en la gran final. Los Lakers llegaban al enfrentamiento con mayor descanso, después de haber disputado únicamente 12 encuentros, en contraposición a los 17 agotadores partidos que Boston había debido afrontar.

Fue la final de Magic Johnson, un broche de oro para una temporada excepcional, como dijo Larry Bird al final de la serie "Magic es un gran, gran jugador de baloncesto. El mejor que he visto"

Final 1.985 – Los Lakers superan su particular maldición

En la final de la NBA de 1987, los Lakers tomaron ventaja en el primer partido con un destacado desempeño de James Worthy y los magníficos pases de Magic Johnson.

A pesar de los esfuerzos de Larry Bird, los Celtics no pudieron evitar la derrota. En el segundo partido, los Lakers se llevaron la victoria con una gran actuación de Michael Cooper, quien estableció un récord de triples en playoffs en aquel momento, con 6 de 7.

Los Celtics acortaron distancias en el tercer partido, pero los Lakers lograron una remontada espectacular en el cuarto partido, con un histórico gancho de Magic para decidir el resultado.

A pesar de un quinto partido ganado por los Celtics, los Lakers se llevaron el título en el sexto partido, con Kareem Abdul-Jabbar y Magic Johnson liderando el equipo. Esta serie marcó el inicio de una etapa difícil para los Celtics, ya que no les volveremos a ver en una final NBA hasta 21 años después, en 2008.

FINAL 1.987
LOS CELTICS SE POSTRAN ANTE MAGIC JOHNSON

GAME 1. LA VELOCIDAD DE LOS LAKERS DESTROZA A LOS VERDES

En el primer partido de la final, los Lakers mostraron su dominio desde el principio. Magic Johnson lideró la victoria con una destacada actuación, anotando 29 puntos, repartiendo 13 asistencias, capturando 8 rebotes y sin perder ni un solo balón.

James Worthy que finalizó muchos contraataques cabalgados por Magic, terminó con 33 puntos y 9 rebotes. Los Lakers demostraron su habilidad en el contraataque, ejecutando 35 transiciones rápidas en los dos primeros cuartos y tomando una ventaja de 21 puntos en el marcador.

A partir aquí la segunda mitad no tuvo demasiada historia. Los Boston, con Larry Bird (32 tantos), poco pudieron hacer hasta el bocinazo final, terminando el partido con un claro (113-126).

Este impresionante desempeño de los Lakers en el primer partido de la serie dejó claro que estaban determinados a ganar el campeonato. Con un Magic Johnson inspirado y un James Worthy dominante, los Lakers establecieron su autoridad desde el principio y demostraron su capacidad para controlar el ritmo del juego.

El entrenador de los Boston KC Jones, no ocultó su malestar tras lo ocurrido *"Para ellos ha sido como un entrenamiento más en Santa Barbara. Nos han pasado por encima, ha sido un auténtico espectáculo. Cuando Magic y James han dicho: "ya está bien, vamos a empezar a correr y acabemos con esta historia, no hemos podido seguir su ritmo"*.

GAME 2. EL SIGUIENTE PARTIDO AÚN FUE MÁS DURO PARA LOS CELTICS

El plan maestro de los Celtics para el segundo enfrentamiento era claro y definido: detener a Magic Johnson. Danny Ainge se embarcó en la misión, desplegando una defensa feroz que logró contener a Magic en ciertos momentos del partido. Sin embargo, como en un juego de astros y constelaciones, esta táctica provocó que otro luminoso jugador emergiera de las sombras: Michael Cooper.

Con los Lakers manteniendo una ventaja de siete puntos en el segundo cuarto, Cooper desplegó su talento de forma deslumbrante. Dirigiendo una sinfonía de movimientos, lideró un asombroso parcial de 20-10 a favor de los californianos, siendo el arquitecto detrás de cada punto anotado o asistido por su mano prodigiosa. La precisión de Cooper encestando seis triples de siete intentos dejó una estela resplandeciente en los libros de récords de los playoffs.

Mientras tanto, el imponente Kareem Abdul-Jabbar añadía su poderío con 23 puntos, mostrando su maestría con 10 de 14 tiros de campo convertidos. Y Magic, el ilusionista de los Lakers, deslumbraba una vez más con su dominio del juego, repartiendo 20 asistencias y anotando 22 puntos.

El telón cayó con un resultado deslumbrante: 141-122 a favor de los Lakers. Los Celtics, en un inusual giro de los designios, sufrieron su sexta derrota consecutiva fuera de su hogar en los playoffs. Las estrellas de los Lakers brillaron con un resplandor inigualable, dejando a su paso una estela de triunfo y decepción en el camino.

Larry Bird, después de ser claramente inferiores en los dos primeros encuentros, buscaba soluciones para los próximos partidos ahora que se trasladaba la serie a Boston *"Tenemos un montón de tipos duros de pelar en este equipo y no nos podemos rendir como si nada. Tenemos que hacer ajustes importantes y creo que lo conseguiremos. Ahora mismo lo más importante es mejorar la defensa, cargar bien el rebote y no dejarse avasallar. Nunca, jamás, nos deis por muertos"*.

GAME 3. LOS CELTICS GANAN AL AMPARO DEL GARDEN

Los Celtics, decididos a resurgir de las cenizas de las dos derrotas anteriores, desplegaron su espíritu indomable y triunfaron en el tercer duelo.

En ese crucial enfrentamiento, emergió de las sombras Greg Kite, un pívot que había pasado desapercibido en el equipo de Boston. Ante la situación de faltas personales de Robert Parish, Kite saltó al campo en los últimos compases del primer cuarto, y durante 20 minutos realizó una actuación memorable. Aunque no anotó puntos, capturó nueve rebotes, bloqueó una tentativa de bandeja de Magic Johnson y realizó un trabajo impecable en defensa, resistiendo los envites de Kareem Abdul-Jabbar.

Mientras tanto, la estrella imperecedera Larry Bird brilló con 30 puntos, y Dennis Johnson aportó su genio con 26 puntos. En el segundo cuarto, los Celtics deleitaron a los espectadores al encestar 17 de sus 21 lanzamientos, dando una exhibición de destreza ofensiva.

Kevin McHale, quien había sufrido una lesión en el segundo partido, demostró su determinación al registrar 21 puntos y 10 rebotes, anulando efectivamente a James Worthy, quien se vio limitado a 13 puntos y tres rebotes.

A pesar de los heroicos esfuerzos de Magic Johnson, quien lideró a los Lakers con 32 puntos, su equipo sufrió una derrota por 109-103. En ese encuentro, los Celtics revelaron su resiliencia y demostraron que estaban dispuestos a luchar hasta el último aliento para alcanzar la gloria.

Larry Bird, muy contento con la victoria, la ve como el despegue de la remontada *"Este, el tercer partido, revestía una importancia insuperable para nosotros. En caso de derrota, levantarnos en el cuarto partido habría sido una ardua tarea, pero ahora, ahora será fácil"*.

GAME 4. EL PARTIDO QUE DECIDE UN ANILLO

Los Celtics tomaron el control desde el primer instante, dominando a los Lakers con destreza y audacia. Su ventaja se elevó hasta los 16 puntos tras el descanso, deslumbrando a los espectadores con su juego imponente. Sin embargo, los Lakers, lejos de entregarse, desataron su furia y emprendieron una feroz remontada. Con un gancho majestuoso de Kareem Abdul-Jabbar a falta de cinco minutos y treinta segundos para el final, lograron igualar el partido a 95-95.

En un abrir y cerrar de ojos, la marea del encuentro fluctuó. Los Celtics, imponiendo su voluntad sobre el parquet, enhebraron ocho puntos consecutivos, abriendo una brecha de ocho puntos a su favor. A falta de tres minutos y medio, el marcador lucía 103-95, susurrando esperanzas de victoria a los seguidores del equipo verde. Pero Mychal Thompson y Abdul-Jabbar, en una muestra de su destreza, interrumpieron la sequía anotadora de los Lakers y redujeron la ventaja a seis puntos.

En la siguiente posesión de los Celtics, el destino jugó una trampa cruel. Robert Parish perdió el balón en manos de Michael Cooper, quien, con maestría, encestó un triple a pase de Magic, acercando el marcador a 103-100. Los corazones latían acelerados, la tensión llenaba el aire.

En ese preciso momento, Larry Bird, como si la grandeza lo impregnara, falló en su intento y Thompson se apoderó del rebote. James Worthy emergió de entre las sombras y, sin encontrar resistencia en Kevin McHale, anotó fácilmente, reduciendo la distancia de Boston a solo un punto. Pero, en un giro del destino, Bird cometió un error crucial al enviar un pase errado a McHale, otorgando la posesión a los Lakers a falta de medio minuto para el desenlace. Con un tiempo muerto estratégico, seguido de una canasta ejecutada por Abdul-Jabbar a pase de Magic, los Lakers tomaron la delantera en el marcador con un 106-104 que despertó la euforia en su afición.

Sin embargo, Bird, imperturbable ante la presión, tomó la responsabilidad en sus manos. Con un tiro de tres puntos, otorgó una vez más la ventaja a su amado equipo. El estadio retumbó en un clamor ensordecedor.

En la siguiente posesión, Abdul-Jabbar se vio inmerso en una lucha encarnizada y recibió una falta personal. Con temple y confianza, anotó un tiro libre, alzando su equipo un poco más. McHale y Thompson, en una batalla titánica por el rebote del segundo tiro libre fallado, desataron una controversia. Los árbitros, inamovibles en su decisión, dictaminaron que McHale había desviado el balón fuera de los límites de la cancha. Los Celtics, furiosos, elevaron sus protestas al cielo, pero la posesión cayó en manos de los Lakers, con siete segundos para la conclusión del encuentro. En un instante lleno de magia, Magic recibió el balón, lo acarició con la destreza de un malabarista y se adentró en la cancha como un hechicero en su dominio. En un movimiento majestuoso, anotó un gancho imparable con tan solo dos segundos para el final del partido.

Y entonces, en el último aliento del encuentro, Bird buscó la redención con un último intento desesperado. Pero la fortuna, caprichosa y traicionera, se negó a sonreírle. En la bocina final, su tiro errático se perdió en el éter, y los Lakers emergieron victoriosos con un ajustado marcador de 107-106.

El pabellón se sumió en un silencio sepulcral, donde las lágrimas de la derrota se mezclaron con los aplausos de reconocimiento. Los Lakers celebraron con algarabía su triunfo, mientras los Celtics, con dignidad y coraje, se retiraron de la cancha.

Tras el partido Magic hizo mención a su gancho, que fue clave para ganar *"Fue un pequeño, pequeño, pequeño skyhook"*, y sobre la dureza defensiva que sufrieron por parte de los Celtics, el base prefirió fijarse en la ofrecida por ellos mismos *"Bueno, nosotros tampoco nos hemos quedado atrás"*.

GAME 5. EN EL GARDEN NO

En aquellos días, un marcador de 3-1 parecía una montaña inamovible, pero para los Celtics, era una cuestión de honor absoluto asegurarse de que su rival no alzara el trofeo en el sagrado recinto del Garden. Era una misión clara y ardiente, una promesa incuestionable hacia sus apasionados seguidores. Por otro lado, los Lakers se mantenían serenos, conscientes de que, incluso en caso de derrota, les aguardaban dos partidos más en su territorio, listos para sellar la final a su favor.

Y así, en medio de esta lucha épica, se desplegó una victoria aplastante para los verdes, un rotundo 108-123. Desde el segundo cuarto, los Celtics tomaron las riendas y construyeron una ventaja de alrededor de quince puntos. A partir de ese momento, el curso del partido apenas sufrió cambios significativos, como si ambos contendientes aceptaran el resultado sin objeciones. Los Lakers veían el campeonato a un paso de distancia, mientras que los Celtics se aferraban a la esperanza de su feudo, al Garden.

Magic Johnson acumuló 29 puntos, 12 asistencias y 8 rebotes, respaldado por los 18 tantos de Abdul-Jabbar y Thompson. En el bando de Boston, cada miembro del quinteto sumó al menos 21 puntos, destacando la actuación imponente de Dennis Johnson, con 25 puntos y 11 asistencias, y Larry Bird, con 23 puntos y 12 rebotes.

Larry Bird, siempre firme en sus convicciones, lo expresó con claridad meridiana: *"Si quieren celebrarlo, que no lo hagan en el parquet"*. Sus palabras resonaron con una determinación inquebrantable, un desafío lanzado al viento que dejaba claro que el sagrado suelo del Garden no sería testigo del júbilo de sus adversarios.

GAME 6. A LA NOVENA FUE LA VENCIDA, LOS LAKERS SUPERAN A LOS CELTICS

La serie se trasladaba al Forum, donde los casi 15.000 espectadores que lo abarrotaban querían dejar finiquitada la final, querían celebrar el anillo, la puntilla a una temporada para enmarcar.

Magic Johnson comenzó con tan solo cuatro puntos en la primera mitad del sexto encuentro, mientras que Dennis Johnson anotó 18 de los 33 con los que finalizaría el duelo, liderando a Boston en el marcador por 56-51.

Pero en la segunda parte los Lakers despertaron y ganaron el partido por 106-93, y con ello, el campeonato. Worthy finalizó con 22 puntos y Mychal Thompson con 16 puntos y 10 rebotes desde el banquillo.

No obstante, las grandes estrellas del partido fueron Magic y Kareem. Magic se recuperó de su mal inicio de partido con 16 puntos, 19 asistencias y 8 rebotes, y Kareem aportó 32 puntos, siendo el máximo anotador del equipo.

"Magic es un grandísimo jugador de baloncesto" afirmó Bird. *"El mejor que he visto jamás"*. Magic se hizo con el premio al MVP de las Finales de la NBA y con su cuarto anillo de campeón.

Un partido que significaba un momentáneo punto y a parte en la rivalidad entre Lakers y Celtics, que tantos y tantos recuerdos nos ha dejado a cualquier aficionado a la NBA y al baloncesto. Rambis lo explicaba perfectamente *"La gente me pregunta si odio a los Boston Celtics. Esa no es la palabra. Mas bien es amor, un amor que nace de la competición"*.

Estadísticas jugador por jugador (* = titulares)

Angeles Lakers
**Magic Johnson – 26.2 puntos, 13.0 asistencias, 8.0 rebotes y 2.3 recuperaciones*
**Byron Scott – 11.8 puntos, 3.0 rebotes y 2.3 asistencias*
**James Worthy – 20.7 puntos, 5.3 rebotes, 4.0 asistencias y 1.7 recuperaciones*
**AC Green – 7.8 puntos y 5.2 rebotes*
**Kareem Abdul-Jabbar – 21.7 puntos, 7.3 rebotes y 2.5 tapones*
Michael Cooper – 12.0 puntos, 4.7 asistencias, 2.3 rebotes y 1.7 recuperaciones
Mychal Thompson – 11.2 puntos, 5.2 rebotes y 1.2 tapones
Kurt Rambis – 1.8 puntos y 2.5 rebotes
Adrian Branch – 1.3 puntos en cuatro encuentros
Wes Matthews – 1.3 puntos en cuatro encuentros
Mike Smrek – 0.5 puntos en cuatro encuentros

Boston Celtics
**Dennis Johnson – 21.0 puntos, 9.3 asistencias y 4.3 rebotes*
**Danny Ainge – 12.5 puntos, 5.0 asistencias, 3.0 rebotes y 1.2 recuperaciones*
**Larry Bird – 24.2 puntos, 10.0 rebotes, 5.5 asistencias, 1.2 recuperaciones y 1.2 tapones*
**Kevin McHale – 20.5 puntos, 9.0 rebotes, 2.0 asistencias y 1.0 tapón*
**Robert Parish – 16.7 puntos, 6.5 rebotes, 1.2 asistencias y 1.2 tapones*
Darren Daye – 4.5 puntos y 1.3 rebotes
Fred Roberts – 4.4 puntos y 1.8 rebotes en cinco encuentros
Jerry Sichting – 1.3 puntos y 1.8 asistencias.
Greg Kite – 0.8 puntos
Bill Walton – 1.2 puntos y 1.0 rebote en cinco encuentros
Sam Vicent – 4.8 puntos, 1.3 asistencias y 1.0 rebote en cuatro encuentros
Conner Henry – 2.5 puntos en cuatro encuentros

Final 1.987 – Los Celtics se postran ante Magic Johnson

En la temporada 87/88 los Lakers no tuvieron cambios destacables en su plantilla después de su gran campaña pasada. En la fase regular, desataron su poderío una vez más, aplastando a sus rivales con furia desmedida.

Asestaron un golpe de autoridad, acumulando triunfos como eslabones en una cadena de gloria. Apenas tres victorias menos que el año anterior, 62, coronándolos en la cima del Oeste.

Sin embargo, en los confines del cancha, un astro emergente comenzaba a tejer su propia leyenda. Su nombre resonaba con fuerza y amenazaba el trono de Magic Johnson como el mejor jugador de la liga. Ese tal Michael Jordan, dotado de habilidades sublimes, se alzó con el prestigioso MVP, que antes había pertenecido al brillante jugador de los Lakers. A pesar de ello, Magic no había cedido su esencia y su influencia perduraba en cada encuentro.

Ningún otro equipo en el vasto Oeste parecía ser un desafío insuperable. Todos se encontraban a la sombra de los 55 triunfos. La expectativa era de un nuevo desfile triunfal por parte de los Lakers en los Playoffs. Pero los pronósticos, en esta ocasión, fallaron, porque las cosas no fueron nada fáciles para ellos.

La primera piedra en el camino, los San Antonio Spurs, fue sorteada con facilidad: los Lakers se impusieron en la serie por 3-0, y Mychal Thompson emergió como un factor crucial. Sin embargo, a partir de ese momento, el Showtime sudó y sintió la presión. Utah, Dallas y Detroit los llevaron al límite, hasta un séptimo partido que casi pone fin al sueño del bicampeonato.

La actuación de Utah, liderada por los jóvenes John Stockton y Karl Malone, fue una sorpresa mayúscula. El Jazz logró ponerse en ventaja 2-1 en la serie y, posteriormente, en su territorio, igualó el marcador 3-3 con una victoria aplastante en el sexto partido.

Después se enfrentaron a los Dallas Mavericks, un equipo con abundante talento ofensivo encabezado por Mark Aguirre, Rolando Blackman y Detlef Schrempf, aunque se mostraban débiles en defensa. Sin embargo, no lograron superar a los Mavs en ninguno de los tres partidos que jugaron en Texas, lo que llevó la serie al séptimo enfrentamiento.

Los Pistons, conocidos como los “Bad Boys” por su estilo de juego físico y aguerrido, demostraron su fortaleza ante los Celtics en la final de conferencia en el Este, un equipo legendario liderado por estrellas como Larry Bird, Kevin McHale y Robert Parish.

La serie fue intensa y emocionante, con ambos equipos luchando arduamente en cada partido. Los Pistons lograron llevarse los primeros dos juegos en Detroit, mostrando su defensa implacable y su capacidad para limitar el poder ofensivo de los Celtics.

Los verdes respondieron ganando el tercer partido en su cancha, mostrando su espíritu competitivo y experiencia en los momentos clave. Sin embargo, los Pistons no se amilanaron y ganaron el cuarto y quinto juego, acercándose a la victoria en la serie.

El sexto juego, disputado en Detroit, fue el encuentro decisivo. Los Pistons, respaldados por su ruidosa afición, desplegaron un juego sólido y lograron superar a los Celtics, asegurando su lugar en las Finales de la NBA.

Ya en la final Detroit se llevó el primer partido en Los Ángeles, pero los Lakers recuperaron la ventaja de local al ganar el primer juego en Michigan. Sin embargo, los Pistons volvieron a tomar la delantera al llevarse los siguientes dos partidos en su terreno. La serie estaba 3-2 a favor de Detroit, lo que significaba una presión doble para los Lakers: tenían que ganar los dos partidos en casa o despedirse. Detroit luchó con todas sus fuerzas en el sexto partido, y a pesar de la lesión de tobillo de Thomas, el base se desató en el tercer cuarto, anotando 25 puntos y llevando a su equipo a una ventaja en el marcador de 102-99 con un minuto restante, pero los Lakers lograron una victoria por 103-102, gracias a un par de tiros libres de Kareem a 14 segundos del final.

En el séptimo y definitivo partido, Thomas continuaba sintiendo dolor, pero aún controlaba el ritmo del juego. Detroit se fue al descanso con ventaja. Los Lakers dominaron el tercer período, aunque los Pistons pudieron recortar una desventaja que había llegado a ser de 15 puntos, quedaron a solo un punto, 106-105, a cinco segundos del final. Fue en ese momento en el que una canasta de AC Green selló el destino del partido.

Desde que la franquicia se mudó a Los Ángeles en 1960, ese partido contra los Pistons fue la primera vez que los Lakers ganaron un séptimo partido en las Finales, después de haber caído en 1962, 1966, 1969, 1970 y 1984.

LAKERS
32

FINAL 1.988
LOS LAKERS ROMPEN SU MALDICIÓN CON LOS SÉPTIMOS PARTIDOS

GAME 1. LOS PISTONS ASALTAN EL FORUM

En el primer partido los Angeles Lakers se enfrentaron a varios problemas, entre ellos las notables dificultades en el juego aéreo de Kareem Abdul-Jabbar. Sin embargo, el mayor escollo fue Adrian Dantley, quien anotó 34 puntos para llevar a los Detroit Pistons a una sorprendente victoria por 105-93 en The Forum.

La defensa sobresaliente de los Pistons mantuvo a los Lakers por debajo de los 100 puntos, con dificultades en su precisión de tiro. Kareem Abdul-Jabbar solo anotó 8 puntos en 4 de 13 tiros y estuvo en el banquillo durante los últimos 15 minutos del partido. Por otro lado, Magic Johnson destacó con 28 puntos.

El entrenador de los Pistons, Chuck Daly, atribuyó el éxito de su equipo al trabajo duro. Los Lakers tuvieron una mala noche de tiro, posiblemente debido al cansancio después de su emocionante serie contra Dallas en las finales de la Conferencia Oeste.

Los Lakers lanzaron con un 40% en el porcentaje de tiro, y no pudieron remontar una ofensiva consistente debido a la falta de juego de transición y su incapacidad para acertar tiros en la media cancha. A pesar de una racha en el cuarto cuarto, los Lakers no lograron superar a los Pistons, quienes controlaron el partido en su totalidad hasta el (93-105)

Además, la defensa de los Pistons limitó las opciones de los Lakers en el perímetro y les impidió anotar canastas fáciles, no lograron reaccionar efectivamente ante Dantley en defensa y su falta de doble marcaje permitió que anotara puntos cruciales.

"Tenemos grandes reboteadores ofensivos, tienen que quedarse en casa y encerrarnos", dijo el pívot de Detroit Bill Laimbeer, explicando alguno de lo motivos de la victoria visitante. *"Sus aleros no pueden soltarse pronto y correr por la pista como suelen hacer, si lo hacen tendrán problemas"*.

"No hay secretos para esto, es una ética de trabajo por la que nos hemos esforzado los dos últimos años", dijo el entrenador de los Pistons, Chuck Daly, destacando la valía de todo lo trabajado *"Es sólo trabajo duro; he hablado en clinics y siempre he dicho que no puedes enseñar ataque -- un buen tiro es un don -- pero puedes enseñar defensa; cualquiera puede jugarla si trabajas duro"*.

El héroe del partido, Adrian Dantley, destacó *"Quería tener el balón en mis manos. Si no me hacen un doble marcaje, están en problemas, pero si lo hacen podemos mover el balón y alguien tendrá un salto abierto, todo lo que tienen que hacer es acertar"*.

GAME 2. LAS ESTRELLAS ANGELINAS EMPATAN LA ELIMINATORIA

En un emocionante partido, los Angeles Lakers lograron igualar con un marcador de 108-96. Después de una actuación mediocre en el primer partido, los Lakers demostraron una notable mejoría en su juego, especialmente en defensa.

James Worthy lideró al equipo con 26 puntos y 10 rebotes, seguido de Byron Scott con 24 puntos y Magic Johnson con 23 puntos, 11 asistencias y siete rebotes. A pesar de enfrentar una gripe, Johnson mostró un esfuerzo heroico al jugar a pesar de su enfermedad. Kareem Abdul-Jabbar, quien tuvo un desempeño decepcionante en el primer partido, anotó 15 puntos esta vez.

Por parte de los Pistons, Adrian Dantley fue el máximo anotador con 19 puntos, aunque no pudo igualar su actuación previa. A pesar de los esfuerzos de los Pistons por remontar, los Lakers lograron mantener la ventaja y aseguraron la victoria con jugadas defensivas clave.

En el intentó de remontada de los Pistons hubo una jugada que pudo resultar clave. Abdul-Jabbar falló un gancho, y los Lakers consiguieron el rebote ofensivo. Un pase posterior de Worthy fue robado por Dennis Rodman. Pero los árbitros detuvieron el juego, y tras una larga discusión sobre si el tiro de Abdul-Jabbar había tocado el aro, lo que habría requerido un nuevo reloj de 24 segundos, se concedió el balón a los Lakers.

Esta decisión descentró un tanto a los Pistons, y la remontada ya no fue posible. Magic, visiblemente enfermo, comentó tras el encuentro *"No se lo deseo a nadie. La otra noche tuve escalofríos, sudé mucho y no paraba de ir al baño. Tenía que ir al baño cada 20 minutos. Ya no tengo fiebre ni escalofríos, pero sigo haciendo lo del baño"*.

Thomas, quien se quedó en 13 puntos con 5/14 en tiros, se justificó en parte *"Hubo muchas veces en las que tuve que forzar tiros cerca del final del reloj de 24 segundos, debo haber tomado cinco o seis de esos"*.

"Creo que estuvimos mucho más activos en defensa", sentenció Riley.

GAME 3. MALA NOCHE PARA LOS PISTONS, DERROTA Y LESIÓN DE ISIAH THOMAS

Fue un día mágico para Magic Johnson, un destello de perfección que superó todas sus expectativas. El escenario era perfecto, jugando apenas a un salto de distancia de su amada ciudad natal, Lansing, Michigan. La emoción se palpaba en el aire, con sus orgullosos padres entre los más de 39.000 fans que llenaban el Silverdome para presenciar el tercer partido de las finales de la NBA.

Magic sabía que este juego era crucial para su equipo. Los Pistons habían decidido desafiarlos en su propio terreno, apostando por un estilo de juego rápido y ofensivo. Sin embargo, Magic estaba preparado para el desafío. Con su magistral visión de juego, entregó 14 asistencias precisas, anotó 18 puntos y capturó seis rebotes. Su liderazgo y destreza en la cancha llevaron a los Lakers a una victoria contundente de 99-86, en un encuentro que terminó con cierta tensión, Chuck Daly, fue expulsado al pitarle un par de faltas técnicas, y el pívot Bill Laimbeer cometió otra técnica. Los angelinos volvían a recuperar el factor cancha, con 2-1.

El desempeño de los Lakers fue sobresaliente en todos los aspectos. Encestaron un impresionante 51% de sus tiros de campo, algo que los Pistons no habían permitido en los últimos 15 partidos de playoffs. Cada titular de los Lakers contribuyó con anotaciones en doble dígito, liderados por James Worthy con 24 puntos y A.C. Green con 21. La actuación de Magic, con 18 puntos y 14 asistencias, fue simplemente sublime, anticipando cada movimiento de sus oponentes y llevando a su equipo hacia la victoria.

Para colmo Detroit veía como Thomas, su base estrella que terminó el partido con 28 puntos, 9 asistencias y 7 rebotes, se lesionaba en un lance del juego con Mychal Thompson.

"Ha sido la primera vez que nos han ganado de verdad", confesó Laimbeer. *"Tenemos que darnos cuenta de que pueden ganarnos; no sólo de que podemos ganarles"*.

Magic expresó su sentimiento de jugar tan cerca de su lugar natal, y un poco el porqué de la victoria *"No intentaron correr en Los Ángeles, pero sabía que lo harían aquí. Sabía que Isiah querría correr, y a lo largo de los playoffs han corrido más en casa que en la carretera. Pero eso estuvo bien. Y luego, cuando empezamos el partido acertando nuestros tiros, me dije: '¡Bueno, vale!. Estar en casa lo hace muy especial, pero estar en la serie de campeonatos es lo más alto que una persona puede estar en la vida misma. Estoy contento de estar aquí, pero tengo que mantener la perspectiva. Si me dejo llevar por el hecho de estar aquí, no podré hacer mi juego"*.

GAME 4. LOS LAKERS SUFREN LA IRA DE LOS PISTONS

Los Detroit Pistons lograron una victoria aplastante. Los Pistons, que parecían un equipo en problemas antes del partido, encontraron su ritmo y vencieron a los vigentes campeones por 111-86.

Adrian Dantley lideró con 27 puntos, mientras que Isiah Thomas, a pesar de su dolor en el coxis, contribuyó con 12 asistencias, 10 puntos y nueve rebotes. Los Lakers lucharon con problemas de faltas y solo pudieron convertir el 40% de sus tiros de campo.

La defensa fue clave para los Pistons, ya que limitaron el ataque de los Lakers y solo permitieron 35 puntos en la segunda mitad. Los Pistons lanzaron con un 48%, mostrando una mejora significativa en comparación con su derrota anterior.

Adrian Dantley tuvo más oportunidades de anotar y aprovechó los tiros libres, convirtiendo 13 de 15 intentos. Las faltas de los Lakers afectaron su juego y causaron frustración en el equipo.

Magic Johnson, quien había sido el héroe del tercer partido, cometió una falta y una acción antideportiva tras lanzar un antebrazo que conectó con la mandíbula de Thomas, lo que lo llevó al banquillo y afectó el rendimiento de los Lakers.

Los reservas de Detroit también jugaron un papel importante en la victoria, superando ampliamente a los reservas de los Lakers en términos de puntuación. Con esta victoria, la serie quedó empatada 2-2, y los Pistons se mostraron confiados mientras se acercaban al quinto partido.

"Estuvimos metidos en el partido todo el tiempo", dijo el pívot de Detroit Bill Laimbeer.

"Teníamos que darnos cuenta de lo que nos ha traído hasta aquí", dijo John Salley. *"Puede que esa imagen de chico malo -etiquetar a alguien en lugar de ser pasivo- sea buena. Los entrenadores nos dijeron que teníamos que jugar el partido en lugar de limitarnos a recibir a los Lakers"*.

"Estoy más allá de la decepción y la irritación en este momento", dijo Riley. *"Cuando te machacan así en los playoffs, es como un culebrón durante los dos o tres días siguientes. No voy a preocuparme ni a enfadarme con nadie"*.

GAME 5. EL MEJOR FINAL POSIBLE PARA EL PONTIAC SILVERDOME

La noche estaba impregnada de emoción en el Pontiac Silverdome mientras los Detroit Pistons se enfrentaban a los Lakers en un duelo épico. El ambiente vibraba con la pasión de los fans, quienes llenaban las gradas con sus bufandas en alto, listos para animar a su equipo hacia la victoria. El sonido ensordecedor de los aplausos y los gritos llenaba el aire, creando una sinfonía de entusiasmo y expectativa.

Los Lakers se presentaron con fuerza, anotando rápidamente los primeros 12 puntos del partido. Parecía que la noche iba a ser una batalla cuesta arriba para los Pistons. Sin embargo, los problemas de faltas de los jugadores interiores de Los Ángeles comenzaron a pasar factura, y la ventaja de los Lakers se desvaneció lentamente.

Fue entonces cuando Adrian Dantley, con su destreza encestando, se convirtió en el líder indiscutible de los Pistons. Sus movimientos elegantes y precisos dejaron perplejos a los defensores de los Lakers, quienes no pudieron detener su avance. Dantley brilló con 25 puntos, 19 de ellos en la primera mitad del partido, llevando a los Pistons a una ventaja de nueve puntos al llegar al descanso.

Pero no fue solo Dantley quien deslumbró en el campo. Vinnie Johnson, haciendo honor a su apodo "el microondas", aportó 12 de sus 16 puntos en la primera mitad, mostrando una habilidad excepcional para encontrar el aro. Y Joe Dumars, con su precisión en los tiros y su astucia táctica, contribuyó con 19 puntos.

A medida que el reloj avanzaba y el final del partido se acercaba, Bill Laimbeer se volvió hacia Joe Dumars y le susurró unas palabras que quedarían grabadas en la memoria de ambos. *"Mira alrededor y disfruta porque nunca volverás a ver algo parecido"*, dijo Laimbeer, admirando el espectáculo que se desarrollaba frente a ellos. Cuarenta y un mil personas, agitando sus bufandas y poniéndose de pie, creaban un ambiente impresionante, un testamento del apoyo inquebrantable de los fans de los Pistons.

Abdul-Jabbar fue el más destacado por parte angelina, con 26 puntos, secundado por Magic, 15 puntos y 17 asistencias.

Con cada posesión y cada canasta, los Pistons se acercaban a la victoria final. El Pontiac Silverdome rugía con fervor, mientras los jugadores luchaban incansablemente en el campo. El partido llegó a su fin con un marcador de 104-94 a favor de los Pistons, una despedida perfecta para el querido estadio con el (2-3) en la eliminatoria.

Los jugadores se abrazaron en medio de la euforia y la celebración, conscientes de que habían sido parte de algo especial. Aquella noche, el Pontiac Silverdome fue testigo de una actuación magnífica y memorable por parte de los Pistons. Un momento que nunca olvidarían.

La serie volvía a Los Angeles sin margen de error para los Lakers. Ambos entrenadores hablaron sobre ello, los Pistons ya sabían lo que era vencer allí, y los angelinos necesitaban ganar los dos partidos que les quedaban.

Riley antes de irse se quejó amargamente del arbitraje *"Salimos concentrados, pero nuestro ritmo y concentración se rompió por las faltas que nos pitaban, falta tras falta,... Este es el segundo partido consecutivo en el que sacan a James Worthy en la primera parte ... no le han dejado jugar el partido. La forma en que empujan y agarran, es muy frustrante. Si hay algo que nos ha afectado, ha sido su capacidad para hacer lo que quieran en defensa tácticamente, pero en cuanto aumentamos la agresividad, nos llaman la atención"*.

Aunque también hizo autocrítica con el juego de los suyos *"Los dos mayores problemas para nosotros, fueron nuestros problemas de faltas en la primera mitad y nuestra incapacidad para contener a nadie en los tableros. Nuestro rebote fue horroroso"*.

Sobre la vuelta al Forum, Riley *"Aquí estamos, volviendo a casa. Está en nuestras manos con dos partidos en casa. O nos ocupamos del negocio el domingo, o nos olvidamos"*.

Daily se mostró cauto, estaban a una victoria del título pero sabe que para ello tienen que ganar uno en cancha contraria *"Llevo demasiado tiempo por aquí como para anticiparme a nada. Lo hicimos una vez... veamos qué pasa"*.

GAME 6. LOS LAKERS SE LLEVAN UN CARA O CRUZ ENVUELTO EN POLÉMICA

El escenario estaba listo para un enfrentamiento épico en el coliseo del baloncesto. Los Lakers dominaban el marcador con una ventaja de 56-48 en el tercer cuarto, desplegando su juego sobre la cancha. Sin embargo, en ese preciso momento, Isiah Thomas se levantó para escribir su propia leyenda.

Con una determinación ardiente en sus ojos, Thomas se convirtió en el protagonista de una actuación deslumbrante. Anotó los siguientes 14 puntos del partido, uno tras otro, desafiando a la gravedad y a los límites del juego. Cada canasta parecía una obra maestra.

Pero en un instante fatídico, el destino lanzó su desafío. Thomas pisó el pie de Michael Cooper y torció su tobillo, cayendo al suelo en agonía. Fue un momento desgarrador.

Sin embargo, la determinación de Thomas superó el dolor. Con valentía y coraje, se levantó del suelo y regresó al campo apenas 35 segundos después. Su espíritu incansable iluminaba la pista, desafiando cualquier adversidad que se interpusiera en su camino. El tercer cuarto llegó a su fin, y Thomas ya había dejado una huella imborrable en la historia de las Finales. Con 25 puntos anotados en un solo cuarto, un récord impresionante, y 11 tiros acertados de 13 intentos, se había convertido en una fuerza imparable.

El partido llegó a su clímax emocional con el marcador apretado. Los Pistons lideraban por 102-99, pero los Lakers no se rendían. Byron Scott redujo la ventaja a solo un punto con una canasta crucial a falta de 52 segundos. La tensión llenaba el aire mientras los segundos se desvanecían.

En la siguiente posesión, los Lakers demostraron su fortaleza defensiva, forzando a Thomas a lanzar un tiro desesperado. Y entonces llegó el momento que quedaría grabado en la memoria de todos. Kareem Abdul-Jabbar, con su movimiento característico, ejecutó su icónico gancho y fue objeto de una falta polémica por parte de Bill Laimbeer. Las repeticiones en la televisión no mostraban contacto alguno, pero el árbitro decidió decretar la falta. Jabbar calmó los latidos del corazón de los aficionados de los Lakers al convertir los dos tiros libres, adelantándose por 103-102.

El último suspiro resonó en el estadio mientras Joe Dumars intentaba un último tiro desesperado para los Pistons. El balón se elevó en el aire, llevando las esperanzas de un equipo entero, pero el destino tenía otros planes. La pelota rozó el aro y finalmente rebotó fuera, sellando la victoria para los Lakers.

Final 1.988 – Los Lakers rompen su maldición con los séptimos partidos

A pesar de anotar sólo dos tiros de campo en los últimos ocho minutos de juego, a pesar de una desventaja de tres puntos a falta de un minuto, y a pesar de los 43 puntos de Isiah Thomas, los Angeles Lakers consiguieron llevar la serie del campeonato de la NBA a un séptimo partido.

Thomas emergió como una estrella incandescente. Con los citados 43 puntos, además de 8 asistencias en su cuenta personal, su espíritu había deslumbrado a todos los presentes, incluso en la derrota.

En los locales destacó por fin, Worthy, que tras varios encuentros por debajo de sus números, se fue hasta los 28 puntos y 9 rebotes, y Magic, con sus 22 puntos y 19 asistencias, catalizó el juego de los suyos.

El partido había llegado a su fin, dejando a los espectadores sin aliento y con la certeza de haber sido testigos de una batalla inolvidable. Las luces se desvanecieron en la cancha, pero el recuerdo de la actuación de Thomas perduraría.

"Este es el partido de playoffs más increíble en el que he participado", dijo Pat Riley en la rueda de prensa posterior, *"Los Pistons jugaron con el corazón. Ahora sólo queda un partido. De eso se trata. No hay juegos mentales, sólo un poco de tiempo de entrenamiento. Para nosotros, se trata de salir y lograr algo y no dejar pasar un sueño"*.

Joe Dumars se maldice por la oportunidad perdida *"Tuvimos una gran oportunidad de ganar. Ahora mismo estoy decepcionado por lo que significa la derrota. Estuvimos a dos puntos de ser campeones del mundo"*.

Sobre la presión de anotar los dos tiros libres que tuvo Abdul-Jabbar, Scott no tenía dudas *"Sabía que metería los dos tiros. Ha estado en esa situación demasiadas veces y ha salido airoso demasiadas veces como para no hacerlo"*.

GAME 7. LOS LAKERS SE LLEVAN EL ANILLO TRAS GANAR UN NUEVO PARTIDO PARA LA ÉPICA

En el escenario de la batalla final, el dolor se reflejaba en cada paso cojeante de Thomas. Su tobillo herido se negaba a ceder ante la exigencia del juego, pero su espíritu valiente se negaba a rendirse. A pesar de la molestia constante, se mantuvo en la contienda durante la primera mitad del partido, dejando una huella en cada movimiento. Sus 10 puntos anotados lideraron a los Pistons en el marcador, otorgándoles una ventaja de 52-47 al descanso.

Sin embargo, en el respiro del medio tiempo, el dolor se intensificó y Thomas se vio obligado a jugar un papel más reducido en la segunda mitad. Sentado en el banquillo, contemplaba cómo los Lakers se apoderaban del juego, entrando en el último cuarto con una cómoda ventaja de 90-75.

Chuck Daly, estratega incansable, trazó un nuevo plan. Alineó a Dennis Rodman, John Salley, Joe Dumars y Vinnie Johnson, un conjunto de jugadores capaces de generar problemas y desestabilizar a los Lakers. La tormenta se desataba en la cancha, y los Pistons comenzaron a acercarse en el marcador.

Faltando 3 minutos y 52 segundos para el final del partido, Salley acertó dos tiros libres, reduciendo la brecha a 98-92. La tensión se palpaba en el aire, y los corazones latían con la esperanza de un milagro. Con solo un minuto y 17 segundos restantes, Dumars anotó una canasta, acercando a los Pistons a tan solo dos puntos de los Lakers (102-100).

Pero Magic Johnson, el mago de los Lakers, no se dejaría arrebatar la victoria fácilmente. Respondió con temple y sangre fría, acertando dos tiros libres tras una falta cometida por Rodman. En la siguiente posesión, Rodman falló un lanzamiento a falta de 39 segundos, y Byron Scott capturó el rebote, recibiendo una falta y anotando ambos tiros libres. Los Lakers se adelantaron por cinco puntos (105-100), desafiando los sueños de los Pistons.

A pesar de las dificultades, los Pistons no se rendían. Dumars logró una bandeja vital, seguida de un tiro libre de James Worthy y un triple de Bill Laimbeer, acercando a los Pistons a un solo punto (106-105) con tan solo seis segundos en el reloj. La tensión era asfixiante, cada instante parecía eterno.

A. C. Green, asistido por la magia de Magic, consiguió una bandeja crucial (108-105). Los segundos finales llegaron y los Pistons confiaron el balón a Thomas. Pero en ese momento decisivo, Magic lo derribó al suelo, iniciando una celebración prematura mientras faltaban dos segundos en el reloj. Thomas se esforzó por lanzar a la canasta, pero los árbitros no pitaron falta y no tomaron en cuenta a los aficionados que invadieron la cancha antes de tiempo, en medio del caos.

En medio de este enfrentamiento épico, James Worthy emergió como un gigante. Con un triple-doble impresionante, anotando 36 puntos, atrapando 16 rebotes y repartiendo 10 asistencias, Worthy dejó su huella indeleble en las Finales. Su destreza y determinación le valieron el título de MVP, cimentando su apodo "Big Game James".

El destino sonrió a los Lakers una vez más, otorgándoles la gloria de conquistar el campeonato por segunda vez consecutiva. Un logro monumental para la ciudad de Los Ángeles, que había esperado durante casi dos décadas para presenciar tal hazaña. Desde los legendarios Celtics de los años 60, ningún equipo había sido capaz de alcanzar tal grandeza. Ahora, los Lakers se alzaban como los verdaderos herederos del trono.

Nada más proclamarse campeón de la NBA Riley reconoció *"No me queda ningún sentimiento ahora mismo... me siento orgulloso por ellos. Al final del partido, ¿qué estábamos haciendo? Estábamos viendo a un gran equipo de baloncesto aguantar. Estábamos aguantando, y teníamos una ventaja lo suficientemente grande como para hacerlo"*.

Chuck Daily, sin palabras, solo acertó a decir *"Se apoderaron del partido con su feroz defensa"*.

Worthy, proclamado MVP, valoró el nivel exhibido por Magic Johnson, quien podría haberse llevado el galardón perfectamente según el alero *"Si hablamos de individualidades, creo que Magic, porque fue muy constante cada noche. Luego tendría que votarme a mí mismo, por primera vez en mi carrera"*.

Magic Johnson explicó la dificultad que entrañaron los Pistons, y la de jugar contra su amigo Isiah Thomas *"Fue la temporada de campeonato más dura, no sólo porque nos fuimos a siete partidos tres veces. Jugar contra Isiah en un campeonato es probablemente lo más difícil que he tenido que hacer nunca: intentar mantenernos alejados el uno del otro, intentar no ser amigos. Es lo más difícil por lo que he tenido que pasar, mantenerme concentrado en lo que tenía que hacer... Conozco a Isiah. Su corazón es tan grande como esta habitación"*.

Estadísticas jugador por jugador (* = titulares)

Angeles Lakers
**Magic Johnson – 21.1 puntos, 13.0 asistencias, 5.7 rebotes y 2.0 recuperaciones*
**Byron Scott – 18.9 puntos, 4.9 rebotes, 2.0 asistencias y 1.0 recuperación*
**James Worthy – 22.0 puntos, 7.4 rebotes y 4.4 asistencias*
**AC Green – 10.0 puntos y 8.7 rebotes*
**Kareem Abdul-Jabbar – 13.1 puntos, 4.1 rebotes, 1.1 tapones y 1.0 asistencia*
Mychal Thompson – 7.0 puntos y 3.6 rebotes
Michael Cooper – 3.7 puntos, 2.1 asistencias y 1.6 rebotes
Kurt Rambis – 1.2 puntos y 1.6 rebotes en cinco encuentros
Wes Matthews – 1.5 puntos en cuatro encuentros
Tony Campbell – 4.0 puntos en dos encuentros
Mike Smrek – 0.0 puntos y 1.0 rebote en dos encuentros
Milt Wagner – 0.0 puntos en dos encuentros

Detroit Pistons
**Isiah Thomas – 19.7 puntos, 9.0 asistencias, 4.4 rebotes y 2.9 recuperaciones*
**Joe Dumars – 13.4 puntos, 4.6 asistencias y 2.3 rebotes*
**Adrian Dantley – 21.3 puntos, 5.0 rebotes y 2.3 asistencias*
**Rick Mahorn – 3.3 puntos y 2.4 rebotes*
**Bill Laimbeer – 9.4 puntos, 8.9 rebotes, 1.9 asistencias y 1.0 tapón*
Vinnie Johnson – 11.0 puntos, 3.7 rebotes y 3.0 asistencias
Dennis Rodman – 7.9 puntos, 6.9 rebotes y 1.0 tapón
John Salley – 7.1 puntos, 6.3 rebotes y 1.3 tapones
James Edwards – 7.0 puntos, 3.0 rebotes y 1.0 asistencia
Walker Russell – 1.3 puntos en tres encuentros
Ralph Lewis – 0.6 puntos y 1.0 rebotes en tres encuentros
Chuck Nevitt – 2 puntos y 2 rebotes en el encuentro que disputó

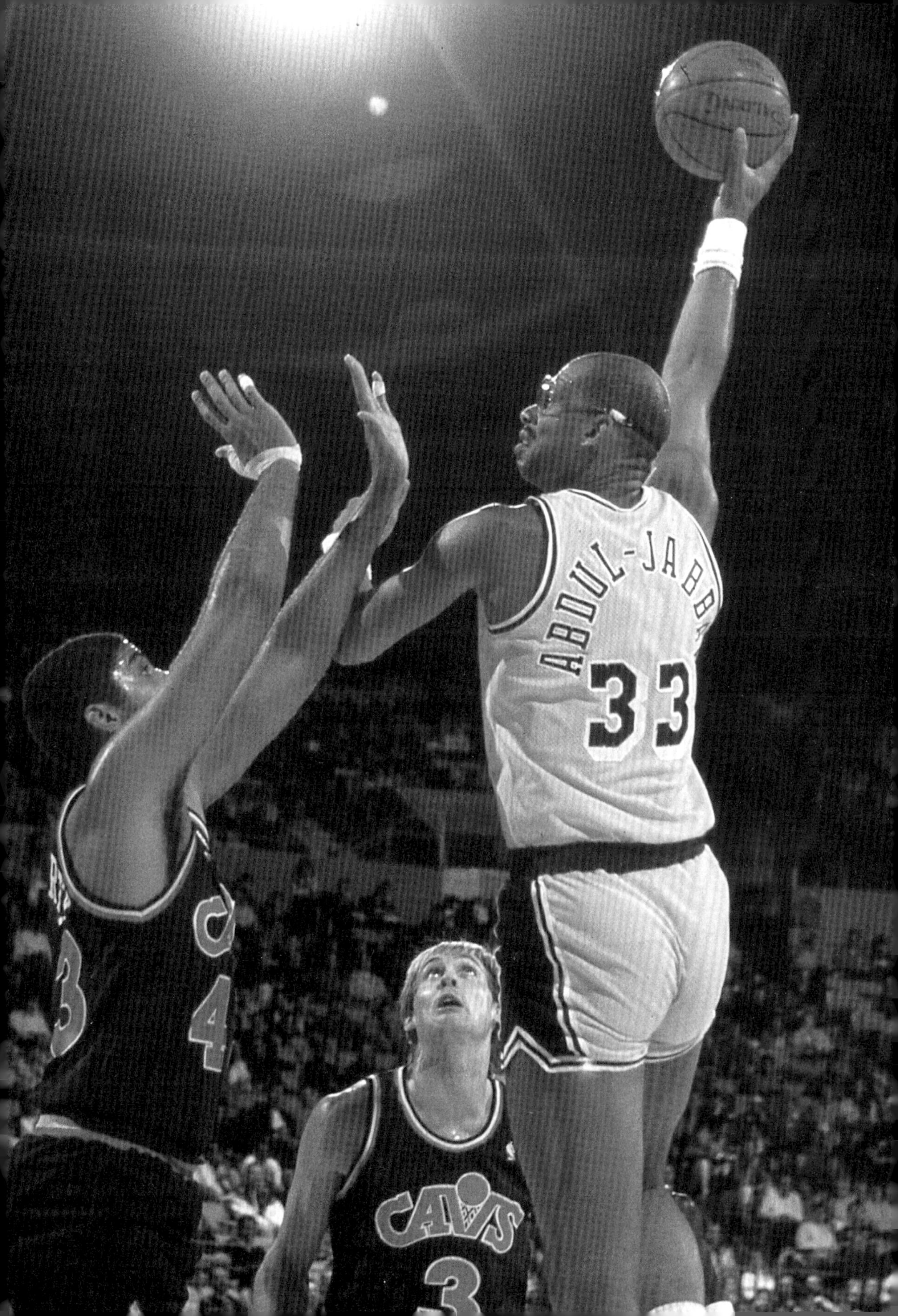
ABDUL-JABBAR
33
CAVS
3

Tras conquistar dos preciados anillos en una sinfonía victoriosa, todas las miradas se posaron sobre ellos, anhelando descubrir si serían capaces de labrar su "three-peat" en una campaña que se convirtió en un eterno adiós para uno de los jugadores más legendarios en los anales de este deporte. Kareem Abdul-Jabbar, el coloso incuestionable, anunció su retirada al término de la temporada, tejiendo una trama cargada de nostalgia y añoranza. En cada cancha de la NBA, no dejaron escapar la oportunidad de despedirle como lo que siempre fue: uno de los titanes más imponentes de este deporte.

Con el afán de fortalecer su alineación, reclamaron para sí los servicios de Orlando Woolridge, un ala-pívot de 2.06, cuyo virtuosismo ofensivo se encontraba fuera de toda duda. Ya había compartido vestuario con Michael Jordan en los Chicago, y su llegada al equipo fue recibida con un éxito indudable, asentándose con destreza en el rol de sexto hombre.

Magic volvió a danzar en la cancha con una destreza sobrenatural, ganando un nuevo MVP para engalanar su palmarés. Bajo su maestría, los angelinos resurgieron como el fénix y se erigieron como el mejor conjunto del Oeste, acumulando 57 victorias que destilaban confianza y determinación. La situación lucía auspiciosa, pero era innegable que tenían pleno conocimiento de su rival a batir, aquel que debían enfrentar si anhelaban volver a ceñirse la corona: los temibles Detroit Pistons, que rugían con un registro impecable de 63 triunfos en la fase regular, sembrando un pavor absoluto en el corazón de sus adversarios.

Sin embargo, aquel épico enfrentamiento debía esperar, reposando en el devenir de los playoffs. Y en el terreno de los Lakers, reinaron con absoluto dominio, como señores en su propio feudo. No encuentro palabras más acertadas para describir cómo los angelinos arrollaron, despojando a sus contendientes de toda esperanza. Primero fueron los Portland Trail Blazers quienes sucumbieron ante su poderío, seguidos por los Seattle Supersonics en la segunda ronda. Y en la final del Oeste, los Phoenix Suns también sucumbieron ante la estampida purpura y oro. Un balance inmaculado de (11-0), un camino impoluto, que les otorgaba todo el crédito para luchar por ese tercer anillo ansiado. Sin embargo, la historia se tejió de manera desigual.

Los Detroit Pistons no fallaron a su cita con la gran final, volvieron a mostrar una defensa férrea, que se erigía como una impenetrable fortaleza. Quedó patente cuando eliminaron a los Chicago Bulls en la final del Este, despertando la admiración de todo el mundo. Las lenguas no cesaban de susurrar acerca de la intensidad defensiva que emanaba de aquel conjunto, de la voracidad con la que ansiaban la gloria.

Sin embargo, la final se vio ineludiblemente afectada por las lesiones que plagaron al equipo angelino. Durante la serie, los Lakers sufrieron bajas significativas que mermaron su rendimiento de manera notable. Una circunstancia que los Pistons no dudaron en aprovechar para coronarse campeones por la vía rápida. Fue un contundente (4-0) que nos privó casi por completo del deleite de disfrutar de una rivalidad prolongada entre ambos equipos.

Es innegable que los Detroit Pistons se lanzaron sin freno hacia el anhelado anillo, pero tampoco podemos obviar el hecho de que las lesiones que aquejaron a jugadores importantes de los Lakers jugaron un papel crucial. No pudieron contar en toda la serie con Byron Scott, Magic Johnson se vio limitado debido a una lesión en el tendón de la corva, lo que afectó su movilidad y su capacidad para liderar al equipo en la cancha. Además, James Worthy, otro pilar fundamental en la plantilla de los Lakers, lidió con lesiones en el tobillo que mermaron su rendimiento y aportación al juego, y Kareem Abdul-Jabbar se disponía a jugar los últimos partidos de su carrera con 42 años.

En conclusión, las lesiones sufridas por los Lakers en la final de la NBA de 1989 fueron un factor determinante que se sumó al imponente despliegue defensivo de los Pistons. Aunque estos últimos se alzaron como justos campeones, no podemos ignorar el impacto que las lesiones tuvieron en el rendimiento y las posibilidades de los Lakers en esta definitiva serie.

FINAL 1989
LOS PISTONS APROVECHAN LAS FACILIDADES PARA ARRASAR

GAME 1. EL JUEGO EXTERIOR DE LOS PISTONS MARCA LA DIFERENCIA

Desde el primer toque, Isiah Thomas tomó el control del juego. Joe Dumars anotó de manera constante y desplegó una defensa agresiva contra el líder de los Lakers, Magic Johnson. Y cuando Dumars y Thomas necesitaron un descanso, Vinnie Johnson se encargó de proporcionar una ofensiva instantánea. El trío de los Pistons combinó sus esfuerzos para sumar 65 puntos, llevando a Detroit a una victoria por 109-97 en el primer partido de la serie.

Los Pistons recibieron importantes contribuciones de todos los jugadores que participaron en el encuentro. Su banquillo aportó 45 puntos, incluyendo 19 de Vinnie Johnson y 15 de James Edwards. Thomas lideró con 24 puntos y 9 asistencias, mientras que Dumars agregó 22 puntos.

Magic Johnson y James Worthy lideraron a los Lakers con 17 puntos cada uno. Detroit nunca estuvo en desventaja en la segunda mitad del partido y llegó a liderar por hasta 20 puntos, 79-59, en el tercer cuarto. Thomas fue el catalizador, penetrando hacia el aro, distribuyendo pases a sus compañeros y encestado desde media y larga distancia...

Mientras Detroit contaba con la ofensiva de sus nueve mejores jugadores, el ataque de los Lakers se limitaba en gran medida a dos hombres: Johnson y Worthy. Los demás jugadores de los Lakers se vieron obstaculizados por la defensa agresiva de los Pistons o por problemas de faltas personales.

Los Lakers parecieron algo perdidos de ritmo después de tener que esperar bastantes jornadas para comenzar la final, y la baja de Scott, su especialista en el tiro exterior, les afectó más de lo que se esperaba.

"Acaban de presenciar nuestro mejor partido de los playoffs", declaró Chuck Daly, entrenador de los Detroit Pistons. *"Fuimos agresivos tanto en ataque como en defensa. Joe jugó de manera destacada, Vinnie encestó sus tiros y Isiah estuvo encendido durante toda la noche. Espero que podamos mantener esa intensidad"*, aunque también se acordó de que en la final del año anterior los Pistons también ganaron el primer partido y al final no se llevaron el título. Quedaba trabajo por hacer.

"No estuvimos finos, pero el mérito es de los Pistons", dijo Pat Riley, entrenador de los Lakers. *"Son el mejor equipo defensivo y lo demostraron. Desde el inicio del partido, no pudimos contener su rapidez. Isiah, Joe y Vinnie demostraron una gran agilidad, más de la que podíamos manejar. Tendremos que ajustar eso"*.

"Todo lo que queríamos era otra oportunidad de jugar contra los Lakers después del año pasado", afirmó Thomas. *"Ahora tenemos esa oportunidad"*.

GAME 2. LA LESIÓN DE MAGIC DEJA TOCADA LA FINAL

Con el dolor como compañero en la cancha, Magic Johnson se alzó, arrastrando su pierna izquierda, girando y agitando sus brazos con furia. Las lágrimas brotaron, contenidas luego, antes de que finalmente partiera cojeando, al final del tercer cuarto. El sufrimiento era palpable en su rostro, una mezcla de frustración y dolor físico que amenazaba con superar su determinación.

Si Johnson necesitaba la soledad para lidiar con la distensión en su isquiotibial izquierdo, los restantes Lakers no tuvieron más opción que intentar mantener su ventaja sobre los Pistons de Detroit en el segundo partido. Pero los Lakers simplemente no contaban con suficientes jugadores sanos y quizás, tampoco perseverancia, para evitar que los Pistons se alzaran con la victoria por 108-105 frente a 21,454 aficionados en el Palace.

Cuando Johnson se retiró con el agravamiento de una lesión previa en el isquiotibial, quedando 4:39 por jugar en el tercer período, el marcador se encontraba igualado en 75-75. El destino parecía incierto, pero los Lakers no se dejaban abatir. Sin embargo, después de que Johnson se dirigiera a los vestuarios para recibir tratamiento, los Lakers respondieron con una racha de 17-9, tomando una ventaja de 92-84 en el último cuarto. La esperanza renacía.

No obstante, perdieron esa ventaja tan rápidamente como la obtuvieron, encontrándose con una desventaja de siete puntos a falta de cuatro minutos. La fatiga y las limitaciones físicas comenzaron a pesar sobre los Lakers, y los Pistons aprovecharon cada oportunidad para imponer su juego aguerrido y determinado. Los Lakers pasaron 9 minutos y 17 segundos sin anotar un solo tiro de campo, una sequía desalentadora en un momento crítico del partido. Los intentos de encestar se volvieron erráticos y los errores se multiplicaron en una sucesión desconcertante.

Aún así, de manera increíble, tuvieron la oportunidad de igualar la serie en los últimos segundos. Pero James Worthy, normalmente el más confiable de los Lakers, falló el primer tiro libre a falta de dos segundos y ahí, en ese momento, el destino pareció sentenciado. La agonía se apoderó de los jugadores y aficionados por igual, sabiendo que esa oportunidad perdida podría significar la diferencia entre la victoria y la derrota.

Dumars anotó 33 puntos, mientras que Thomas aportó 21 puntos y Vinnie Johnson contribuyó con 18 tantos, convirtiéndose nuevamente en la punta de lanza del juego de los Pistons. Por parte de los Lakers, Cooper y Worthy terminaron con 19 tantos cada uno, luchando contra las adversidades. Magic, antes de su lesión, aportó 18 puntos y 9 asistencias.

"Es tan desafortunado", dijo Johnson, sacudiendo la cabeza al final del encuentro *"Trabajas tan duro para llegar a este punto. Siete meses de duro trabajo, y luego algo así sucede, no puedo creerlo. Estaba realmente consternado. Me quedé allí sentado preguntándome: '¿Por qué yo?' Lo pregunté a los médicos. Pero ahora, ya no. Podría haber ocurrido en cualquier otro momento de la temporada. Podría haber sucedido en verano y no habría importado"*.

"El equipo, según tengo entendido, luchó y jugó como campeones", dijo Johnson, quien pasó el resto del partido siendo atendido en el vestuario. *"Estoy contento por eso. Para esto hemos trabajado. Es solo una situación difícil. Estábamos jugando bien. Todo iba según nuestro plan. Estábamos ganando a esos tipos. Y luego... solo espero que me recupere y pueda volver. Espero que sea una lesión que se cure rápidamente"*.

"El equipo dio un paso al frente y realmente creyó que podían ganar", dijo el entrenador Pat Riley en un intento de animar a los suyos de cara a los siguientes encuentros *"Creo que le dimos a Detroit algo en qué pensar. Una de las cosas más peligrosas en el mundo es un animal herido. Y nosotros estamos heridos"*.

GAME 3. LA MAGIA SE APAGA

Los Lakers estaban lidiando con la ausencia de sus jugadores clave, Magic Johnson y Byron Scott, debido a sus lesiones. No era una tarea sencilla encontrar soluciones ante estas bajas tan difíciles de cubrir.

Durante los primeros minutos del partido, los Lakers cojeaban con la participación limitada de Johnson. A medida que avanzaba el partido, los Pistons se fortalecieron y lograron una victoria por 114-110, acercándose a eliminar a los Lakers como campeones.

Los exteriores de los Pistons, Joe Dumars, Isiah Thomas y Vinnie Johnson, anotaron en conjunto 74 puntos, Joe Dumars (31), Isiah Thomas (26) y Vinnie Johnson (17), resistiendo los esfuerzos de James Worthy, 26 puntos, y Abdul-Jabbar 24 y 13 rebotes, su récord de la temporada.

Aunque Worthy y Abdul-Jabbar tuvieron un buen desempeño, el resto del equipo de los Lakers tuvo dificultades para mantener el ritmo. Michael Cooper, el único titular en el backcourt, tuvo que jugar los 48 minutos y los reservas Tony Campbell y David Rivers lucharon por contener a los jugadores de los Pistons.

Dumars fue especialmente destacado, anotando 17 puntos consecutivos en el tercer cuarto y haciendo una jugada defensiva crucial al bloquear un intento de triple de Rivers. Los Angeles intentó remontar, pero los Pistons se mantuvieron firmes y se llevaron la victoria.

Los Lakers se enfrentan ahora a la difícil tarea de intentar revertir la desventaja de 0-3 en la serie, lo cual nunca se ha logrado en la historia de la NBA. Son, muy conscientes de la dificultad de la situación.

A pesar de los esfuerzos finales de los angelinos por acercarse en el marcador, los Detroit se mantuvieron firmes y aseguraron la victoria. La profundidad del equipo de los Pistons y su habilidad para responder a los desafíos se destacaron una vez más.

"Es como si tuvieras un buen coche deportivo y un gran conductor, y de repente tienes que encontrar a alguien que ha estado conduciendo un autobús para que sea el conductor", dijo Kareem Abdul-Jabbar *"Es una experiencia de aprendizaje"*.

"Sólo ganamos 3-0", dijo Thomas, sabedor de estar a un solo paso del ansiado anillo *"Esto no ha terminado. Siguen siendo los defensores del título y no van a rendirse. Tenemos que mirar al martes por la noche como el séptimo partido"*.

"Sólo queda una cosa y es la mayor remontada de la historia de la NBA", dijo Pat Riley, entrenador de los Lakers. *"Ahora sé lo que dicen otros entrenadores*

cuando van perdiendo, 3-0. Sólo tienes que intentar ganar uno".

"Tenía muchas ganas de jugar, pero no pude", dijo Magic Johnson, devastado por estar lesionado.

GAME 4. LOS PISTONS COMPLETAN LA BARRIDA

En una noche cargada de emociones y giros del destino, los Pistons, autodenominados "Bad Boys", se impusieron con fervor a unos Lakers debilitados por su escasa rotación. Los Pistons emergieron victoriosos, (105-97), en el sagrado recinto del Forum, ante una multitud de 17.505 espectadores que presenciaron el ascenso de una nueva dinastía.

El intercambio de poder se convirtió en el evento central de la velada, ya que los Pistons se alzaron con el ansiado trofeo de campeones, una joya codiciada que había eludido a su franquicia durante 32 largas temporadas. Guiados por el incansable escolta Joe Dumars, con 23 puntos fue aclamado unánimemente como el Jugador Más Valioso de la serie, los Pistons saborearon la dulce victoria con la misma pasión que impregnaron en cada jugada agresiva e indomable.

"Sabe a gloria ganar", expresó con satisfacción el escolta de los Pistons, Isiah Thomas"Ellos eran el equipo de los 80, y hemos aprendido mucho de los Lakers. No hay nada más gratificante que vencer a los campeones".

Para los Lakers, esa noche marcó el ocaso de una era. Kareem Abdul-Jabbar, el imponente pívot se despidió con honores, anotando siete puntos y errando sus últimos seis lanzamientos. Los Lakers lucharon denodadamente por conseguir su anhelado tercer título consecutivo, pero las circunstancias no les fueron favorables. Al igual que los Pistons, los Lakers también se preguntaron qué habría sucedido si las lesiones no hubieran azotado a sus jugadores estelares. Con un récord impecable de 11-0 en los playoffs, la baja de Byron Scott debido a un desgarro parcial en los isquiotibiales y la lesión de Magic Johnson en el isquiotibial izquierdo parecieron mermar sus posibilidades de triunfo.

Sin ellos, los Lakers parecían carecer de posibilidades reales de victoria. Ni siquiera la destacada actuación de James Worthy, quien anotó 40 puntos en ese encuentro, pudo suplir la ausencia del jugador más valioso de la liga y la única amenaza constante desde el perímetro.

"Ya he reflexionado sobre ello", admitió Abdul-Jabbar cuando le preguntaron si el resultado habría sido diferente sin las lesiones. "Pero así es el destino, y no hay nada que puedas hacer al respecto. Los musulmanes lo llaman 'Insha'Allah', que

significa 'Si Dios quiere'. Acepto lo que Dios tenía reservado para mí".

Aunque las lesiones se convirtieron en un elemento significativo en el enfrentamiento, los Pistons se aferraron a la convicción de que habrían triunfado de todos modos. Demostraron su talento, su implacable defensa y su perseverancia a lo largo de toda la serie, dejando en claro que eran dignos vencedores.

El cierre de la noche estuvo adornado con un momento de admiración y respeto hacia Abdul-Jabbar, quien recibió una ovación estremecedora en su despedida de las canchas. Un verdadero ícono del baloncesto que dejaba atrás una carrera legendaria.

Pero al final, eran los Pistons quienes se coronaban como los nuevos campeones, prometiendo continuar su reinado en la siguiente década. Era el momento de los afamados "Bad Boys".

Estadísticas jugador por jugador (* = titulares)

Detroit Pistons

**Isiah Thomas – 21.3 puntos, 7.3 asistencias, 2.5 rebotes y 1.5 recuperaciones*
**Joe Dumars – 27.3 puntos, 6.0 asistencias y 1.8 rebotes*
**Mark Aguirre – 7.5 puntos, 6.0 rebotes y 1.5 asistencias*
**Rick Mahorn – 6.0 puntos, 5.3 rebotes y 1.0 asistencia*
**Bill Laimbeer – 8.0 puntos, 5.3 rebotes y 2.3 asistencias*
Vinnie Johnson – 17.0 puntos, 3.3 rebotes y 2.8 asistencias
James Edwards – 9.0 puntos y 3.5 rebotes
John Salley – 7.5 puntos, 2.8 tapones, 2.5 rebotes y 1.3 asistencias
Dennis Rodman – 5.0 puntos, 10.0 rebotes y 1.3 asistencias
John Long – 2 puntos en el único partido disputado
Micheal Williams – 0 puntos y 1 asistencia en el único partido disputado
Fennis Dembo – 0 puntos en el único partido disputado

Angeles Lakers

**Magic Johnson – 11.6 puntos, 8.0 asistencias, 3.6 rebotes y 1.0 recuperación en tres encuentros*
**Michael Cooper – 12.0 puntos, 6.8 asistencias, 1.8 recuperaciones y 1.5 rebotes*
**James Worthy – 25.5 puntos, 4.3 rebotes, 3.5 asistencias y 1.5 tapones*
**AC Green – 8.8 puntos, 9.3 rebotes y 1.0 recuperación*
**Kareem Abdul-Jabbar – 12.5 puntos, 5.0 rebotes y 1.8 asistencias*
Tony Campbell – 11.0 puntos, 2.5 rebotes y 1.0 asistencia
Mychal Thompson – 10.0 puntos y 4.8 rebotes
Orlando Woolridge – 9.5 puntos, 5.3 rebotes y 1.5 recuperaciones
Jeff Lamp – 1.3 puntos
David Rivers – 4.0 puntos, 1.6 asistencias y 1.0 rebote en tres encuentros
Mark McNamara – 0.0 puntos en dos encuentros

La temporada 89/90 comenzó sumida en la sensación del vacío que dejaba en el santuario del vestuario y en toda la franquicia la partida de un jugador tan memorable como Kareem Abdul-Jabbar. El aura de su legado perduraba en los corazones de los jugadores y seguidores de los Lakers, quienes se aferraban a la esperanza de alcanzar nuevamente las cumbres más altas. La derrota en la final contra los Pistons en la temporada anterior solo se atribuía a las lesiones que les privaron del anhelado "threepeat".

Con la ausencia de Kareem, los Lakers tomaron una decisión audaz en el Draft al seleccionar a un pívot europeo, una apuesta que en aquel entonces parecía exótica, pero que más tarde se convertiría en un rotundo acierto, una señal de los nuevos tiempos que se avecinaban en la NBA. Así fue como llegó Vlade Divac, un talentoso jugador serbio destinado a dejar huella tanto en la liga estadounidense como en el panorama internacional. La elección de Divac desafiaba las convenciones de aquel momento, cuando se consideraba a los jugadores europeos incapaces de competir con los mejores.

Los años 80 poco a poco se desvanecían y daban paso a la década de los 90, sin detenerse el inexorable paso del tiempo. Los tiempos cambian para todos, incluso para los Lakers y la NBA.

Vlade Divac, un pívot de 2.16 metros, destacaba no solo por su dominio en la cancha, sino por su habilidad y destreza. Poseía una coordinación excepcional y un manejo del balón encomiable. Era un asistente nato y tenía una amplia variedad de recursos en la pintura, además de contar con un buen tiro desde media distancia e incluso era capaz de anotar triples. Su destreza ofensiva, combinada con su envergadura que le permitía bloquear tiros, lo convirtió en uno de los mejores pívots de la historia del baloncesto europeo.

Al llegar a los Ángeles Lakers, Divac asumió el desafío de llenar el vacío dejado por Kareem Abdul-Jabbar. En su primera temporada, desempeñó un papel satisfactorio como suplente. Su carisma y estilo de juego cautivaron rápidamente a los aficionados y compañeros de equipo, convirtiéndose en uno de los jugadores más queridos. En su segunda temporada, lideró al equipo junto a Magic Johnson hasta llegar a las finales de 1991.

Divac dejó su huella en los Lakers durante siete temporadas, mejorando su juego y convirtiéndose en uno de los mejores pívots de la liga, gracias en gran parte a su habilidad para pasar el balón. Sin embargo, en 1996, fue traspasado a los Hornets a cambio de Kobe Bryant, marcando un cambio trascendental en la franquicia de Los Ángeles.

En Charlotte, Divac jugó dos temporadas antes de fichar por los Sacramento Kings, donde se ganó el cariño de la afición. Finalmente, a los 36 años, los Lakers le ofrecieron su último contrato como profesional, brindándole la oportunidad de regresar a sus orígenes en la NBA. Fue un digno final para una carrera de 20 años, 16 de los cuales los dedicó a la liga estadounidense. Divac colgó las botas en el verano de 2005, a la edad de 37 años, y 14 años más tarde, en 2019, fue incluido en la élite del baloncesto al ingresar al Salón de la Fama.

Durante la temporada regular, los Lakers se mostraron imbatibles, demostrando ser el mejor equipo de la NBA con 63 victorias en 82 partidos. Magic Johnson volvió a ser nombrado MVP de la temporada, y parecía que los angelinos podrían luchar nuevamente por el campeonato.

Pero esta vez no fue así. En la primera ronda de playoffs, lograron superar de manera solvente a los Houston Rockets (3-1), pero en la segunda ronda, la sorpresa los golpeó duramente al caer de forma contundente ante los Phoenix Suns (1-4). Magic se entregó con un promedio de 30 puntos y 12 asistencias por partido en la serie, pero solo James Worthy estuvo a la altura del desafío. Fue demasiado poco para superar a unos Suns liderados por el trío formado por Kevin Johnson, Tom Chambers y Jeff Hornacek, quienes se encontraban en un estado de gracia.

Los Suns perderían en las finales de conferencia ante los Blazers, que después cayeron de forma clara ante unos Detroit Pistons que aprovechando su momento, encadenaban su segundo campeonato consecutivo.

Este desenlace podría haber sorprendido al gran público, pero la realidad era que la química entre el entrenador Pat Riley y sus jugadores se había desvanecido por completo, seguramente fruto del hartazgo del proyecto.

La peor temporada de un equipo capaz de ganar 63 partidos en la fase regular culminó de la forma en que suelen terminar las cosas cuando algo no encaja en un equipo: el despido del entrenador. Pat Riley abandonaba la organización, poniendo fin a nueve inolvidables temporadas como entrenador de los Lakers. Nueve años de glorias y recuerdos imborrables.

En su despedida, Riley declaró: "El mayor temor de un hombre es el miedo a la muerte, pero muy cerca de eso está el temor a la insignificancia. No hay nada malo en ser especial; ellos (los Lakers) eran especiales en todos los aspectos. La presión y el deseo de ganar esta liga no tienen límites. Sabemos en qué nos estamos metiendo cuando nos contratan. No estoy cansado ni desanimado de entrenar. A mis 45 años, todavía tengo la misma energía de siempre".

Magic Johnson, con quien Riley siempre mantuvo una relación especial, no estuvo presente en la despedida, pero expresó en un breve comunicado: "Cuando sea mayor y escuche la palabra 'Showtime', la primera persona en la que pensaré será en Pat Riley".

El sustituto de Riley fue Mike Dunleavy, quien comentó con alegría: "Soy un hombre feliz. He tenido suerte en toda mi vida y esto es solo otro ejemplo más". Para él era su primera experiencia como entrenador jefe después de ser entrenador ayudante con los Milwaukee Bucks, y no cabía de gozo ante la oportunidad que se le presentaba.

En la temporada 1990/91, los Lakers se reforzaron, buscando fortalecer su juego interior y exterior. Su fichaje estrella fue Sam Perkins, un solvente jugador de 2.06 metros, campeón universitario y medallista de oro olímpico. Perkins rápidamente se ganó un lugar en el quinteto inicial. Además, se hicieron con los servicios de Terry Teagle, un jugador capaz de aportar una gran capacidad ofensiva desde el banquillo. En el Draft de la NBA, aprovecharon su elección en la 27ª posición de la primera ronda para traer a Elden Campbell, un pívot de 2.13 metros que, poco a poco, creció y se convirtió en un jugador clave de los Lakers durante nueve años.

Magic Johnson y James Worthy volvían a ser las figuras indiscutibles del equipo, mientras que Byron Scott mostraba su creciente talento en ataque. El juego interior estaba gobernado por la dupla formada por Perkins y Vlade Divac, quienes demostraron un gran dominio. AC Green y Terry Teagle destacaban como jugadores clave saliendo desde el banquillo.

Con la llegada de un nuevo aire impuesto por el entrenador Mike Dunleavy, los Lakers se mantuvieron en la lucha por alcanzar altas metas. En la temporada regular, terminaron en la segunda posición de la Conferencia Oeste, con 58 victorias, cinco menos que los Portland Trail Blazers. Mientras tanto, en la Conferencia Este, los ojos de todos estaban puestos en los Chicago Bulls de Michael Jordan, quienes buscaban superar de una vez por todas a los Detroit Pistons y luchar por el anhelado anillo.

En los playoffs, los Lakers demostraron su solidez al superar con facilidad las dos primeras rondas. Primero, barrieron a los Houston Rockets (3-0) y luego vencieron a los Golden State Warriors (4-1) con una clara superioridad. En la final de la conferencia, se encontraron con los Portland Trail Blazers de Clyde Drexler, Jerome Kersey y Terry Porter. Los Blazers partían como favoritos, pero al final, los experimentados Lakers impusieron su jerarquía en el sexto encuentro y, con una victoria por un punto en el decisivo partido, se ganaron el derecho de disputar la final de la NBA una vez más.

32
CHARLOTTE
30

Los Lakers habían vuelto a hacerlo. Tras solo un paréntesis de un año, volvían a estar en la cima, listos para disputar la final de la NBA. Pero esta vez, en los años 90, el mundo se paralizaba con la expectativa de presenciar el enfrentamiento entre los Lakers de Magic Johnson y los Bulls de Michael Jordan. El campeón recibía al aspirante. Era la serie que nadie quería perderse, un choque de titanes que definiría una era en el baloncesto.

El primer encuentro de la serie comenzó con los Lakers imponiéndose en la cancha, bajo la batuta de Magic Johnson. Con su visión de juego y maestría en el baloncesto, el base guió a su equipo hacia una victoria inicial, llenando de esperanza a los seguidores de los Lakers.

Sin embargo, los Bulls, liderados por el feroz número 23, no tardaron en responder. Jordan demostró una vez más su genialidad en el deporte, llevando a los Bulls a una racha de victorias implacable. Su habilidad para anotar, su destreza defensiva y su liderazgo indomable se convirtieron en el sello distintivo de los Bulls durante la serie.

El enfrentamiento entre ambos equipos se convirtió en un duelo de titanes. Los Lakers, con jugadores como James Worthy y Byron Scott, lucharon valientemente para mantenerse en la contienda. Sin embargo, los Bulls mostraron una superioridad aplastante, con jugadores como Scottie Pippen y Horace Grant elevando su nivel de juego.

Partido tras partido, los Bulls dominaron la serie de finales de la NBA de 1991. Con cada canasta, cada jugada espectacular, Jordan y su equipo se acercaban cada vez más a la gloria. Los aficionados de los Bulls enloquecían con cada victoria, mientras los seguidores de los Lakers veían cómo se desvanecían sus esperanzas.

Finalmente, tras una serie ardua y desafiante, los Chicago Bulls se coronaron campeones de la NBA en 1991. Su dominio absoluto en la cancha y la determinación incansable de Jordan los catapultaron hacia la cima. Los Lakers, aunque batallaron con honor, tuvieron que aceptar la derrota, aunque lucharon con todas sus fuerzas, fueron los Bulls quienes se alzaron con la victoria.

En ese año, los Bulls no solo ganaron el campeonato, sino que también marcaron el comienzo de una dinastía que cautivaría al mundo del baloncesto durante la década de los 90.

FINAL 1.991
LOS LAKERS NO PUEDEN SUPERAR EL HAMBRE DE JORDAN

GAME 1. LOS LAKERS GOLPEAN PRIMERO

El 2 de junio de 1991, en un engalanado Chicago Stadium abarrotado con 18.676 espectadores, los angelinos enseñan el oficio del campeón y se aprovechan a ratos del nerviosismo del rival inexperto. Sin embargo, la primera mitad se mueve entre cifras de igualdad, con un ajustado marcador (51-53) al descanso para los Bulls pero la reanudación es letal para ellos. No por las diferencias, nunca insalvables, pero sí por la sensación. El miedo a perder ante su público carga de presión a Chicago. Los visitantes se valen de un mal tercer cuarto de los Bulls para abrir ventaja. Pese a ello, Michael tiene un último tiro para alterar las cosas, lanza y se sale por centímetros. El vibrante primer choque se decanta finalmente para los californianos (93-91).

Los Lakers usan una rotación muy corta, de solo ocho jugadores. Su quinteto titular asume 88 puntos de los 93 p, que anotan.

Magic Johnson firma un triple-doble, 19 puntos, 11 asistencias y 10 rebotes, James Worthy ayuda desde fuera con 22 p., Sam Perkins, con 22 p., y un gran Vlade Divac, con 16 p., 14 rebotes y 3 tapones. Es en la pintura donde se le escapa el partido a los Bulls, que no pueden igualar el juego interior.

En Chicago solo dos jugadores mantienen el tipo, Michael Jordan, al lograr 36 puntos, 12 asistencias y 8 rebotes, y Scottie Pippen, aportando 19 p., 7 rebotes y 5 asist., y cuando esto ocurre suele ser sinónimo de derrota para los de Phil Jackson. Hasta cinco jugadores se quedan en unos pobres seis puntos: Horace Grant, Bill Cartwright, John Paxson, BJ Armstrong y Will Perdue

Al final del partido, Magic analiza elegante la victoria: *"Pudo decantarse de un lado a otro. Michael, ese lanzamiento, casi me detiene la respiración porque estaba adentro y salió"*.

Mientras, Worthy habla de lo que les espera en el siguiente encuentro: *"Los Bulls tienen que volver con mucha intensidad. Deben ganar. Tenemos que prepararnos para medirnos a un equipo que está un poco molesto, un poco más hambriento, un poco más agresivo"*.

Esta primera derrota de Chicago llega en medio de un ambiente de muchos nervios. Jordan ha tenido en sus manos el balón que hubiera cambiado el resultado final de entrar en el aro pero… eso es pasado. Ahora debe limpiar su cabeza e involucrar al resto. En tres días hay un nuevo partido, el último en casa antes de afrontar los encuentros en Los Angeles. Es inconcebible perder otra vez como locales para ponerse 0-2 en la final, así que trabajan para evitar ese fatal escenario.

GAME 2. FURIOSA REACCIÓN DE CHICAGO

Se espera una inmediata reacción de los Bulls. Su quinteto funciona desde el inicio como un diapasón, con todos los jugadores involucrados, destacando la fortaleza defensiva de Cliff Levingston, un suplente importante desde la segunda línea del equipo. Los Lakers sufren pero el tanteo va parejo hasta el descanso (43-48), a partir de ese momento, Chicago toma una ventaja de diecisiete puntos y terminan venciendo de forma clara (86-107).

Jordan, el estilete, con 33 puntos, 13 asistencias y 7 rebotes, está apoyado por Pippen, con 20 puntos, 10 reb. y 5 asist., Grant, con 20 p. y 5 reb., Paxson, con 16 p. y 6 asist., y Cartwright, con 12 p. y 5 rebotes. Todo el cinco inicial funciona, todos parecen involucrados.

En la plantilla entrenada por Mike Dunlevy, sobresale Worthy, 24 puntos y 5 rebotes. Y Divac cuaja otro gran encuentro, labrándose un inmejorable estatus, con 16 p., 5 reb. y 5 asist., Magic termina con 14 puntos y 10 asistencias, flojo en el tiro (4/13) debido a la asfixiante defensa que le imponen Pippen y Perkins.

"No hicimos las cosas de manera diferente", dice Jordan antes de añadir: *"Fue solo que nuestra energía fue más alta y estábamos más relajados. En el tercer cuarto tomamos el control del juego. Pudimos eliminar su juego de poste y sentí que todos estábamos listos para jugar"*.

Una de las razones del resultado es la gran defensa de Pippen sobre Magic. El alero de los Bulls lo explica al final del encuentro: *"Básicamente, estaba tratando de defender a Magic en toda la cancha, para que no pudiera desbaratar nuestra defensa... Tuve éxito"*.

Magic también reconoce la fortaleza de Scottie: *"Es mucho más físico que Michael, entonces, el enfrentamiento es diferente. No pensé que iban a emparejarme con Scottie, pero creo que se vieron obligados a hacerlo"*.

La final se traslada a Los Angeles. El empate (1-1) garantiza tres partidos más en el Forum.

GAME 3. SOLO TRAS UNA PRÓRROGA SE DECANTÓ LA VICTORIA

En la nueva batalla, los Lakers se acercan al triunfo del partido cuando a falta de diez segundos se ven arriba (92-90) pero una sutil suspensión de Jordan da pie al tiempo extra.

Ahí, ante el desasosiego de unos californianos que ya se veían vencedores, los Bulls rematan la faena durante una noche que supone el punto de inflexión, al triunfar (104-96) y colocarse 2-1 en la final, recuperando el factor can- cha perdido en el primer encuentro, con la sensación anímica de estar un paso por delante de los angelinos.

Por parte local, destacan Perkins, con 25 puntos y 9 rebotes, Divac, con 24 p. y 7 reb., Magic Johnson, con 22 p., 10 asistencias y 6 rebotes, y Worthy (19 puntos). En Chicago brilla el bloque con Jordan al mando. La súper estrella, además de forzar la prórroga, clava 29 puntos y roza el triple doble (9 rebotes y 9 asistencias). Le apoyan: Grant (22 p.), más un trío con dobles dígitos ofensivos: Pippen, Paxson y Levingston.

Sobre la jugada clave que fuerza la prórroga, Grant destaca: *"Es genial tener a Michael en tu equipo en estas situaciones. Si tiene 10 segundos, o incluso 3 segundos, sabes que puede anotar"*.

Jordan explica la canasta ciertamente sorprendido por no sufrir ayudas defensivas: *"Me sorprendió mucho que pudiera jugar un uno contra uno en ese tiro. Le dije a Craig Hodges y John Paxson que estuvieran listos para lanzar el triple, pero pude irme de Byron Scott y lanzar por encima de Divac"*.

GAME 4. LOS ANGELES, AL BORDE DEL PRECIPICIO

Para los Lakers cada partido perdido es una losa, y cuando caen en el tercer duelo tras la prórroga y ante su afición, su mentalidad mengua. Todo lo contrario les sucede a los Bulls, que se sienten cada vez más cerca del sueño. Estas vibraciones se palpan en el cuarto encuentro.

Los angelinos solo aguantan en el primer acto, que se termina con 27-28. A partir de ahí, los Bulls se van de forma irremediable en el marcador, de ocho puntos al descanso y del doble al sellar el tercer cuarto. El último periodo, mero trámite, acaba con triunfo solvente de Chicago (97-82), un suplicio para los 17.506 espectadores congregados en El Forum.

En los Angeles solo destacan Magic (22 puntos y 11 asistencias) y Divac, que se está marcando una final para el recuerdo, y aporta 27 puntos y 11 rebotes. Worthy se queda en unos discretos 12 tantos, y tras ellos poco, muy poco más. Así es complicado que los de Dunlevy se hagan valer ante estos Bulls lanzados a por su primer anillo.

El cinco titular de Jackson funciona en bloque, con Jordan anotando 28 puntos, Paxson 15 p., Pippen 14 p., Grant, 14 p. y Cartwright 12 p.

La frustración de la derrota marca las declaraciones posteriores al partido de Magic Johnson: *"Michael y todo su equipo estuvieron genial. No puedo estar molesto porque nos están ganando jugando un mejor baloncesto. Hay que darles crédito, cuando Michael está muy bien y el equipo está muy bien, son imbatibles"*.

Y Worthy tampoco puede contener el sentimiento de impotencia tras no dar con la tecla para poder competir ante estos Bulls: *"Llegué al punto en que no podía hacer nada de lo que sentía que tenía que hacer"*.

En el otro bando todo es diferente. Jordan, exultante, ve cada vez más cerca el momento de ganar el ansiado campeonato: *"No creo que nadie pudiera haber anticipado que dominaríamos así. Pero estamos jugando un gran baloncesto. En este momento, somos un equipo con mucha confianza"*.

En una serie que va 3-1, los Bulls son "virtualmente" campeones porque nunca se ha remontado una eliminatoria con tal diferencia y Los Angeles dudan entre si podrán alargar la final o si los Bulls sentenciarán en el quinto encuentro.

GAME 5. EL REY YA TIENE SU CORONA

Y llegamos al 12 de junio de 1991, una fecha señalada para todo aficionado de los Bulls. Los Lakers, que tienen la baja de dos titulares, Scott y Worthy, pelean contra su destino y al final del tercer acto las espadas están en todo lo alto (80-80). La victoria será para el equipo que primero logre coger la escapada buena. Chicago lo hace al adquirir una renta de entre cinco y seis puntos que saben mantener hasta el definitivo 108-101.

Si. Por fin, los Chicago Bulls se proclaman campeones de la NBA por vez primera en su historia. Michael Jordan ya es El Rey con Corona.

Jordan termina el encuentro con 30 puntos y 10 asistencias, Pippen, excelente, añade 32 puntos, más 13 rebotes, 7 asistencias y 5 recuperaciones. Paxson suma 20 puntos, anotando además varios tiros importantes, y Grant aporta 11 puntos y 6 rebotes. Son un equipo campeón.

En los Lakers, Magic, bien defendido por Pippen, se dedica a repartir juego y termina con un triple doble (16 puntos, 20 asistencias y 11 rebotes) para que anoten Perkins (22 p. y 9 reb.) y A.C. Green (13 p. y 7 reb.). Sin Worthy ni Scott por molestias, Divac realiza su peor partido de la final (8 p.y 7 reb.). Los de Dunlevy pelean hasta donde pueden pero el anillo es para unos Chicago Bulls que se imponen por un claro 4-1.

A nivel estadístico, hallamos el porqué de la clara victoria de Chicago. Son superiores en ataque, con 101,4 puntos anotados contra los 91,6 de los Lakers. Además, los Bulls lanzan a canasta con un 52,7% de acierto en sus tiros de dos, y Los Angeles con un 44,7%. Otro dato que define la verticalidad en el juego de los vencedores son las asistencias, 27,8 frente a 19,2.

Michael Jordan, que destaca tanto en anotación como en creación de juego, con más de 31 puntos y 11 asistencias de media, se lleva el MVP.

Pippen se consagra en el Olimpo al promediar en las finales casi 21 puntos, 10 re- botes, 7 asistencias, valores que refuerza con una gran defensa sobre Magic Johnson. En el otro bando, Magic que nunca ha estado cómodo en la cancha durante el enfrentamiento, concluye la final con una media que roza los 19 puntos, más de 12 asistencias y 8 rebotes. James Worthy supera los 19 tantos y Vlade Divac terminó con más de 18 p. y casi 9 rebotes, dejando unas magníficas sensaciones (el anticipo de que el serbio está capacitado para tener una larga y próspera carrera NBA).

Lleno de confeti y antes de caer en suelo del vestuario, llorando con el trofeo en sus brazos, Jordan declara: *"No puedo más que acordarme de todos los pasos que yo y toda la organización hemos dado durante siete años. Nos acercábamos más y más. Y ahora lo hemos logrado. Ahora trabajaremos para que todo esto se asiente"*, detalla revelando que no tiene la menor la intención de bajarse de lo más alto en los próximos años.

Pippen recuerda a quienes decían ayer que los Chicago no lograrían el título bajo el individualismo de Jordan: *"Todos decían que no podía ganar un campeonato siendo el máximo anotador de la NBA. Sacrificó su juego, sigue siendo el máximo anotador de la NBA y ya ha ganado el campeonato"*.

Phil Jackson, siempre viendo las cosas desde una forma comedida, añade: *"Es realmente algo importante. Es una emoción maravillosa. No soy muy de festejar pero cuando entré al vestuario sentí un júbilo insoportable"*.

Final 1.991 – Los Lakers no pueden superar el hambre de Jordan

Estadísticas jugador por jugador (* = titulares)

Chicago Bulls

**John Paxson – 13.4 puntos, 3.4 asistencias, 2.0 rebotes y 1.0 recuperación*

**Michael Jordan – 31.2 puntos, 11.4 asistencias, 6.6 rebotes, 2.8 recuperaciones y 1.4 tapones*

**Scottie Pippen – 20.8 puntos, 9.4 rebotes, 6.6 asistencias, 2.4 recuperaciones y 1.0 tapón*

**Horace Grant – 14.6 puntos, 7.8 rebotes, 1.6 asistencias y 1.6 recuperaciones*

**Bill Cartwright – 8.8 puntos, 5.0 rebotes y 2.4 asistencias*

Craig Hodges – 3.8 puntos

Cliff Levingston – 3.2 puntos, 2.8 rebotes y 1.0 recuperación

Scott Williams – 2.0 puntos y 2.3 rebotes, en cuatro partidos

BJ Armstrong – 2.0 puntos

Will Perdue – 1.6 puntos y 2.4 rebotes

Stacey King – 1.0 punto, en dos partidos

Dennis Hopson – No suma estadística en los dos minutos que juega

Angeles Lakers

**Magic Johnson – 18.6 puntos, 12.4 asistencias, 8.0 rebotes y 1.2 recuperaciones*

**Byron Scott – 4.5 puntos, 1.8 rebotes y 1.8 asistencias, en cuatro partidos*

**James Worthy – 19.3 puntos, 3.0 rebotes, 2.0 asistencias y 1.0 recuperación, en cuatro partidos*

**Sam Perkins – 16.6 puntos, 7.6 rebotes, 1.4 tapones y 1.0 asistencia*

**Vlade Divac – 18.2 puntos, 8.8 rebotes, 2.4 tapones, 2.0 asistencias y 1.8 recuperaciones*

Elden Campbell – 7.6 puntos, 1.3 rebotes y 1.0 recuperación, en tres partidos

Tony Smith – 6.0 puntos y 1.0 asistencia, en dos partidos

A.C. Green – 5.8 puntos y 5.6 rebotes

Terry Teagle – 5.0 puntos

Larry Drew – 1.8 puntos, en cuatro partidos

Mychal Thompson – No aporta estadística en los 10 minutos que está en cancha

LA ABRUPTA RETIRADA DE MAGIC Y SU MOTIVO, HORRORIZA AL PLANETA

En el crepúsculo de la épica final de la NBA, una sombra de melancolía se cernía sobre Magic, el maestro de la magia, mientras se dirigía con caballerosidad hacia los dominios de los Chicago Bulls. Su objetivo no era otro que felicitar al equipo y al icónico Michael Jordan por su victoria. Sin embargo, en los ojos del legendario jugador se adivinaba un brillo apagado y unas lágrimas contenidas, revelando un pesar oculto y profundo. *"Al acercarme para expresar mis felicitaciones, me encontré con su mirada empapada en desconsuelo. Sé por lo que está pasando. Es lo mejor del mundo. Increíble. Irreal"*, susurró Magic, con una voz cargada de empatía.

Pasó el verano de 1991 y los Angeles Lakers comenzaban su rutina anual para emprender una nueva temporada, pero todo cambió para la franquicia el 7 de noviembre, cuando el mundo se quedó sin magia, cuando Magic Johnson, con 32 años de edad, comparecía ante los medios de comunicación en el Forum de Inglewood para anunciar que tenía SIDA.

El jugador esperaba que el verano y su serena pausa le devolvieran las energías físicas y mentales que anhelaba. No obstante, algo turbio se deslizaba por las venas del destino de Magic Johnson, empujándolo hacia un abismo desconocido. Movido por una fuerza invisible, se sometió a un conjunto de pruebas médicas que desvelarían la oscura verdad. Las noticias, impías mensajeras de desesperación, llegaron como dagas al corazón del jugador y al universo de los Angeles Lakers: Magic Johnson portaba en su ser el terrible VIH.

Era imperativo comunicarlo al mundo. Todo el mundo sabía que una noticia trascendental estaba a punto de ser revelada, pero nadie salvo los más allegados al jugador eran conscientes de la magnitud de los iban a escuchar *"Antes que nada, permitidme desearos una buena tarde y disculpadme por la demora. Eh, debido al... al VIH que me ha atrapado, hoy debo anunciar mi retirada de los Lakers"*, anunció Magic, con una entereza que enmascaraba su quebrantado corazón.

La mirada de estupor y asombro de los presentes se convirtió en la tela de fondo de sus palabras, mientras el base proseguía con su testimonio. *"Me enfrenté a los mejores de los mejores, como Michael Jordan y Larry Bird. Siempre creí que eso había sido lo más difícil de mi vida. Pero regresar a casa y revelar a mi amada esposa, Cooke, que portaba el VIH, fue verdaderamente el momento más desgarrador"*, confesó Magic, mientras el silencio sepulcral envolvía la estancia.

En un alegato cargado de valentía, Magic trató de evitar que otros cayeran en las garras de esta enfermedad implacable. *"Anhelo que los jóvenes se percaten de que pueden practicar el sexo seguro. A veces, la ingenuidad nos embriaga y creemos que nunca seremos alcanzados por el destino aciago. Pensamos que solo afectará a otros. Pero ha sucedido, y afrontaré este desafío. Mi vida proseguirá su curso"*, declaró, como un faro de esperanza en medio de la oscuridad.

Su anuncio no solo desafió a la enfermedad, sino también a los tabúes y prejuicios que la rodeaban en aquel tiempo sombrío. Magic Johnson se convirtió en un faro de esperanza, iluminando la senda de aquellos que se veían amenazados por la sombra del estigma. Aún le esperaban momentos de gloria en el baloncesto, pues regresaría para competir con el inmortal Dream Team estadounidense en los Juegos Olímpicos de Barcelona de 1992, y previamente deslumbró en un all-star game para la historia.

"Ambular por los senderos de la muerte nunca fue un destino que me concerniera. Soy un luchador en esencia", declararía Johnson años después, empuñando la bandera de la vida como un escudo invencible. *"La medicina desplegó su destreza, yo hice mi parte y, en su infinita sabiduría, Dios también cumplió la suya"*.

Con el adiós de Magic Johnson, se consumaba el cierre de un capítulo trascendental, quizás el más trascendente en la historia de aquella franquicia. Con su partida, se desvanecía irremediablemente el esplendoroso "showtime", una forma de baloncesto que trascendía las canchas y se enraizaba en el alma de quienes lo presenciaban. Era más que un simple estilo de juego, era una manera de existir, una exaltación de la vida misma que resonará eternamente en las memorias de todos aquellos que lo vivieron.

La magia de Magic, su sonrisa contagiosa y su juego sublime, se convertirán en mitos, en leyendas inmortales que alimentarán la pasión por el deporte y recordarán a todos que, una vez, existió un tiempo en el que el baloncesto alcanzó cotas insuperables.

Así, con la marcha de Magic Johnson, se cerraba definitivamente un capítulo lleno de grandiosidad y deslumbramiento. Pero su esencia perdurará como un legado imborrable.

LAKERS
32
LAKERS
42

LOS 90

CUANDO LOS LAKERS SE ALEJARON DE LA PRIMERA PLANA

El dominio en la NBA cambiaba de orden, comenzaban los 90 donde Michael Jordan y su Bulls serían los absolutos dominadores, solo cuando "air" se retira permite a los demás ganar el anillo, primero, y por partida doble los Rockets de Olajuwon y al final de la década los Spurs de Robinson y Duncan.

En este escenario los Lakers bajaron sus pretensiones, tuvieron que aprender a jugar sin sus estrellas de antaño, llegaron un año a no disputar los playoffs, en definitiva, tuvieron un largo peregrinaje en forma de reconstrucción.

Los Lakers de la temporada 1991-92 sufrieron un rosario de infortunios en forma de lesiones que afectaron a sus jugadores más importantes, sumado al impacto devastador de la retirada repentina de Johnson. A pesar de enfrentarse a tan duros envites, lograron cosechar 43 victorias y acceder a los playoffs por decimosexta vez consecutiva, un récord histórico en la NBA en aquel entonces.

En la postemporada, privados de las contribuciones de los lesionados James Worthy y Sam Perkins, los Lakers se enfrentaron a los Blazers en la primera ronda. A pesar de su encomiable esfuerzo, sucumbieron ante el vendaval de adversidades y se vieron eliminados en dicha fase.

Antes de la temporada 1992-93, Dunleavy, el director técnico, tomó la decisión de abandonar el equipo para sumarse a la organización de los Milwaukee Bucks. Su puesto fue ocupado por el asistente Randy Pfund. Los Lakers lograron obtener un respetable registro de 33 victorias y 29 derrotas en los primeros 61 partidos, a pesar de no contar con la presencia del lesionado Byron Scott.

Tras el traspaso de Sam Perkins a los Seattle Supersonics, a cambio de Benoit Benjamin y los derechos del novato Doug Christie, el desempeño del equipo decaería notablemente. Consiguieron acceder a los playoffs a pesar del balance de 6 victorias y 14 derrotas en el tramo final de la temporada regular.

Los Lakers sorprendieron al ganar los dos primeros encuentros de la primera ronda de playoffs contra los Phoenix Suns, dejando a todos boquiabiertos. En especial, se destacó la actuación estelar del base Sedale Threatt, quien anotó 35 puntos en el primer partido. Si bien, la alegría fue efímera, y en una serie de tres derrotas consecutivas, los Lakers vieron desvanecerse sus esperanzas, sufriendo una derrota en tiempo extra en el quinto partido de la serie.

En la siguiente temporada, encabezados por Divac y el recién seleccionado en el draft, Nick Van Exel, que encajó rápidamente con el aficionado, los Lakers se esforzaron por mantenerse a flote. Pese a ello, sus esfuerzos resultaron insuficientes. Tras la partida de los veteranos Byron Scott y A.C. Green como agentes libres y con James Worthy acercándose al ocaso de su carrera, el equipo experimentó una campaña decepcionante con solo 33 victorias, quedando por primera vez fuera de los puestos de playoffs desde 1976. Al final de la temporada, Pfund fue destituido y Magic Johnson, una leyenda en la cancha, se hizo cargo del equipo como entrenador debutante.

Johnson comenzó con el pie derecho, ganando sus primeros cinco partidos al mando del equipo. Sin embargo, pronto cayó en una racha de diez derrotas consecutivas, estableciendo el récord de la mayor cantidad de partidos perdidos de manera consecutiva en la historia de la franquicia. Al término de la temporada, Johnson decidió dar un paso atrás y Del Harris fue nombrado el nuevo entrenador de los Lakers.

En la temporada 1994-95, los Lakers emergieron como uno de los equipos más mejorados de la liga. Con un récord de 48 victorias y 34 derrotas, lograron asegurar un lugar en los playoffs. Esta notable mejoría se debió a varios factores, como el liderazgo de Harris, el crecimiento de jugadores como Divac y Elden Campbell, la incorporación de Cedric Ceballos y la elección de Eddie Jones, que pronto se haría un importante valuarte ofensivo, en el draft. Ceballos, en un desempeño memorable, se convirtió en el primer jugador de los Lakers en anotar 50 puntos en un solo partido en dos décadas.

Los Lakers lograron ganar su primera serie de playoffs en la era post-Magic, derrotando a los Seattle SuperSonics en cuatro encuentros antes de caer ante los San Antonio Spurs por 4-2. Harris fue reconocido como Entrenador del Año y Jerry West como el Mejor Ejecutivo. Al final de la temporada, Worthy, tras 12 años de llevar con orgullo el uniforme de los Lakers, optó por colgar sus zapatillas y retirarse del baloncesto.

En la siguiente campaña, con prácticamente el mismo equipo, los Lakers cosecharon 24 victorias en los primeros 42 encuentros de la temporada regular. Fue el 30 de enero de 1996 cuando el regreso de Magic Johnson a las canchas sacudió los cimientos de la NBA y encendió la llama de la esperanza en el corazón de los seguidores de los Lakers.

Con 36 años a sus espaldas, Johnson volvió como ala-pívot desde el banquillo. Durante las primeras semanas de su regreso, Magic mostró un nivel excepcional y contribuyó a que el equipo lograra un récord de 29 victorias y 11 derrotas mientras él estaba en cancha. No obstante, a medida que avanzaba la temporada, su rendimiento se vio mermado, aún así mantuvo promedios de 14.6 puntos, 6.9 asistencias y 5.7 rebotes por partido. A pesar de todo, la llegada de Magic no ejerció de guía para serenar y centrar el proyecto en un grupo sin la mentalidad necesaria para competir en los playoffs.

Los Lakers sucumbieron en la primera ronda frente a los Houston Rockets, quienes les eliminaron con un contundente marcador de 3-1 en la serie. Fue en ese preciso instante en el que Magic Johnson tomó la decisión definitiva de retirarse. Su partida marcó, esta vez sí, el fin de de la carrera del base como jugador profesional.

Con el retiro de Johnson, los Lakers se vieron confrontados con el desafío de reinventarse, ya eran muchas temporadas fuera de la primera línea de liga, y para ello tuvieron que tirar de su legendaria gestión para negociar buenos fichajes, y el verano de 1996, no iba a ser un verano cualquiera, adquiriendo los dos pilares maestros donde se sostendrá el siguiente exitoso proyecto de la franquicia. La escalada a lo más alto comenzaba.

1.996
UN VERANO ESPECIAL: LLEGAN SHAQUILLE O`NEAL Y KOBE BRYANT

1.996, un verano especial: Llegan Shaquille O`Neal y Kobe Bryant

Jerry West, el astuto arquitecto de los Lakers, tejía un plan audaz en las sombras. Su objetivo era claro: reavivar la llama de la grandeza en la franquicia angelina. Fue así como, con una maestría inigualable, logró el fichaje del imponente pívot Shaquille O'Neal, una fuerza imparable que dejaba estelas de destrucción a su paso, proveniente de Orlando Magic. El destino sonrió a los Lakers una vez más cuando, en un movimiento astuto, traspasaron al talentoso Vlade Divac a los Charlotte Hornets, obteniendo así los derechos de un joven prodigio de tan solo 18 años llamado Kobe Bryant. Y como si la fortuna no quisiera quedarse atrás, en el draft se alzaron con otra joya en bruto: Derek Fisher, y ya como guinda a una gestión sin igual en una sola temporada, se hicieron con los servicios de Robert Horry, traspasado por los Phoenix Suns a causa de unas desavenencias con su entrenador. Refuerzos y más refuerzos que llenaban de ilusión al aficionado angelino con muchas ganas de volver a luchar por el anillo.

Shaquille O`Neal, con una altura de 2.16 metros y un peso de aproximadamente 150 kilogramos, poseía una fuerza física y habilidades atléticas excepcionales. Su poderoso juego en la pintura, combinado con su presencia imponente, lo convirtieron en un jugador imposible de detener. Era conocido por su habilidad para encestar con fuerza, ya sea mediante mates espectaculares o tiros a corta distancia.

O'Neal comenzó su carrera en la NBA en 1992, tras ser seleccionado como la primera elección general del draft por parte de los Orlando Magic. Durante su tiempo en Orlando, lideró a los Magic a las Finales de la NBA en 1995, aunque perdieron ante los Houston Rockets.

Después de su paso por Orlando, O'Neal jugó para los Angeles Lakers, Miami Heat, Phoenix Suns, Cleveland Cavaliers y Boston Celtics. Fue en los Lakers donde vivió algunos de los momentos más memorables de su carrera. Junto con Kobe Bryant y bajo la dirección del entrenador Phil Jackson, O'Neal ganó tres campeonatos consecutivos de la NBA en 2000, 2001 y 2002, dejando una huella imborrable en la historia de la franquicia. En el 2006 ganaría otro anillo con los Miami Heat, al lado de Dwayne Wade.

Además de su éxito en la NBA, O'Neal también representó a la selección nacional de baloncesto de Estados Unidos, ganando la medalla de oro en los Juegos Olímpicos de Atlanta 1996 y en el Campeonato Mundial de Baloncesto de 1994.

Shaquille O'Neal ganó el premio al Jugador Más Valioso de la temporada regular de la NBA en una ocasión, en el año 2000. Su liderazgo y habilidades en la cancha ayudaron a los Lakers a ganar el campeonato de la NBA ese mismo año. En 2016, el pívot fue incluido en el Salón de la Fama del Baloncesto Naismith Memorial.

Fuera de la cancha, Shaquille O'Neal ha mantenido una presencia mediática constante. Ha incursionado en la música, la actuación y ha participado en varios programas de televisión como analista de baloncesto. Su personalidad carismática y su sentido del humor lo han convertido en una figura querida tanto dentro como fuera del deporte.

Kobe Bryant, escolta de 1.98 de estatura, ingresó a la NBA directamente desde la escuela secundaria en 1996 y se convirtió en el escolta más joven en debutar en la liga. Durante sus 20 temporadas con los Lakers, dejó su marca y se ganó un lugar entre los jugadores más grandes, liderando a los angelinos hasta cinco campeonatos de la NBA en las temporadas 2000, 2001, 2002, 2009 y 2010. Durante estas victorias, mostró su habilidad para desempeñarse bajo presión y su espíritu competitivo incansable.

Kobe Bryant ganó el premio MVP de la temporada regular en 2008. Aunque Bryant tuvo muchas temporadas brillantes y fue uno de los jugadores más influyentes de su era, solo obtuvo este premio de MVP en su carrera.

Bryant era conocido por su trabajo implacable y su dedicación al perfeccionamiento de sus habilidades. Era un competidor feroz y estaba dispuesto a tomar responsabilidad en momentos cruciales del juego. Su estilo de juego fluido, su habilidad para anotar en situaciones difíciles y su capacidad para llevar a su equipo a la victoria lo convirtieron en un icono del baloncesto.

Fuera de la cancha, Bryant también fue un mentor y una inspiración para muchos jugadores jóvenes. Después de su retiro, se involucró en diversos proyectos, incluyendo el cine, la escritura y el desarrollo de su propia marca.

Trágicamente, Kobe Bryant falleció el 26 de enero de 2020 en un accidente de helicóptero en Calabasas, California, junto con su hija Gianna y otras siete personas. Su impacto en el baloncesto y su legado como uno de los jugadores más grandes de todos los tiempos continúan siendo recordados y admirados en todo el mundo.

Derek Fisher, base de 1.85, conocido por su liderazgo y habilidad para anotar en momentos clave, lo que le valió para hacerse un sitio en unos Angeles Lakers donde ganó cinco campeonatos al lado de Kobe Bryant.

Además de su capacidad en la cancha, Fisher fue considerado un mentor y una figura de inspiración fuera del parquet para todos sus compañeros. Un excepcional jugador de equipo.

Después de su exitosa carrera con los Lakers, Fisher jugó brevemente para otros equipos, incluidos los Golden State Warriors, Utah Jazz, Oklahoma City Thunder y Dallas Mavericks.

También tuvo un breve período como entrenador en la NBA, dirigiendo a los New York Knicks en la temporada 2014-2015.

Robert Horry, jugaba principalmente en la posición de alero desde sus 2.08, y era ampliamente reconocido como uno de los jugadores más exitosos en la historia de la NBA. No es para menos, ya que ganó siete campeonatos hasta con tres equipos diferentes, dos en los Houston Rockets, tres los Angeles Lakers y dos con los San Antonio Spurs.

La capacidad de Horry para anotar tiros clave en momentos cruciales lo convirtió en una leyenda de los playoffs. Sus actuaciones más destacadas incluyen tiros ganadores en las Finales de la NBA y en series de playoffs que ayudaron a sus equipos a avanzar en la competición.

Horry también era conocido por su versatilidad y su capacidad para defender diferentes posiciones en la cancha. Tenía una gran envergadura y podía jugar tanto como alero como ala-pívot, lo que le daba a su equipo flexibilidad en la alineación. Después de su retiro como jugador, Horry se ha mantenido involucrado en el mundo del baloncesto como analista y comentarista deportivo.

En el curso de 1997, y aunque O'Neal solo pudo disputar 51 partidos debido a las implacables garras de las lesiones, los Lakers no flaquearon.

Emergieron conquistando 56 victorias y venciendo a los poderosos Portland Trail Blazers en la primera ronda de los playoffs. Sin embargo, su camino hacia la gloria se vio truncado en las Semifinales de la Conferencia, donde los intrépidos Utah Jazz, liderados por las legendarias figuras de John Stockton y Karl Malone, se alzaron victoriosos con un contundente 4-1. Aunque los Jazz llegarían a ser los finalistas de la NBA, los Lakers demostraron que estaban dispuestos a luchar con todo su vigor.

Con la llegada de la temporada 1997-98, los Lakers se presentaron ante el mundo como el único equipo sin jugadores mayores de 30 años en su plantilla.

Rick Fox, alero de 2.01 aterrizó este año en los Angeles proveniente de los Boston Celtics y se asentó la rotación angelina durante las siete temporadas que estuvo en la franquicia, hasta que se retiró con 34 años en el 2.004, siempre aportando un gran valor a su equipo como excelente gregario.

La juventud y energía impregnaban cada rincón del equipo, infundiendo vida a sus sueños de grandeza. De la mano de O'Neal, Bryant, Van Exel y Jones, cuatro destinos entrelazados, los Lakers iniciaron su travesía con una fuerza desbordante. Fue así como consiguieron el mejor comienzo de temporada jamás registrado en la franquicia, con 11 victorias consecutivas y un impresionante récord final de 61-21.

Para coronar su hazaña, cuatro de sus jugadores fueron seleccionados para disputar el all-star Game, un hito que no se veía desde el lejano año de 1983. El dominio de O'Neal era palpable, su imponente presencia lo llevó a ocupar el segundo puesto en la clasificación de anotadores, solo superado por el mítico Michael Jordan, y a liderar la liga en porcentaje de tiros de campo con un asombroso 58.4%.

El destino les brindó una oportunidad de redención contra los Trail Blazers, a quienes vencieron una vez más en la primera ronda de los playoffs. Pero de nuevo, los Jazz se cruzaron en su camino, privándolos de sus anhelos y eliminándolos de manera contundente con un barrido implacable de 4-0. Solo les tocaba mejorar y esperar su momento.

En la siguiente campaña, el viento del cambio sopló con fuerza en la NBA. La huelga de jugadores y propietarios, conocida como el lockout, truncó la temporada regular, limitándola a tan solo 50 partidos. Los Lakers, en medio de este vendaval de transformaciones, lograron ganar 31 encuentros. Fue un año lleno de giros inesperados, con Van Exel partiendo hacia los Denver Nuggets, y Del Harris dejando su puesto en el banquillo para que Kurt Rambis asumiera el timón.

Además, Glen Rice, un consumado anotador, se unió al equipo en un intercambio que envió a Eddie Jones y Elden Campbell a otras tierras. Pero tal vez el movimiento más extravagante fue el fichaje del reboteador Dennis Rodman, un alma atormentada, pero con un talento indiscutible que había saboreado la gloria en tres ocasiones con los Bulls y dos con los Pistons. El paso del ala-pívot por los Lakers fue fugaz, solo 23 partidos, hasta que la franquicia decidió prescindir de sus servicios cansados de los constantes problemas que originaba en el seno del equipo. Jerry West se despidió de él con arrepentimiento *"Tenemos que reconocer que las cosas no funcionaron como nosotros esperábamos y de ahí la decisión final"*.

A pesar de las adversidades, los Lakers emergieron victoriosos en la primera ronda de los playoffs al vencer a los Rockets en cuatro encuentros, pero su camino se vio abruptamente cortado en las Semifinales de la Conferencia Oeste por los San Antonio Spurs, quienes los dominaron con maestría y los barrieron con un 4-0. Un triste broche para el mitico pabellón de Los Angeles, ya que estos playoffs serían los últimos partidos en el mítico estadio que los vio forjar sus glorias pasadas: el Great Western Forum. Los Lakers se mudaban al centro, a la Avenida Figueroa, al moderno y lujoso Staples Center.

LAKERS

LOS 2000
LLEGA PHIL JACKSON Y VUELVEN LOS TÍTULOS A LOS LAKERS DOCE AÑOS DESPUÉS

Los 2.000, llega Phil Jackson y vuelven los títulos a los Lakers doce años después

La temporada 1999/2000 marcó el comienzo de una nueva era para los Lakers. El mánager Jerry West tomó la audaz decisión de contratar al legendario entrenador Phil Jackson, quien había liderado a los exitosos Chicago Bulls de Michael Jordan, ganadores de seis campeonatos en los años 90. Con la llegada de Jackson, se esperaba dar un brillo adicional a un equipo que estrenaba su nuevo hogar, el Staples Center, tras 31 años de historia en el Forum.

Phil Jackson, un hombre de espíritu libre y bohemio, comenzó su fascinante travesía como entrenador a la edad de 44 años. Su odisea se inició en los Albany Patroons de la CBA en 1982, donde desplegó su sabiduría durante cinco temporadas antes de un breve paréntesis de dos años. Fue entonces cuando el destino lo llevó al reino de los Chicago Bulls, sumergiéndose en el corazón de su sueño baloncestístico. Entre 1989 y 1998, Jackson se alzó como el estratega principal del equipo, escribiendo una crónica de gloriosos capítulos y alzando en sus manos seis anillos de campeonato (1991, 1992, 1993, 1996, 1997 y 1998).

Después de nueve campañas repletas de triunfos en la tierra de los Bulls, el maestro decidió tomar un año sabático, un respiro en su relato, antes de adentrarse en el abrazo de los Lakers. Fue en ese santuario donde Jackson ejerció su magia en dos etapas memorables. En su primera etapa, durante cinco años prodigiosos (1999-2004), cosechó los títulos de 2000, 2001 y 2003. Luego, en su segunda etapa, que abarcó seis temporadas (2005-2011), añadió los laureles de 2009 y 2010. Sus once glorias grabaron su nombre con letras de fuego en el panteón de los entrenadores más laureados de la historia de la NBA.

Siempre fue reconocido como un alma bohemia, un amigo de la tranquilidad y la meditación. Esta forma de vida se convirtió en la esencia de su enfoque al entrenar y manejar los egos, algo de vital importancia al dirigir equipos del calibre de los que estuvo a cargo. Con una filosofía que bebía de las aguas orientales, Jackson introdujo su psicología en los entrenamientos, aplicando un enfoque holístico que abarcaba tanto el cuerpo como el espíritu.

Desde su serena manera de desafiar, logró motivar a Michael Jordan a cambiar de mentalidad, a esforzarse por elevar el nivel de sus compañeros en lugar de asumir toda la responsabilidad colectiva él solo. Esta idea innovadora hizo que el juego de los Bulls se volviera impredecible, difícil de defender. Supo lidiar con el férreo liderazgo de Jordan, los episodios de frustración de Pippen y fue uno de los pocos capaces de contener el fuego interior que gobernaba a Rodman. Posteriormente, tuvo que convivir con la guerra de egos entre O'Neal y Kobe, pero siempre mantuvo una estela de gestión emocional ejemplar, respaldada por los excelentes resultados obtenidos.

El entrenador de Montana logró encender la motivación del grupo por encima de las individualidades: "No se trata de motivar a los jugadores con discursos, sino de inspirarlos con un sólido proyecto. Así es como se aprende a ser competitivos, ya que la competitividad no es algo que pueda enseñarse". Gracias a su famoso "triángulo ofensivo", Jackson logró plasmar en lo táctico un baloncesto coral, aprovechando las múltiples opciones que sus jugadores le ofrecían, tejiendo una sinfonía de movimientos y estrategias que deleitaban a los aficionados y desconcertaban a sus oponentes.

Phil Jackson reclamó el fichaje de un jugador elemental para él, Ron Harper. Se rumoreó que los angelinos intentaron fichar a Scottie Pippen, al final sin éxito, y para el juego interior volvieron a contar un jugador de la casa como AC Green, que disputaría su última temporada como profesional.

Ron Harper, base/escolta de 1.98, reclutado en 1986 por los Cleveland Cavaliers como la 8ª selección global del draft. Durante sus primeras temporadas, Harper tuvo un gran impacto en los Cavaliers y fue nombrado en el Mejor Quinteto de Novatos de la NBA en 1987. Sin embargo, en 1989, sufrió una lesión en la rodilla que afectó su rendimiento y lo mantuvo fuera de las canchas durante la mayor parte de la temporada.

Después de su recuperación, Harper fue traspasado a los Los Angeles Clippers en 1989, donde continuó destacándose como uno de los mejores bases de la liga. En 1994, se unió a los Chicago Bulls, donde jugó junto a Michael Jordan y Scottie Pippen, formando parte del legendario equipo de los Bulls que ganó tres campeonatos consecutivos de la NBA entre 1996 y 1998.

En sus últimos años en la NBA, Harper jugó para los Lakers de Los Ángeles, donde ganó dos campeonatos más en 2000 y 2001, formando parte del equipo liderado por Shaquille O'Neal y Kobe Bryant.

A lo largo de su carrera, Ron Harper fue un jugador versátil y talentoso, conocido por su capacidad defensiva, manejo del balón y habilidad para anotar. Aunque su papel se redujo en los equipos de los Bulls y los Lakers debido a la presencia de jugadores estelares, Harper fue un jugador valioso que contribuyó al éxito de sus equipos.

Después de retirarse como jugador, Harper ha incursionado en el mundo del coaching y ha trabajado como asistente en varios equipos de la NBA. Su contribución como jugador y su experiencia en el deporte le han permitido transmitir sus conocimientos a las nuevas generaciones de jugadores de baloncesto.

Los 2.000, llega Phil Jackson y vuelven los títulos a los Lakers doce años después

En su andar por la temporada regular de la 1999/2000, los Lakers desplegaron su esplendor en la cancha, acumulando una brillante marca de 67 victorias y 15 derrotas. Fue entonces cuando Shaquille O'Neal, un titán en la pintura, se erigió como la personificación del dominio absoluto, alzándose como el MVP de la temporada y del all-star Game. Con ímpetu y fuerza desbordante, los Lakers irrumpieron en los playoffs, más fuertes y decididos que nunca en los últimos años.

Los primeros desafíos no se dejaron vencer fácilmente, y los Sacramento Kings pusieron a prueba la tenacidad de los angelinos en una serie apretada que se definió en el quinto partido. Pero en las semifinales de la Conferencia, los Lakers desplegaron su poderío y no encontraron obstáculos para superar a los Phoenix Suns. El destino les deparaba un encuentro épico en las finales de Conferencia, donde los Portland Trail Blazers se interpondrían en su camino.

El enfrentamiento contra los Blazers fue una batalla encarnizada, donde el aliento de los aficionados se mezclaba con la tensión que se respiraba en la cancha. Los Lakers, llevando una ventaja de 3-1 en la serie, vieron cómo los Blazers se levantaban con fuerza, buscando arrebatarles la gloria.

Sin embargo, en el séptimo partido, el equipo angelino se alzó desde las profundidades de la adversidad, remontando la mayor desventaja jamás registrada en el último cuarto de la historia de los playoffs. Superando las barreras impuestas por el pasado, escribieron una nueva página en su destino, sellando una victoria de 89-84 tras un asombroso parcial de 31-13 en los últimos minutos.

La eliminación de los Blazers marcó el inicio de una trascendental contienda en las finales de 2000. Frente a ellos se alzaban los Indiana Pacers del entrenador Larry Bird, un rival digno que aspiraba a desafiar su supremacía en la primera final de su historia.

La serie comenzó el 7 de junio de 2000. Los Lakers ganaron los dos primeros partidos en su casa, en Los Ángeles, tomando una ventaja de 2-0. Los Pacers respondieron ganando el tercer juego en Indiana, reduciendo la ventaja de los Lakers. Pero Indiana perdió toda oportunidad al perder el cuarto de la serie (3-1), dejando herida de muerte la final en favor de los angelinos a pesar de los notables esfuerzon de Reggie Miller por cambiar la historia.

Shaquille O'Neal, nombrado MVP de la final, fue una verdadera pesadilla para los Pacers con sus 38 puntos y 17 rebotes de media. Kobe Bryant, con 21 años, ejerció de escudero, aportando 16 puntos y 5 rebotes.

FINAL 2.000

LOS PACERS SOÑARAN CON O`NEAL DE POR VIDA

GAME 1. NADIE EN LOS PACERS ES CAPAZ DE FRENAR A O`NEAL

Desde los primeros compases del encuentro, los Lakers impusieron su dominio absoluto, su precisión fue asombrosa. En el primer período, 15 de sus 20 tiros de campo encontraron su destino (un impresionante 75%), mientras que los Pacers solo lograron convertir 7 de sus 20 intentos (un modesto 35%). Reggie Miller, con su elegante muñeca, no pudo encontrar el aro en ninguna de sus oportunidades durante el primer cuarto, otorgando a los Lakers una ventaja de 15 puntos.

Sin embargo, en el segundo acto emergió desde las sombras Austin Croshere. Saltando al campo desde el banquillo como un guerrero en busca de redención, anotó 9 puntos y se adueñó de 4 rebotes en aquel período. Su esfuerzo infatigable mantuvo viva la llama de los Pacers, que a pesar de sus intentos por una remontada, aún se encontraban 12 puntos por debajo del fulgor de los Lakers.

Pero en el tercer cuarto, fue Mark Jackson quien alzó la bandera del renacimiento para Indiana. Con su sabiduría guio a su equipo en una épica remontada, recortando la ventaja de los Lakers a tan solo 2 puntos. Fue entonces cuando Reggie Miller, en una ráfaga de inspiración, logró anotar su primer tiro de campo en ese cuarto, aunque desafortunadamente sería el último destello de su arte en aquella noche.

Los Lakers manejaron el timón del partido con maestría en el último cuarto. Una racha arrolladora de 13-2 los impulsó hacia la gloria, ampliando su ventaja a 17 puntos (87-104). Shaquille O'Neal, como un titán indomable en la pintura, se alzó como la fuerza avasalladora, anotando 43 puntos y apoderándose de 19 rebotes. Cada uno de sus movimientos fue una sinfonía de poder y dominio, llevando a los Lakers hacia la cúspide de la victoria.

Rick Fox lo tenía claro sobre O`Neal "no le va a parar nadie en el uno contra uno. Cuando juega así, todo el mundo da un paso adelante".

Kobe sobre su gigante compañero *"Le dije: 'Gracias por la noche libre, Jefe' "*. Phil Jackson solo pensaba en los siguientes partidos *"A medida que esta serie continúe, anticipamos que los Pacers extraerán un esfuerzo más dedicado para evitar que movamos el balón y nosotros encontremos formas de entrar en nuestra ofensiva. De hecho, hoy fue bastante fácil entrar en nuestra ofensiva, meterle el balón a Shaquille"*.

A O'Neal le preguntaron qué haría si le dieran la desalentadora tarea de protegerse a sí mismo *"Me iría a casa. Fingiría una lesión o algo así"*.

GAME 2. PACERS MEJORA, PERO NO LO SUFICIENTE

El duelo fue un enfrentamiento equilibrado en el primer cuarto, ambos equipos anotando 28 puntos. Sin embargo, un golpe devastador aguarda a Los Ángeles, cuando Kobe Bryant se ve obligado a abandonar el partido debido a un esguince de tobillo sufrido en los primeros compases del encuentro. Tristemente, Bryant no volvería a la cancha. Jalen Rose, tiempo después, confesaría su perversa intención de extender su pie a propósito cuando Kobe lanzó un salto, con el objetivo de hacerlo tropezar al aterrizar.

En sustitución de Bryant, ingresó Ron Harper, quien se convertiría en una inesperada revelación. Harper anotó 21 puntos en el transcurso del juego, demostrando su valía y capacidad para responder ante la adversidad.

Desesperado por buscar una ventaja, Larry Bird, el entrenador de los Pacers, recurrió a la estrategia conocida como "Hack-a-Shaq". El objetivo era provocar a Shaquille O'Neal para que acudiera a la línea de tiros libres, donde su precisión no era su punto fuerte. Shaq, que terminó con 40 puntos y 24 rebotes, se vio forzado a lanzar un total de 39 tiros libres, lamentablemente, solo logró acertar 18 de ellos, estableciendo un nuevo récord en la NBA en cuanto a la cantidad de tiros libres intentados en un solo partido.

A pesar de este porcentaje poco favorable, Shaq encontró su momento de brillantez en el último cuarto, acertando 9 de 16 tiros libres, asegurando así la ventaja de los Lakers. Los Pacers no se dieron por vencidos y redujeron la diferencia a tan solo 99-96, buscando una falta que les permitiera acercarse aún más en el marcador. Pero cuando Shaq recibió el balón, sorprendió a todos al pasar rápidamente a Robert Horry. En un movimiento sublime, Horry no solo anotó una bandeja vital, sino que también convirtió el tiro libre adicional, otorgando a los Lakers una ventaja de 102-96 en un momento crucial del partido. Este instante marcaría el camino hacia la victoria de los Lakers por un marcador final de 111-104.

Fue un encuentro lleno de giros inesperados y momentos de tensión, donde las adversidades se convirtieron en oportunidades para que jugadores como Ron Harper y Robert Horry demostraran su valía y desempeñaran un papel fundamental en la conquista de la victoria por parte de los Lakers.

Pacers mejoró sensaciones, tal y como expresaba Rose al final del partido *"Seguimos teniendo confianza. Entendemos que tenemos lo que se necesita para vencer a Los Ángeles"*.

Larry Bird, un ganador con todas las letras, solo pedía una cosa *"Tenemos que encontrar la manera de ganar uno"*.

LAKERS
34

GAME 3. EL CONSECO FIELDHOUSE PERMITE SOÑAR A LOS PACERS

Aprovechando la lesión en el tobillo de Kobe Bryant, Indiana intentó mejorar sensaciones y buscar su primera victoria en la eliminatoria. La ausencia del formidable jugador se hizo evidente cuando los Pacers protagonizaron un parcial de 11-2 en el primer cuarto, alzándose con una ventaja de 8 puntos. En ese instante, Austin Croshere emergió nuevamente para teñir el segundo cuarto con su destreza, anotando 8 puntos mientras los Pacers deslumbraban con un asombroso 61% de acierto en sus tiros de campo.

Los Lakers, en su afán por revertir la situación, intentaron gestar una remontada que les permitiera regresar al partido. Sin embargo, cuando lograba acercarse, Indiana respondió implacablemente con un nuevo parcial de 12 puntos consecutivos, estableciendo una ventaja de 17 puntos. La desesperación se apoderaba de los Lakers, quienes desplegaban sus últimas fuerzas en un intento desesperado por recortar la distancia a tan solo 3 puntos. Pero en ese crucial momento, Reggie Miller se alzó como un faro de calma y precisión. Con maestría, acertó cada uno de sus tiros libres al final del juego, sellando la victoria para Indiana por 9 puntos de diferencia (91-100). O`Neal terminó con 33 puntos y 13 rebotes, pero hoy no asustó tanto.

Fue un enfrentamiento marcado por las adversidades y la determinación de ambos equipos. Indiana aprovechó astutamente la ausencia de Kobe Bryant para establecer su dominio, desplegando un juego aguerrido y letal. Mientras tanto, los Lakers, presos de la urgencia y la lucha contra el tiempo, se entregaron a un combate feroz en busca de la remontada, aunque finalmente tuvieron que rendirse ante la magistral actuación de Reggie Miller (33 puntos) y el triunfo inminente de Indiana. Miller al final del partido estaba exultante *"Vimos el camino para ganar y es una sensación maravillosa que tenemos que intentar repetir"*.

Larry Bird solo pensaba en el siguiente encuentro *"Queríamos la primera y ya la tenemos. Sabemos cómo ganarles, habrá más"*.

Riley daba su versión de los hechos *"Nunca tuvimos la iniciativa. Sin Kobe amenazamos menos de fuera. Siempre a remolque, tenemos que volver a nuestro guion"*.

GAME 4. LOS LAKERS SE LLEVAN "EL PARTIDO" DE LA FINAL

Los Pacers emergieron con determinación, construyendo rápidamente una ventaja de 9-2 gracias a los certeros lanzamientos de Rik Smits en los primeros compases del encuentro. A pesar del dolor persistente en su tobillo, Kobe Bryant se aferró al terreno de juego, pero solo pudo sumar 6 puntos en la primera mitad. A medida que avanzaba el tiempo, tanto Bryant como O'Neal se vieron envueltos en problemas de faltas, acumulando cada uno tres infracciones antes de que restaran 5 minutos para concluir el segundo cuarto. Sin embargo, Indiana no supo aprovechar esta situación y no logró ampliar su ventaja.

La situación se volvió más desafiante cuando Kobe Bryant irrumpió con 10 puntos cruciales, catapultando a los Lakers a una ventaja de 62-60 gracias a un impecable triple de Glen Rice. El juego se mantuvo en un equilibrio inquebrantable hasta llegar al último cuarto, donde O'Neal y Reggie Miller, con destreza y determinación, anotaron 14 y 13 puntos respectivamente, llevando el enfrentamiento a tiempo extra. En medio de la prórroga, O'Neal cometió su sexta falta, pero el joven prodigio de tan solo 21 años, Bryant, se alzó como referencia. Con tres lanzamientos cruciales, superó la incapacidad del centro suplente John Salley para defender efectivamente a Smits.

Smits y Miller, en un último esfuerzo de valentía, anotaron los 14 puntos que Indiana necesitaba en el tiempo extra. Aunque no fue suficiente para inclinar la balanza a su favor, ya que Miller falló un triple en el último segundo. Así, Los Angeles se alzó con una victoria épica en Indianápolis, con un marcador final de 120-118. Este triunfo dejó el marcador global en un abrumador 3-1, que les posicionaba como "virtuales" campeones de la NBA.

Miller habló sobre su último tiro *"Me sentí bien. Creo que lo que me distrajo fue Robert Horry corriendo hacia mí. Debería haber tirado más largo porque tenía que tirar alto para superarle"*.

Larry defendiendo la última jugada a pesar del fallo *"Tuvimos tiempo de sobra para ver bien la canasta, pero queríamos tener el balón en las manos de Reggie en ese momento"*.

GAME 5. EL ORGULLO DE LOS INDIANOS APLASTA A LOS LAKERS

Reggie Miller encabezó el dominio de los Pacers desde el mismísimo inicio del encuentro, envolviendo la cancha en una sinfonía de destreza y maestría. La trascendencia de aquel enfrentamiento se inscribiría en letras doradas, pues marcaría la despedida de Larry Bird como entrenador en el estado de Indiana.

Cuando Reggie Miller (25 puntos) emergió de los vestuarios y pisó el parquet, desató un torbellino de precisión y acierto. Con una danza exquisita, encestó cinco tiros consecutivos, eclipsando al mundo con su talento. Rose (32 puntos) tampoco perdía su momento de gloria. Indiana se iba a llevar el encuentro, y además de forma muy clara.

Los Pacers, embriagados por la mágica actuación de Miller, no dejaron resquicio alguno para el respiro de sus rivales. Con un temple inquebrantable, hundieron sus primeros seis tiros de tres puntos en el partido, tejiendo una red de certeza y dominio absoluto. La ventaja se fue acrecentando con cada minuto transcurrido, hasta que, en el segundo cuarto, alcanzaron una abrumadora brecha de 20 puntos.

El destino parecía haberse aliado con los Pacers, quienes desplegaban un juego arrollador y lleno de intensidad. Con cada posesión, hilaban una sinfonía de movimientos precisos y ejecuciones impecables. El resultado final no dejó lugar a dudas, fue una victoria aplastante de 33 puntos de diferencia (87-120), la peor derrota que los Lakers habían sufrido en unas Finales de la NBA desde aquel fatídico encuentro en 1985 contra Boston, conocido por siempre como la "Masacre del Día de los Caídos". O´Neal, 35 puntos, y poco más en Los Angeles.

En el último suspiro del partido, mientras el eco de la victoria reverberaba en el aire, resonó la triste melodía de la despedida. Larry Bird, una leyenda del deporte, se despedía como entrenador ante sus aficionados.

"Queríamos ser campeones esta noche", dijo Kobe Bryant, que tuvo una pésima actuación con 4 de 20 en tiros *"Pero, por desgracia, no ha podido ser"*.

A pesar de la paliza Phil Jackson fue a lo práctico *"Vinimos aquí para ganar un partido. Lo conseguimos. Estamos sentados en el asiento del conductor en esta situación y no estamos en una situación en la que tengamos que entrar en modo pánico. Pero tenemos que jugar con más energía y más control, más control del ritmo del partido"*.

O`Neal, consciente de que estaba muy cerca de ganar el campeonato, a pesar del resultado de hoy, sentenció "Cuando las cosas tengan que ser, sucederán".

GAME 6. DOCE AÑOS DESPUÉS LOS LAKERS VUELVEN A LO MÁS ALTO

Después de que ambos equipos intercambiaron golpes en el primer cuarto, Mark Jackson concluyó el periodo con un lanzamiento desde mitad de cancha justo cuando sonaba la bocina, dando a los Pacers una ventaja de 26-24. No cederían su liderazgo hasta el último cuarto. En la primera mitad, los Pacers llegarían a ganar por hasta doce puntos. Sin embargo, los Lakers se acercaron y al descanso se encontraban detrás por 56-53. Indiana sumó dos puntos más a su ventaja y entró al último periodo en posición de forzar un séptimo y decisivo partido.

En el último cuarto, el impulso cambió. Los Lakers consiguieron cuatro triples oportunos de Derek Fisher, Robert Horry y Rick Fox. El punto de inflexión ocurrió en una jugada en la que Brian Shaw robó el balón a Jalen Rose, lo que condujo a una jugada rápida en la que Shaquille O'Neal encestó un tiro desequilibrado para darle la ventaja a los Lakers. Los Pacers nunca volvieron a ir por delante después de ese momento.

Indiana luchó para empatar el marcador 103-103. Después de un tiempo muerto, los Lakers anotaron seis puntos consecutivos para recuperar el control. Los Pacers realizaron un último esfuerzo, pero no fue suficiente y los angelinos, con (111-116) aseguraron su primer campeonato tras doce años de espera.

Shaquille O'Neal lideró a todos, como a lo largo de toda la final, con 41 puntos y también capturó 12 rebotes. Fue galardonado con el MVP de las finales, completando un año maravilloso para él, con los tres MVP posibles de la temporada, all-star, temporada y final.

O`Neal en el vestuario, con un trofeo en cada mano y empapado en champán, vaticinó "Vamos a ganar el año que viene también".

Jerry Buss quedó totalmente impactado por la final que hizo su jugador *"Nunca he visto a nadie dominar así, nunca. Quiero decir, obviamente, Wilt Chamberlain era algo muy especial, pero sinceramente, O'Neal jugó probablemente el mejor baloncesto que ningún jugador haya jugado jamás"*.

"Qué manera de empezar el milenio", dijo Jackson en la entrega del trofeo.

Kobe Bryant le dio todo el mérito a su entrenador *"Phil fue capaz de mantenernos equilibrados. Cuando miras a un tipo como Phil, si eres un líder, él no se preocupa. Creo que necesitábamos a Phil para hacerlo"*.

Estadísticas jugador por jugador (* = titulares)

Angeles Lakers
**Ron Harper – 10.8 puntos, 4.8 asistencias, 3.3 rebotes y 1.3 recuperaciones*
**Kobe Bryant – 15.6 puntos, 4.6 rebotes, 4.2 asistencias, 1.4 tapones y 1.0 recuperación en cinco encuentros*
**Glen Rice – 11.5 puntos, 2.5 rebotes y 1.7 asistencias*
**AC Green – 5.0 puntos y 3.3 rebotes*
**Shaquille O`Neal – 38.0 puntos, 16.7 rebotes, 2.7 tapones, 2.3 asistencias y 1.0 recuperación*
Robert Horry – 9.2 puntos, 5.2 rebotes, 2.8 asistencias y 1.0 tapón
Rick Fox – 6.7 puntos, 1.7 rebotes y 1.0 asistencia
Derek Fisher – 6.0 puntos, 3.8 asistencias y 1.0 rebote
Brian Shaw – 3.0 puntos, 2.8 rebotes y 2.8 asistencias
Travis Knight – 1.3 puntos en cuatro encuentros
John Salley – 1.0 punto en cuatro encuentros
Devean George – 1 punto y 1 rebotes en el único encuentro que disputó

Indiana Pacers
**Mark Jackson – 9.7 puntos, 7.7 asistencias y 5.3 rebotes*
**Reggie Miller – 24.3 puntos, 3.7 asistencias y 2.7 rebotes*
**Jalen Rose – 23.0 puntos, 4.5 rebotes y 3.0 asistencias*
**Dale Davis – 8.7 puntos, 10.0 rebotes, 1.0 asistencia y 1.0 recuperación*
**Rik Smits – 10.0 puntos, 4.0 rebotes y 1.2 tapones*
Austin Croshere – 15.2 puntos, 6.0 rebotes y 1.0 tapón
Sam Perkins – 6.0 puntos, 4.0 rebotes y 1.0 asistencia
Travis Best – 5.8 puntos, 2.2 asistencias y 1.2 rebotes
Derrick Mckey – 1.8 puntos y 3.2 rebotes
Chris Mullin – 1.3 puntos en tres encuentros
Zan Tabak – 0.6 puntos en tres encuentros
Jonathan Bender – 3.5 puntos en dos encuentrosv

Final 2.000 – Los Pacers soñaran con O`Neal de por vida

Después de volver a saborear las mieles del triunfo, los Lakers afrontaron la temporada 2000/01 con ganas revalidar el campeonato. Para ello Phil Jackson, al igual que hizo con Ron Harper, volvió a reforzar su proyecto con jugadores ya conocidos, esta vez con el interior Horace Grant. El ala-pívot llegaba para ocupar la posición de cuatro titular y dar solidez y experiencia al lado de O`Neal. Solo jugaría una temporada, después volvería a Orlando, para dos temporadas más tarde volver a los Angeles Lakers y retirarse con 38 años en 2004.

Horace Grant, de 2.08 de estatura, con movimientos felinos y precisos cerca del aro, dotado de una gran capacidad de sacrificio en favor del grupo, jugó siete temporadas con los Bulls, siendo indiscutible en los quintetos que obtuvieron los tres primeros anillos del equipo (1991, 1992 y 1993). Grant disputó 17 temporadas en la NBA, para añadir su cuarto anillo de campéon de la NBA en 2001 con los Angeles Lakers.

All-Star en 1994, Horace Grant estuvo cuatro veces entre los diez mejores defensores de la temporada y se convirtió en todo un profesional de la zona, capaz de amoldarse siempre al juego de las estrellas que tuviera alrededor.

Además, el equipo se hizo con los servicios del agente libre Isaiah Rider, cuya talentosa trayectoria se vio empañada por problemas extradeportivos y fue liberado por los Atlanta Hawks en la temporada previa. Como último refuerzo, llegó Greg Foster, quien había participado en dos finales de la NBA con los Utah Jazz.

Los Lakers, que tuvieron que lidiar con la lesión de Fisher durante gran parte de la temporada, se encontraban con un sólido registro de 31 victorias y 16 derrotas al llegar al merecido descanso del All-Star. Aprovechando su enérgico impulso, hilvanaron una notable racha de ocho victorias consecutivas, cerrando la temporada regular con un imponente récord de 56-26. Conquistaron la codiciada División del Pacífico, superando los acérrimos Sacramento Kings, y quedaron segundos de la conferencia, solo por detrás de los San Antonio Spurs.

En los playoffs, los Lakers desplegaron su poderío con una arrolladora fuerza que dejó a todos atónitos. Como un vendaval imparable, barrieron a los Portland Trail Blazers en tres batallas consecutivas en la primera ronda, mostrando una maestría impecable. Luego, en un acto de dominio absoluto, repitieron la hazaña al vencer en cuatro encuentros seguidos a los Kings, quienes ostentaban el tercer puesto en la clasificación de la conferencia, dejando a su paso una estela de admiración y asombro.

El siguiente desafío en su travesía fue enfrentarse a los San Antonio Spurs, los aclamados primeros cabezas de serie. Pero los Lakers no mostraron piedad y, con una combinación de destreza, astucia y determinación, volvieron a barrer a sus oponentes en cuatro partidos consecutivos en las finales de la Conferencia Oeste, sellando así su estatus.

Llegaron las Finales de la NBA, donde el MVP de la temporada regular, Allen Iverson, y sus Philadelphia 76ers se interponían en su camino hacia la consagración. Sin embargo, los Lakers demostraron una vez más su grandeza indomable y, con una actuación deslumbrante, conquistaron las Finales con una victoria contundente de 4-1. La franquicia brilló con un fulgor inigualable, coronándose campeona de la NBA por decimotercera vez en su historia. Shaquille O'Neal, la fuerza imponente en la pintura, fue honrado con el título de MVP de las Finales por segundo año consecutivo.

El primer partido de las Finales se jugó el 6 de junio de 2001 en Los Ángeles. Iverson sorprendió a todos al anotar 48 puntos y liderar a los 76ers a una victoria en tiempo extra por 107-101. Fue la única derrota de los Lakers en toda la postemporada.

Los Lakers rápidamente retomaron el control de la serie. Shaquille O'Neal y Kobe Bryant se combinaron para liderar a su equipo a tres victorias consecutivas en los siguientes juegos. En el segundo partido, O'Neal registró 28 puntos y 20 rebotes, mientras que Bryant aportó 31 puntos en la victoria por 98-89.

El tercer partido, disputado en Filadelfia, fue un duelo igualado. Iverson anotó 35 puntos, pero los Lakers emergieron victoriosos por 96-91. En los angelinos Shaquille, nuevamente, tuvo una destacada actuación con 30 puntos y 15 rebotes.

En el cuarto partido, los Lakers se impusieron con contundencia por 100-86. O'Neal fue dominante una vez más, anotando 34 puntos y capturando 14 rebotes. El dominio de los Lakers en esta serie se hizo evidente, y parecía que estaban destinados a ganar el campeonato.

El quinto y último partido se llevó a cabo en Los Ángeles el 15 de junio de 2001. Con una actuación magistral de un Shaquille O'Neal que monopolizó el estrellato de su equipo, quien anotó 29 puntos y capturó 13 rebotes, los Lakers se coronaron campeones de la NBA con una victoria por 108-96.

Los Lakers dejaron un dato para la historia, al cerrar la postemporada con un récord impresionante de 15 victorias y tan solo una derrota, y esta tras un tiempo extra. El eco de su grandeza resonó en cada cancha, cautivando a los fans y dejando una marca indeleble. Durante 16 años, su dominio fue insuperable, hasta que los Golden State Warriors lograron un récord de 16-1 en los playoffs de 2017.

FINAL 2.001
IVERSON NO ENCUENTRA LA RESPUESTA PARA SUPERAR A LOS LAKERS

GAME 1. LOS SIXERS GANAN EL PARTIDO TRAS UN TIEMPO EXTRA

Los Lakers, decididos a conseguir una barrida en la serie, comenzaron dominando el juego. Anotaron 16 puntos consecutivos, construyendo una ventaja de 21-9 sobre los 76ers, que buscaban liderazgo en Allen Iverson.

Sin embargo, en medio del segundo cuarto, Iverson se convirtió en un rayo de luz para los 76ers. Desatando su genialidad, anotó 30 puntos en la primera mitad, cambiando el rumbo del partido. Los Sixers tomaron el control, incluso llegando a estar 15 puntos por delante durante el tercer cuarto, desafiando las expectativas y levantando la emoción en el aire. Pero los Lakers no se darían por vencidos tan fácilmente.

Fue entonces cuando Shaquille O'Neal (44 puntos y 20 rebotes), con su poderío en la pintura, se convirtió en una fuerza debastadora. Anotó 18 puntos cruciales en el último cuarto, liderando la remontada de los Lakers. La intensidad se elevaba en cada jugada mientras ambos equipos luchaban por el dominio absoluto.

El partido llegó al final del tiempo reglamentario con un empate a 94 puntos. La tensión era palpable en el ambiente. Dikembe Mutombo, que terminó con 13 puntos y 16 rebotes, tuvo la oportunidad de asegurar la victoria desde la línea de tiros libres, pero falló ambos intentos. Luego, el desesperado intento de triple de Eric Snow rebotó en el aro, llevando el juego a una prórroga llena de emociones.

Los Lakers comenzaron la prórroga anotando los primeros 5 puntos, estableciendo su intención de llevarse la victoria. Sin embargo, Raja Bell de los 76ers respondió con una bandeja desafiante, seguida de un impresionante despliegue de Iverson, quien anotó 7 puntos consecutivos, incluyendo un triple que les dio la ventaja. Iverson continuó su exhibición con un espectacular tiro de dos puntos, retrocediendo sobre Tyronn Lue, en una imagen que se grabaría en la memoria colectiva.

Finalmente, los 76ers emergieron victoriosos por 6 puntos, asegurando el triunfo (107-101) en el primer partido de la serie. Fue un enfrentamiento lleno de emociones, giros inesperados y momentos de brillantez individual. Los Lakers, a pesar de su esfuerzo, debieron aceptar la derrota en ese encuentro inicial, pero se prepararon para luchar en los próximos capítulos.

Iverson, con 48 puntos anotados, no cabía en sí tras derrotar a estos imbatidos Lakers *"Hay gente arruinada ahí fuera. Sabemos que podemos ganar"*.

Tyrone Hill quería dar crédito a los Sixers *"Puede que hayamos sorprendido a mucha gente. No creo que nos hayamos sorprendido a nosotros mismos. Sabíamos que teníamos mucha confianza al entrar. Comen como nosotros y se visten como nosotros, así que no se trataba de eso".*

Phil Jackson le vio el lado positivo a la derrota, ya no tendrían esa presión de imbatidos que realmente no importa demasiado *"Estoy un poco aliviado de que haya terminado de alguna manera. Pero nos pone cierta presión para conseguir una victoria en nuestra cancha. Tenemos que salir el viernes por la noche y encontrar la manera de empatar. La racha fue genial, y ahora es el momento de volver al negocio de jugar a la pelota aquí en esta serie".*

GAME 2. SHAQUILLE O`NEAL, AL BORDE DEL CUÁDRUPLE-DOBLE

Kobe Bryant saltó a la cancha, disparando al aro y sumando 12 puntos en el primer cuarto. Mientras tanto, Shaq brillaba en el segundo cuarto con otros 12 puntos en su cuenta.

A pesar de las anotaciones de las estrellas angelinas, los 76ers se aferraban a una ventaja ajustada mientras su entrenador, Larry Brown, trataba de armar el quinteto más adecuado en cancha. El resto de los jugadores de los Lakers, aparte de Bryant y O'Neal, tenían una efectividad de solo el 27% en sus tiros.

En el último cuarto, los Sixers se encontraban 13 puntos abajo, pero estaban en proceso de remontada ya que Shaq se sentó en el banquillo debido a sus cinco faltas.

Aprovechando esta oportunidad, los 76ers anotaron 7 puntos seguidos. Sin embargo, a pesar de acercarse a solo 3 puntos de los Lakers, su porcentaje de tiros libres en el último cuarto fue de 6 de 16, lo cual les hizo quedar permanentemente rezagados hasta el (89-98) final. Kobe, con 31 puntos, fue el máximo anotador.

O'Neal culminó el partido con una impresionante actuación de 28 puntos, 20 rebotes, nueve asistencias y ocho tapones, acercándose a un cuádruple doble, algo solo al alcance de los elegidos. Antes del encuentro, el entrenador de los Lakers, Phil Jackson, le instó a O'Neal a no tener miedo de bloquear tiros, después de que no lograra hacerlo en el primer partido.

O´Neal lo hizo público al término del encuentro, *"Phil me dijo después del primer partido "¡No tengas miedo de taponar un tiro!". Me gusta que reten, que me exijan mi nivel".*

Kobe tras igualar la eliminatoria *"Después de comenzar la serie con derrota, solo quedaba ganar y ganar. Ellos nos están obligando a jugar, pero nosotros… sabemos jugar¡¡"*

Iverson, por el contrario, no tuvo su noche, con 10/23 en el tiro, y sin él al máximo nivel, difícilmente podrían ganar los 76ers.

GAME 3. LOS SIXERS NO CONTABAN CON ROBERT HORRY

Kobe Bryant regresó a Filadelfia, su ciudad natal, y en donde jugó durante su tiempo en la escuela secundaria. A pesar de haber expresado su deseo de jugar para los 76ers y ser reclutado por ellos en 1996, fue recibido con abucheos durante la presentación de los jugadores y fue objeto de pitidos cada vez que tenía el balón.

Esto no hizo perder la concentración a Kobe y ofreció un recital en el segundo cuarto, anotando 16 puntos y logrando 7 canastas consecutivas, algunas de ellas en posiciones bastante difíciles.

Aunque Aaron McKie le defendió bien, Kobe resultó imparable. En la segunda mitad del partido, Bryant tuvo dificultades encestando, terminando con un 3 de 16 en tiros, pero aún así logró acumular 32 puntos en total. Shaquille O'Neal también hizo su trabajo, registrando 30 puntos, 12 rebotes y 4 tapones, pero su sexta falta en los últimos 2 minutos de los playoffs podría haber tenido un alto costo para los Lakers.

Fue en ese momento cuando Robert Horry entró en escena, mostrándose omnipresente. Realizó un mate impresionante sobre Dikembe Mutombo, encestó 3 canastas en 3 intentos y, finalmente, lanzó el tiro que sentenció el juego a 47 segundos del final, desde la esquina. Además, anotó los 4 tiros libres finales del encuentro, asegurando la victoria de los Lakers con un marcador de 96-91.

Shaq mostró una frustración particular y estaba molesto tanto con su oponente, Dikembe Mutombo, como con las decisiones arbitrales. Allen Iverson demostró valentía a pesar de su falta de precisión en los tiros (12 de 30), logrando anotar 35 puntos y 12 rebotes. Mutombo hizo todo lo que pudo, registrando 23 puntos y 12 rebotes. Este fue el último partido apretado de la final, ya que lo que vino después fueron resultados doloroso y unilaterales en favor de los angelinos. Fue más que un (2-1), fue un punto de inflexión para la final.

O´Neal al terminar el partido estaba visiblemente enojado con los árbitros *"¿Es razonable que el mejor defensor del año pueda fracasar así? Es vergonzoso y los árbitros caen en la trampa. Que venga a defenderme como un hombre en lugar de lloriquear con los árbitros"*.

Kobe, a pesar de ser el máximo anotador de su equipo, reflejó la enorme importancia de sus compañeros para ganar, en especial de Horry *"Por eso podemos contar*

LAKERS
8

con nuestros compañeros. Robert estuvo genial y puso el tiro asesino al final del juego".

GAME 4. LOS LAKERS DAN LA ESTOCADA A LA FINAL

Los 76ers, desafortunadamente, pagaron un alto tributo por el enfado de O'Neal tras el encuentro anterior, ya que Shaq se transformó en un superhéroe imparable. Con 34 puntos anotados y 14 rebotes atrapados, dominó rápidamente a Mutombo, convirtiéndose en el epicentro de una tempestad arrolladora. Kobe Bryant, a un solo paso de completar un triple-doble, desplegó su genialidad en la cancha, mientras jugadores como Fisher y Horry ofrecieron su aporte desde los flancos.

Mientras tanto, los 76ers quedaron atascados, mostrando torpeza y fatiga. Fallaron 11 tiros libres y olvidaron los lanzamientos de larga distancia, logrando encestar solamente 1 de los 6 intentos desde detrás de la línea. En contraste, los Lakers brillaron con esplendor, encestando 10 canastas dignas de premio y forjando una diferencia abismal que conduciría a una dolorosa derrota para los Sixers.

La frustración de Iverson era palpable, a pesar de recibir una defensa notable por parte de Tyronn Lue. Aunque sus compañeros mostraron valentía, solo Dikembe parecía ser capaz de aportar algo en el ataque. Era evidente que el motor de Filadelfia se estaba quedando sin energía, y hasta el veterano Ron Harper, quien apenas había tenido minutos en la cancha durante toda la temporada, logró anotar 8 puntos con facilidad, lo cual reflejaba la situación embarazosa en la que se encontraba Filadelfia.

Como dato anecdótico, con esta nueva victoria, por (100-86), los Lakers igualaban el récord de la NBA de más triunfos consecutivos fuera de casa en los playoffs, alcanzando un total de 7. El segundo campeonato consecutivo, con una ventaja de (3-1), se acercaba cada vez más para los angelinos.

Shaquille habló sobre su partido *"Me sentía con ganas de demostrar. Quería el balón y sabía perfectamente lo que hacer con él".*

Kobe Bryant a tono de broma comenta sobre su compañero *"Está claro que no es nada bueno enfadar a Superman. Nada bueno".*

Iverson sobre su momento de tiro sin perder la perspectiva del líder que es *"Lo doy todo en el juego. Si mis tiros no entran, busco nuevos tiros, solo busco ganar. Por eso soy un MVP".*

GAME 5. NO PODÍA SER DE OTRA MANERA, LOS LAKERS GANAN DE NUEVO EL ANILLO

¿Alguna vez hemos presenciado la supremacía de un equipo tan imponente, desde el último mes de la temporada regular hasta su coronación final? Con 23 victorias y solo una derrota, y además esta tras un tiempo extra en el primer partido de la final. Esta auténtica apisonadora aplastó y pulverizó a sus oponentes sin el menor reparo. Aunque los 76ers anhelaban al menos una victoria en casa, la tarea parecía simplemente imposible.

Filadelfia mostró un juego ofensivo de calidad. Iverson se lució con 37 puntos, Mutombo aportó 13 puntos y la sorpresa llegó de la mano de Tyrone Hill, quien registró 18 puntos y 13 rebotes en una actuación destacada. A pesar de una final catastrófica, los 76ers estuvieron al alcance de los Lakers.

Desafortunadamente para ellos, los vigentes campeones trabajaron arduamente. Kobe y Shaq dominaron los envites con un total combinado de 55 puntos y 25 rebotes, mientras Rick Fox encontraba su dirección con 20 puntos. Pero fue Derek Fisher, el asesino, quien se llevó los aplausos. El base de los Lakers afrontó un final complicado, defendiendo a Iverson y dirigiendo el juego a alto nivel.

Sin la determinación de los 76ers, esta final terminaría con una paliza. En el último cuarto, Filadelfia se encontraba 19 puntos abajo y logró reducir la diferencia a -7 en el último minuto. Pero fue demasiado poco, demasiado tarde. Fisher lanzó una bomba final que dejó a la audiencia en silencio. Al final (108-96).

Antes del pitido final, Iverson abandonó la cancha entre una ovación de pie y los gritos de "¡MVP! ¡MVP!" que resonaban en todos los rincones. Los Lakers se convirtieron así en el equipo con el mejor porcentaje de victorias en los playoffs (15-1), superando a los 76ers de 1983 (12-1).

Phil Jackson ganó su octavo título de campeonato, quedando a solo uno del legendario Red Auerbach. Es especialmente notable su logro acumulativo desde 1996 hasta 2001, ¡ganando su vigésima serie consecutiva de playoffs!

Un doblete para los Lakers, un nuevo anillo para Shaq y Kobe, y el 13° título en la gloriosa historia de la franquicia.

O`Neal acababa de ganar su segundo anillo y su segundo MVP de las finales. El pívot insaciable e insolente, se siente el amo del mundo, quiere más *"Estoy contento, pero también soy codicioso. El primer campeonato fue para quitarme el mono de encima. Los de ahora son para estampar mi nombre en la historia, no importa en qué equipo esté"*.

Final 2.001 – Iverson no encuentra la respuesta para superar a los Lakers

Las preguntas a Phil Jackson giraban en la actuación de O`Neal *"Shaq era el jugador dominante. Era el tipo que motivaba y daba energía a nuestro equipo. muchas veces no ha sido un líder tan obvio como lo ha sido este año. Para él ganar el segundo, creo que sabes que es una validación de tu grandeza, de tu habilidad"*.

Con dos campeonatos, y con la contundencia con la que los ganaron, a los Lakers se les pedía que por fin, ganarán tres anillos de forma consecutiva. Era una presión añadida para la temporada siguiente, aunque que duda cabe, eran absolutos favoritos para ello, con Shaquille O`Neal, lógicamente, a su nivel. El pívot se despidió de todos dando un mensaje claro *"Voy a tomarme la semana libre y luego voy a volver más delgado y más malo"*, ante la risa de todos los presentes.

Estadísticas jugador por jugador (* = titulares)

Angeles Lakers
**Derek Fisher – 9.8 puntos, 2.0 asistencias, 1.6 recuperaciones y 1.2 rebotes*
**Kobe Bryant – 24.6 puntos, 7.8 rebotes, 5.8 asistencias, 1.4 recuperaciones y 1.4 tapones*
**Rick Fox – 9.8 puntos, 4.6 rebotes, 3.8 asistencias y 1.2 recuperaciones*
**Horace Grant – 5.2 puntos, 5.6 rebotes y 1.4 tapones*
**Shaquille O`Neal – 33.0 puntos, 15.8 rebotes, 4.8 asistencias y 3.4 tapones*
Robert Horry – 8.4 puntos, 5.0 rebotes, 1.4 tapones y 1.2 asistencias
Tyronn Lue – 3.6 puntos, 1.4 asistencias y 1.4 recuperaciones
Brian Shaw – 3.6 puntos, 3.2 rebotes y 2.8 asistencias
Ron Harper – 4.3 puntos, 1.6 rebotes y 1.0 asistencia en tres encuentros
Mark Madsen – 0.0 puntos y 0.5 rebotes en dos encuentros

Philadelphia 76ers
**Allen Iverson – 35.6 puntos, 5.6 rebotes, 3.8 asistencias y 1.8 recuperaciones*
**Aaron McKie – 8.0 puntos, 6.0 asistencias, 5.4 rebotes y 1.2 recuperaciones*
**Jumaine Jones – 2.0 puntos y 2.0 rebotes*
**Tyrone Hill – 6.6 puntos, 6.6 rebotes y 1.2 tapones*
**Dikembe Mutombo – 16.8 puntos, 12.2 rebotes y 2.2 tapones*
Eric Snow – 12.6 puntos, 6.6 asistencias, 4.4 rebotes y 1.2 recuperaciones
Matt Geiger – 5.2 puntos y 1.0 rebote
Raja Bell – 2.6 puntos, 2.0 recuperaciones y 1.8 rebotes
Todd MacCulloch – 2.6 puntos y 1.4 rebotes
Kevin Ollie – 1.0 punto
Rodney Buford – 0.6 puntos y 2.0 rebotes en tres encuentros
George Lynch – 1.0 punto, 2.5 rebotes y 1.0 recuperación en dos encuentros

Final 2.001 – Iverson no encuentra la respuesta para superar a los Lakers

Para la temporada 2001/2002 los Lakers no movieron demasiado el equipo. Horace Grant se fue y no ficharon a nadie para sustituirlo, poniendo a Robert Horry como cuatro titular, y solo realizaron tres fichajes, Mitch Richmond, un exterior con una gran carrera NBA pero ante la última temporada de su carrera, Samaki Walker, y Lindsey Hunter. La apuesta por la continuidad era clara.

El equipo emergió con ímpetu, surcando la cancha con una fuerza imparable. Un comienzo fulgurante les otorgó la victoria en los primeros siete enfrentamientos, sentando las bases para un vertiginoso arranque de 16-1 tras una racha de nueve triunfos en los meses de noviembre y diciembre. Al llegar al descanso del All-Star, ostentaban un imponente registro de 33-13.

Los Lakers, en su esplendor, se ubicaron en el segundo puesto de la División Pacífico, con un impresionante balance de 58-24, empatados con los intrépidos Spurs y tres victorias por debajo de los nuevos señores del Oeste, los Sacramento Kings. Al otro extremo del país, en el Este, el destino parecía estar entre las manos de los New Jersey Nets y los Detroit Pistons, aspirantes incansables.

En el fervor de los playoffs de la Conferencia Oeste, la escuadra dorada arrasó con los Portland Trail Blazers (3-0) en la primera ronda, para luego enfrentarse a los renombrados San Antonio Spurs (4-1), dignos contrincantes como segundos cabezas de serie, en las semifinales. En las finales de conferencia, donde se encontraron con los Sacramento Kings, primeros en la clasificación. A pesar de la desventaja de 3-2, los Lakers, con bravura y perseverancia, lograron remontar y aseguraron su pase a la siguiente etapa en el séptimo y definitivo encuentro.

Este enfrentamiento, el sexto de la serie Lakers-Kings, quedó grabado en las páginas polémicas de la historia de la NBA debido a decisiones arbitrales cuestionables, mayormente en detrimento de los Kings. Los Lakers se proclamaron victoriosos en su propia cancha con un resultado de 106-102. El séptimo partido de las Finales de la Conferencia Oeste, celebrado el 2 de junio, congregó a una multitud de 23.8 millones de televidentes, erigiéndose como el partido más seguido en la historia de la NBA para esta fase.

Tras esta hazaña, los Lakers se alzaron con el título de las Finales de la NBA, derrotando sin clemencia a los New Jersey Nets de Byron Scott, en una barrida impecable de cuatro encuentros consecutivos. Fue el segundo triplete en la historia de la franquicia, el primero desde 1952-54. Este logro marcó el último tricampeonato de un equipo en la historia de la competición, y Shaquille O'Neal, con su descomunal desempeño, fue honrado como el Jugador Más Valioso de las Finales por tercer año consecutivo, perpetuando su dominio en la cancha.

SPALDING

FINAL 2.002
NEW JERSEY NETS POCO PUEDE HACER ANTE LA MAREA AMARILLA

GAME 1. LOS NETS LLEGAN TARDE A LA CONTIENDA

El aire impregnado de emoción y ansiedad envolvía el majestuoso Staples Center de Los Ángeles, donde el telón se alzaba para el anticipado duelo inaugural de las Finales de la NBA. En un abrir y cerrar de ojos, las entradas se agotaron, dejando espacio únicamente para casi 19,000 afortunados espectadores.

Los Nets salieron dispuestos a desafiar a los bicampeones, los Lakers, quienes llevaban el peso de los favoritismos sobre sus hombros. Byron Scott, antiguo miembro de los legendarios Showtime Lakers y ahora entrenador de los New Jersey Nets, fue recibido con una ovación apreciativa que resonó por todo el recinto.

Aprovechando la tardanza de los Nets por entrar en el juego, los angelinos tomaron el control durante los primeros 17 minutos, anotando con fiereza y exhibiendo un marcador abrumador de 42-19, con 6 minutos y 41 segundos restantes en el segundo cuarto.

Los Nets, lejos de dejarse derrotar, desataron un parcial impresionante de 17-6, reduciendo la ventaja de los Lakers a unos respetables 12 puntos. Aun así, no encontraban una respuesta adecuada para frenar a la fuerza imparable de O'Neal, quien había intimidado a MacCulloch con 16 puntos y 6 rebotes antes del descanso. A pesar de que los Nets superaron a los Lakers en el tercer cuarto, estos últimos se mantuvieron firmes en los últimos minutos, en gran parte gracias a los 11 puntos de Bryant de sus 22 totales. En un intento desesperado por intentar remontar los Nets recurrieron a la estrategia del "Hack-a-Shaq". Sin embargo, la jugada se volvió en su contra, ya que O'Neal respondió con sangre fría, encestando 5 de 8 tiros libres. Nada funcionó para impedir que los Lakers se apuntasen la primera victoria de la final (94-99).

La desgracia de los Nets residía en su tardío despertar y en su falta de puntería. Sus esfuerzos se vieron mermados por un inicio deficiente y una precisión errática. Mientras que normalmente lanzaban con un 45% de efectividad en tiros de campo y un 74% en tiros libres, en esta ocasión se quedaron con un decepcionante 39% y 57%, respectivamente. A pesar de ello, Kidd, en una actuación impresionante, logró un triple-doble, algo que no sucedía desde que Charles Barkley lo lograrà en la final de 1993 ante los Chicago Bulls.

Lucius Harris, de los Nets, lo tenía claro *"No puedes cavar un agujero, ir perdiendo por 19 o 20 puntos y esperar ganar. Acabamos de cavar un agujero contra los campeones"*.

"Parecía que habíamos conseguido una gran ventaja y luego nos aburrimos", dijo Brian Shaw "Dejamos de hacer las cosas que nos permitieron conseguir la ventaja en primer lugar".

"Creo que un comienzo como el que tuvimos esta noche nos dio una falsa sensación de seguridad", dijo el alero Rick Fox "Un buen comienzo era quizá lo que buscábamos, pero quizá no era lo mejor. Empezamos como queríamos, ofensiva y defensivamente, jugamos con mucha intensidad en el primer cuarto, nos pusimos por delante y luego empezamos a experimentar. La sencillez en nuestro ataque es lo que nos hace grandes y a veces también lo que nos aburre".

Jason Kidd, por el otro bando, dio su punto de vista "Estábamos un poco nerviosos, con tensión para este primer partido, pero luchamos hasta el final, independientemente del resultado final. Somos un equipo joven y este encuentro nos enseñará mucho para el futuro".

GAME 2. VUELVE EL DOMINIO AMARILLO

La racha realizada en el juego anterior parecía dar esperanza a los fans de New Jersey, pero seríamos testigos del juego en un solo bando, con mucha claridad a favor de los angelinos.

El primer período fue una parodia del baloncesto por parte visitante, pero los Nets lograron estar solo seis puntos por detrás, a pesar de su 30% de porcentaje en el tiro. La secuela es una tormenta sobre el equipo de Byron Scott, Shaq pulveriza a todos los interiores con 40 puntos, 12 rebotes, 8 asistencias, 6 mates, y ¡un soberbio 12/14 en tiros libres! Kobe Bryant vuelve a ser él mismo después de su inquietante primer partido donde se quedó en una fria serie de 6/18 en tiros de campo, con 24 puntos, 8 asistencias y una gran defensa sobre Jason Kidd.

Kidd no encontró el aro (6/17) y perdió demasiados balones (5), Kenyon Martin olvidó sus habilidades baloncestísticas en East Rutherford (2/8 en tiro) y Keith Van Horn fue sólo una sombra.

Sólo Kerry Kittles y sus 23 pts así como el debutante Richard Jefferson dieron un poco de vida a este mal partido para ellos. Lucius Harris, suplente de calidad, se hundió literalmente en el abismo... 0/9 en lanzamientos, en dos partidos, con 1/14 en tiros cortos, malas decisiones, temblores... Los Lakers clavaron un parcial de 23-6 en el mentón de los Nets al final del partido. Rick Fox, Robert Horry y Derek Fisher sumaron para la causa. (83-106) y [2-0] para ellos.

Byron Scott poco puede hacer o decir ante lo que tiene delante, Shaquille O`-Neal *"Shaq es un monstruo, eso es todo lo que puedo decirte... No sé qué más hacer para frenarlo"*.

Kobe Bryant, que parece cómodo en su papel de escudero también es consciente *"No puedes hacer nada contra Shaq, los desmoralizó"*.

La serie se trasladaba a New Jersey, por lo que Shaquille regresaba a su estado natal, y parecía mucho más concentrado en la familia y la comida que en el resto de las finales *"Sé que me van a abuchear en Nueva Jersey, pero voy a ver a mi papá y mi abuela, y relajarme comiendo macarrones con queso y pollo frito"*.

GAME 3. LOS NETS PELEAN, PERO NO ES SUFICIENTE

En la previa del partido, durante la conferencia de prensa, Byron Scott lanzó una afirmación audaz que generó controversia: insinuó que incluso los modestos Grizzlies de Memphis podrían aspirar a la final de la NBA si tuvieran a Shaq en sus filas. Sin embargo, sus palabras no fueron recibidas con agrado por parte de Phil Jackson. Tras dos encuentros carentes de emociones, finalmente nos encontramos ante un momento cargado de suspense y una llamada de atención tardía por parte de Kenyon Martin. New Jersey depositaba grandes esperanzas en su interior, a pesar de las actuaciones decepcionantes en las que ha logrado un máximo de 9 de 30 tiros.

No obstante, en este momento, se muestra más motivado que nunca, infundiendo ánimo y energía en la multitud a medida que los jugadores ingresan a la cancha. K-Mart se erige como el líder desde la primera posesión, exhibiendo su potencia y enfrentándose valientemente a Roberto Horry. Ya sea encarando el aro o de espaldas a él, se hace omnipresente en la defensa, tanto individual como colectiva, generando un poderoso contraataque que culmina en canastas de sus compañeros y les permite tomar la delantera en el marcador.

Los Lakers seguían avanzando gracias a la imponente actuación de Shaquille O'Neal y Kobe Bryant, quienes han acumulado una asombrosa cifra de 71 puntos, 17 rebotes, 6 asistencias y 8 tapones.

En el tercer cuarto, K-Mart realiza una jugada espectacular con un contundente mate, desencadenando una falta cometida por Horry, y consigue igualar el marcador a 78 segundos antes de que suene la bocina que anunciaba el final del periodo. En el momento crucial del partido, Jason Kidd encuentra a Martin en un espectacular alley-hoop que otorga la ventaja a New Jersey. Sin embargo, un Kobe Bryant en plenitud física acercaba a los Lakers a los Nets, encestando tiros de media distancia y desplegando su destreza y liderazgo en este crucial enfrentamiento de la serie.

Una jugada de Shaq, seguida de un triple de Robert Horry, volvía a poner a los Lakers en la delantera. Keith Van Horn fallaba estrepitosamente desde dos metros y, en la posesión final de los Lakers, Kobe penetraba en la defensa de Kenyon Martin en el último segundo del reloj de posesión. Shaq, a continuación, imitaba este movimiento con un deslumbrante giro sobre Jason Collins, seguido de un letal contraataque sobre Jason Kidd. Los Lakers se llevan la victoria por 106-103 y el presagio de una barrida se hace cada vez más evidente.

A pesar de la lucha desplegada, New Jersey nunca pudo contener a O'Neal, quien había acumulado un asombroso total de 111 puntos en tres partidos. Destacaba

ERS
34

el sobresaliente desempeño de Jason Kidd con 30 puntos y 10 asistencias, así como los 26 puntos anotados por Martin. Los californianos ejercieron un dominio absoluto en el rebote, con una ventaja abrumadora de 40 a 27.

O`Neal, conocedor de que la mayor parte de la defensa de su rival se centraba en él "Hemos experimentado todo tipo de defensas. Desde que tenía seis años he estado sujeto a marcajes dobles y puedo decir que he visto todas las tácticas de marcajes dobles desde sus inicios."

Un (3-0) es sinónimo de ya no tener nada que hacer por parte del equipo que no ha logrado aún ganar, pero Kidd, en su posición de líder tiene que argumentar otra cosa públicamente *"Nadie lo ha hecho antes, ¿por qué no nosotros?"*.

GAME 4. LOS LAKERS CONSUMAN LA BARRIDA. EL "THREEPEAT" ES SUYO

Kenyon Martin brilló en el encuentro anterior, pero en este demuestra ser aún más excepcional. Con una actuación magistral de 35 puntos y 11 rebotes, junto a su compañero Jason Kidd repartiendo 12 asistencias, Martin se erige como la fuerza motriz indiscutible de los Nets. Finalmente, Lucious Harris se redime con un partido digno, anotando 22 puntos tras haber sufrido un desalentador 2 de 19 en tiros durante los tres primeros cuartos.

Su resurgir llega demasiado tarde para detener el imparable engranaje de los Lakers, quienes conquistan su tercer título consecutivo. A pesar de un enérgico comienzo por parte de los Nets, liderados por un deslumbrante K-Mart con 17 puntos, los rápidos contraataques y una dirección precisa les conceden una ventaja de siete puntos al término del primer cuarto.

Los Lakers no se acobardan, remontan el marcador y toman el liderazgo antes del descanso. Una vez más, Shaquille O'Neal impone su dominio avasallador, martirizando a sus adversarios con 34 puntos y 11 rebotes.

En el último cuarto, O'Neal cede el protagonismo a Kobe Bryant, quien brilla con once puntos en dicho periodo. La defensa implacable de los Lakers se convierte en un factor determinante, especialmente al ejercer una marca férrea sobre Jason Kidd.

A modo de símbolo del abrumador dominio de los Lakers, Phil Jackson otorga ingreso en los últimos minutos a Mitch Richmond, quien hasta ese momento no había pisado la cancha en toda la final y apenas había disputado tres minutos durante los playoffs, pero le permitió ser participe en sus últimos instantes como jugador, de lo que es ganar un anillo de campeón. Con la bocina, la barrida angelina se completó con un (113-107).

Después de Minneapolis entre 1952 y 1954, los Celtics de 1959 a 1966 y los Bulls de 1991 a 1993 y luego de 1996 a 1998, era la quinta vez en la historia que una franquicia logra el triplete o más.

Byron Scott tras la final *"Por supuesto que estoy decepcionado, me hubiera gustado que esta serie continuara, pero estoy orgulloso de mis muchachos"*.

Jason Kidd explicaba perfectamente la imposibilidad de ganar a estos Lakers *"Elige tu veneno, o dejas que Shaq te golpee toda la noche, o sufres los golpes de sus compañeros de equipo tan pronto como haces una doble defensa"*.

O`Neal se acuerda del entrenador que les ha llevado a ganar tres anillos de forma consecutiva, Phil Jackson *"Antes era un gran jugador, pero sin anillos. Desde que llegó Phil, tengo tres"*.

El pívot, que lograba su tercer MVP de las finales, proseguía con su explicación *"Dicen que somos un gran equipo y que todo el mundo se ciñó a su papel, todo el mundo se ciñó al guion, todo el mundo creyó. Nadie se vino abajo nunca, incluso, ya sabes, cuando los tiempos se llamaban duros"*.

Phil Jackson ganó su noveno título como entrenador en su novena aparición en las Finales, empatando a la leyenda de los Celtics Red Auerbach en el récord. Después, Jackson encendió un puro, y se rodeó de sus cuatro hijos en una pequeña habitación entre vestuarios *"Es mi creencia y mi experiencia que la tercera victoria en los tres años sucesivos es siempre la más singular y la más difícil de superar. Este año sin duda lo ha sido"*.

Kobe Bryant sobre si algún título es más especial que otro *"Es todo lo mismo, todo lo mismo. El primero lo es, todo es una novedad y sienta bien. La primera siempre será la mejor. La segunda, la adversidad por la que pasamos a lo largo del año la hizo especial. Y este, nos está haciendo entrar como uno de los grandes equipos. Es una gran sensación. Tener una serie de siete partidos contra Sacramento, ir perdiendo 3-2, nos puso a prueba. Hemos respondido. Eso hace que este sea mucho más especial"*.

Los Lakers se marchan abrazados hacia un autobús que los llevaba rumbo a las celebraciones, y la pregunta para Kobe es clara ¿Habrá cuatro? *"Están tramando, están esperando. Estoy seguro de que Sacramento está trabajando ahora mismo. No vamos a bajar la guardia. Vamos a volver el año que viene listos para jugar. Van a intentar quitarnos lo que tenemos y vamos a estar esperándoles"*.

Estadísticas jugador por jugador (* = titulares)

Angeles Lakers
**Derek Fisher – 12.8 puntos, 3.8 asistencias y 3.5 rebotes*
**Kobe Bryant – 26.8 puntos, 5.8 rebotes, 5.3 asistencias y 1.5 recuperaciones*
**Rick Fox – 9.8 puntos, 6.3 rebotes, 3.5 asistencias y 1.5 recuperaciones*
**Robert Horry – 8.0 puntos, 7.3 rebotes, 4.3 asistencias, 2.8 recuperaciones y 1.8 tapones*
**Shaquille O`Neal – 36.3 puntos, 12.3 rebotes, 3.8 asistencias y 2.8 tapones*
Devean George – 6.5 puntos y 4.8 rebotes
Brian Shaw – 3.5 puntos, 2.5 asistencias y 1.8 rebotes
Samaki Walker – 1.0 punto y 2.0 rebotes
Lindsey Hunter – 0.6 puntos en tres encuentros
Stanislav Medvedenko – 1.0 punto en dos encuentros
Mitch Richmond – 2 puntos en el único partido que disputó
Mark Madsen – 0 puntos en el único partido que disputó

Philadelphia 76ers
**Jason Kidd – 20.8 puntos, 9.8 asistencias, 7.3 rebotes y 2.3 recuperaciones*
**Kerry Kittles – 12.5 puntos, 2.5 asistencias, 2.0 rebotes y 1.5 recuperaciones*
**Keith Van Horn – 10.5 puntos, 5.8 rebotes y 2.3 asistencias*
**Kenyon Martin – 22.0 puntos, 6.5 rebotes, 2.5 asistencias, 1.5 recuperaciones y 1.0 tapón*
** Todd MacCulloch – 7.5 puntos, 5.0 rebotes y 1.0 tapón*
Lucious Harris – 7.8 puntos, 2.8 rebotes, 2.0 asistencias y 1.0 recuperación
Richard Jefferson – 6.8 puntos, 4.5 rebotes, 1.3 asistencias y 1.0 recuperación
Jason Collins – 4.3 puntos y 2.5 rebotes
Aaron Williams – 3.5 puntos y 2.3 rebotes
Anthony Johnson – 1.3 puntos
Donny Marshall – 0.0 puntos en dos encuentros
Brian Scalabrine – 0 puntos en el único encuentro que disputó

En la temporada 2002-03, los Lakers se encontraron con un duro desafío desde el principio. La ausencia de Shaquille O'Neal, sometido a una cirugía en el dedo gordo de su pie derecho, dejó al equipo desprovisto de su fuerza dominante en la cancha. Este revés se tradujo en un comienzo desfavorable, con un registro de 3-9 que generó preocupación y dudas en los seguidores del equipo.

La situación parecía sombría, pero la esperanza renació cuando O'Neal regresó a la alineación. Aunque el equipo aún batallaba, su rendimiento mejoró poco a poco. Sin embargo, su 11-19 después de los primeros 30 partidos fue el peor en una década, lo que aumentó la incertidumbre sobre las posibilidades de los Lakers de defender su título de campeones.

A pesar de los obstáculos, el espíritu combativo de los Lakers resurgió. Al llegar al descanso del All-Star, alcanzaron un balance de 24-23, ubicándose en el noveno lugar de la Conferencia Oeste, fuera de la zona de clasificación para los playoffs. El equipo no se rindió y protagonizó una remontada impresionante.

Con un desempeño estelar en los últimos 13 partidos de la temporada regular, los Lakers obtuvieron 11 victorias, lo que los llevó a cerrar la campaña con unas meritorias 50 victorias. Este despliegue de garra y determinación les permitió asegurar el quinto puesto en la Conferencia Oeste, garantizando su presencia en los playoffs.

Aunque la perspectiva de ganar su cuarto anillo consecutivo parecía distante, los Lakers seguían siendo un equipo respetado. La competencia en la Conferencia Oeste era intensa, con equipos como los San Antonio Spurs, los Dallas Mavericks y los Sacramento Kings liderando la lucha. Los Lakers se encontraban a diez victorias de distancia del primer puesto, lo que planteaba un desafío considerable.

En los playoffs, los Lakers enfrentaron dificultades para superar a los Minnesota Timberwolves en una serie que se extendió a seis juegos. En la siguiente ronda, se encontraron con los formidables San Antonio Spurs y, a pesar del esfuerzo del dúo O'Neal y Kobe Bryant, no lograron superar a sus rivales, cayendo nuevamente por 4-2. El dominio que O'Neal solía ejercer sobre los Spurs se vio mermado frente a la imponente pareja de Tim Duncan y David Robinson. Bryant, con un promedio de 32 puntos por partido, hizo todo lo posible por evitar la derrota, pero el destino estaba en su contra.

El sueño de obtener el codiciado cuarto anillo consecutivo se desvaneció rápidamente en los playoffs. De hecho, durante toda la temporada, los Lakers nunca dieron la impresión de tener las piezas necesarias para lograrlo. El campeonato de la temporada 2002-03 fue merecidamente para los San Antonio Spurs, quienes superaron a los New Jersey Nets en las Finales. Aunque los Nets demostraron una vez más su potencial, quedaron nuevamente a las puertas del campeonato, dejando esa sensación de que necesitaban algo más para optar a ganar el campeonato.

Para la temporada 2003/04 los Angeles Lakers intentaron algo que será muy utilizado en el futuro, juntar a cuantas más estrellas mejor para optar al anillo. Los angelinos hicieron importantes adquisiciones al fichar a los agentes libres Karl Malone y Gary Payton, además de volver a contratar al ala-pívot Horace Grant. Estos movimientos fortalecieron significativamente al equipo, catapultándolos como los máximos aspirantes al título de la NBA de la noche a la mañana.

La ciudad de Los Angeles se convirtió en el epicentro del baloncesto, atrayendo todos los focos y la atención mediática. Era comprensible, después de todo, ya que los Lakers reunían bajo un mismo techo a cuatro jugadores de la talla de Gary Payton, Kobe Bryant, Karl Malone y Shaquille O'Neal. Aunque esta constelación de estrellas solo se mantendría por una temporada.

Malone, quien arribó al equipo con 40 años a cuestas y en la etapa final de su exitosa carrera, era consciente de que aquella sería su última oportunidad de luchar por el anhelado campeonato. Por su parte, Payton, aún con tres años más en la NBA por delante y con la habilidad de ganar un anillo con los Heat en el futuro, no logró adaptarse por completo al estilo de juego impuesto por Phil Jackson.

A pesar de las altas expectativas y los nombres resonantes, los engranajes del equipo no lograron encajar con la perfección necesaria. El esfuerzo por encontrar la armonía entre las individualidades se convirtió en un desafío constante. Las luces brillaban intensamente sobre ellos, pero el brillo del éxito conjunto parecía difuminarse en ocasiones.

Pese estas emocionantes incorporaciones y el reconocimiento inmediato como favoritos, los Lakers enfrentaron desafíos significativos al comienzo de la temporada. Durante el receso, el escolta Kobe Bryant se enfrentó a acusaciones extradeportivas en Colorado, lo cual generó una gran atención mediática que se convirtió en una distracción constante para el equipo, además Bryant se vio obligado a ausentarse en algunos partidos debido al juicio. Para colmo la relación entre Bryant y el Shaquille O'Neal por sus problemas de convivencia en el vestuario, alcanzó su punto más álgido, ya que ambos jugadores se criticaban mutuamente en los medios de comunicación. Gary Payton también enfrentó dificultades para adaptarse al sistema ofensivo triangular del entrenador Phil Jackson, mientras que Karl Malone se vio afectado por lesiones que le impidieron jugar durante largos periodos de tiempo.

A pesar de estos obstáculos, los Lakers lograron cerrar la temporada regular con un récord de 56-26, lo que les permitió asegurar el tercer puesto en la Conferencia

Oeste, a solo una victoria de distancia de los Spurs, y a dos del líder de la conferencia, los Timberwolves.

En los ardientes escenarios de los playoffs, los Lakers avanzaron implacables, superando a los Houston Rockets (4-1) en la primera ronda tras un gran duelo en la pintura entre O`Neal y Yao Ming, derrotando a los San Antonio Spurs (4-2) a pesar de perder los dos primeros encuentros, quienes ostentaban el título de campeones, y dominando a los Minnesota Timberwolves (4-2), de Kevin Garnett y Latrell Sprewell, todo ello en un fascinante torbellino de espectáculo deportivo. Estos triunfos aseguraron la vigésima octava participación de la franquicia en las codiciadas Finales de la NBA. De pronto todo parecía posible, las dudas de la fase regular habían desaparecido, y en los playoffs la sinfonía tocaba bien.

Pero en la final la historia fue otra, enfrentándose en la etapa decisiva contra un viejo conocido, los Detroit Pistons, Los Lakers ingresaron al duelo final como claros favoritos pero el parquet dictó sentencia.

Era la tercera vez que estas dos franquicias se encontraban en las Finales de la NBA, después de protagonizar intensas batallas en 1988 y 1989. Pero, para sorpresa de muchos, los Pistons, quienes no partían con el rótulo de favoritos, desplegaron una defensa férrea y un trabajo en equipo impecable.

Los Lakers, con su constelación de estrellas brillantes, se vieron abrumados por la intensidad y la cohesión de los Pistons. A pesar de su poderío y renombre, los Lakers se desmoronaron en cinco encuentros frente a la resistencia de sus oponentes. Los destinos se entrelazaron de manera inesperada y los Pistons, con su fuerza defensiva y su capacidad de unión, se coronaron campeones por tercera vez en la historia de su franquicia.

Tras el final de esa temporada memorable, Phil Jackson, el maestro estratega, y el equipo decidieron mutuamente separarse, poniendo fin a una era dorada de los Lakers. En tanto, Shaquille O'Neal, quien había solicitado un traspaso, fue transferido a los Miami Heat, marcando el cierre de un capítulo lleno de éxitos.

El telón cayó sobre el escenario, y mientras los ecos de la competición resonaban en la memoria de los aficionados, el destino dio un giro inesperado para los Lakers. Los vientos del cambio soplaban fuerte, y la separación entre el equipo y su líder, junto con la partida de una de las estrellas más icónicas, dejaron un vacío que debería ser llenado en las próximas temporadas, ya con Kobe Bryant como único estandarte..

PARKER
9

FINAL 2.004
VUELVEN LOS VIEJOS FANTASMAS, LOS LAKERS CAEN ANTE LOS PISTONS

GAME 1. LOS PISTONS GANAN A SU MANERA EN EL STAPLES

Los Detroit Pistons, considerados por muchos una sorpresa inesperada en el mundo de la NBA, se alzaron con una victoria impresionante al derrotar a los Lakers con una defensa imponente.

Desde el primer instante, los Pistons demostraron un dominio defensivo sobresaliente, logrando contener a todos los jugadores de los Lakers, excepto a Bryant y O'Neal, quienes desafiaron tenazmente su muro infranqueable. A pesar de ello, los demás jugadores de los Lakers solo lograron anotar un total de 16 puntos, mientras que O'Neal destacó con 34 puntos y 11 rebotes.

En el descanso, los Lakers mantenían una ligera ventaja de 41-40 sobre los Pistons, pero en el último cuarto, estos últimos lograron abrir una brecha de 13 puntos, una ventaja que no dejarían escapar en el resto del partido. Con una actuación excepcional en la segunda mitad, los Pistons superaron a los Lakers por un contundente margen de 47 a 34, sellando así una victoria memorable en la tierra de Los Ángeles.

Chauncey Billups, con su determinación persistente, aportó 22 puntos, 4 asistencias y 3 robos cruciales para impulsar a su equipo hacia la gloria.

Fue un duelo épico en el que los Pistons demostraron una tenacidad y un espíritu de lucha sin igual. Su defensa feroz y su capacidad para cerrar filas fueron las claves de su triunfo, silenciando a los críticos y desafiando las expectativas. En esa noche estelar, el brillo de los Pistons iluminó el horizonte de Detroit y envió ondas de asombro a través de todo el mundo del baloncesto.

"Nos mete mucha presión para el próximo partido", dijo O'Neal al final del encuentro. "Salimos demasiado flojos, demasiado displicentes".

Billups estaba en un nube, pero consciente de que la final no había hecho más que empezar "Es increíble, tío, la sensación que tenemos ahora mismo. Pero, ya sabes, no es momento de pensar en eso. Tenemos una larga, larga serie por delante".

Phil Jackson destacó la gran defensa que realizó Prince a Bryant *"A Kobe le costó tirar por encima de Prince. Pensé que, individualmente, fue probablemente uno de los mejores emparejamientos defensivos que tuvieron en toda la noche"*.

Payton terminó con tres puntos y cinco faltas y Malone dos puntos y 10 rebotes. El ala-pívot no estaba para nada contento con su actuación *"Espero más de mi"*.

GAME 2. ESTOS PISTONS VAN EN SERIO, PIERDEN EN LA PRÓRROGA

El segundo encuentro vio a los Lakers tomar una ventaja de 8 puntos al llegar al descanso (44-36). Pero en el tercer cuarto, los Pistons desataron su furia anotadora y recortaron la desventaja a tan solo 2 puntos, con un marcador de 68-66. El momento crucial llegó cuando Lindsay Hunter lanzó un triple que colocó a Detroit al frente, con un marcador de 71-68.

Los Lakers no se dieron por vencidos y se recuperaron rápidamente con una racha de 7 puntos sin respuesta, tomando la delantera a falta de 7 minutos para el final del último cuarto. Cuando restaban 47 segundos para el cierre del partido, Ben Wallace robó el balón y otorgó a los Pistons una ventaja de 6 puntos. En la siguiente jugada, Kobe Bryant erró un intento de triple, pero Shaquille O'Neal estuvo ahí para atrapar el rebote ofensivo y completar la jugada, reduciendo la desventaja a solo 3 puntos.

A falta de 10,9 segundos para el final del periodo, los Pistons mantenían una ventaja de tres puntos. El entrenador Larry Brown deseaba cometer una falta a un jugador de los Lakers, limitando su anotación a solo 2 puntos en lugar de un triple. El desenlace fue electrizante. Con 2,1 segundos restantes en el último cuarto, Kobe Bryant lanzó un tiro de tres puntos que empataría el marcador y llevaría el partido a tiempo extra. En la prórroga, los Pistons solo pudieron anotar una canasta de 2 puntos, en comparación con los 10 puntos de Los Ángeles, al final (91-99).

En el autobús del equipo, de regreso al aeropuerto, Chauncey Billups dirigió sus palabras a los jugadores y entrenadores de los Pistons, diciendo: *"No volveremos a Los Ángeles"*.

GAME 3. LOS ANGELES LAKERS ROZAN EL RIDÍCULO OFENSIVO

El tercer enfrentamiento presenció el arrollador inicio de los Pistons. Salieron con una férrea determinación, desatando una racha impresionante de 10-2. Al llegar al descanso, los Pistons mantenían una ventaja de siete puntos, liderando el encuentro con un marcador de 39-32.

La segunda mitad fue una pesadilla para los angelinos. Los Pistons dejaron una impresión imborrable al vencer por una diferencia de 20 puntos (68-88), y tomando una ventaja de 2-1 en la serie.

Los Lakers, con tan solo 68 puntos anotados, establecieron un triste récord para la franquicia, siendo la menor cantidad de puntos anotados en un partido de playoffs. Tayshaun Prince, junto con la implacable defensa de los Pistons, lograron contener a Kobe Bryant, limitándolo a solo 11 puntos en 4 de 13 tiros de campo, lo que representa un porcentaje de acierto de 30.8%. Bryant incluso se fue sin anotar en la primera mitad del partido, una muestra del dominio defensivo de los Pistons.

Richard Hamilton, con 31 puntos, fue un oasis en un partido ultradefensivo.

Fue una exhibición magistral de los Pistons, con su equipo cohesionado y la maestría de su defensa eclipsando a la estrella de los Lakers. Tayshaun Prince emergió como un guardián inflexible, obstaculizando cada intento de Bryant y demostrando su habilidad para neutralizar a uno de los mejores jugadores del baloncesto. El Palace of Auburn Hills vibraba con la energía de los aficionados de los Pistons, quienes celebraban cada posesión defensiva con una pasión desbordante.

"Tenemos que deshacernos de su pegajosa defensa, tenemos que ser nosotros mismos" declaraba Kobe al final del encuentro.

Billups, auténtico hilo conductor de estos Pistons *"Tenemos muy claro como lograr el campeonato, solo hemos dado un paso, pero sabemos que lo conseguiremos desde la defensa"*.

LAKERS
24

GAME 4. LOS LAKERS SIGUEN SIN VER EL ARO

Los Lakers, con ganas de resarcirse de la humillante derrota del partido anterior, saltaron a la cancha con una energía desbordante y una determinación férrea. Mostraron su capacidad para reponerse cuando más importaba y lograron tomar una estrecha ventaja de 22-21 en el primer cuarto del juego.

No obstante, los Pistons, imbuidos de una confianza envidiable y respaldados por un público ensordecedor en el Palace, estaban listos para librar la batalla y se dirigieron al descanso con una pequeña ventaja de 41-39. La contienda se prolongó a lo largo de los tres cuartos, con cada equipo luchando tenazmente por el dominio en un vaivén constante.

El enfrentamiento épico continuó desplegándose en una montaña rusa de emociones, con 18 cambios de liderazgo antes de que ambos equipos llegaran a los últimos 12 minutos con el marcador igualado en 56-56. El destino de la serie pendía de un hilo, y tanto los Lakers como los Pistons se encontraban ante la oportunidad de asegurar un triunfo crucial.

Fue en ese momento, en el que los Pistons aprovecharon su oportunidad, decididos a dejar a Los Ángeles contra las cuerdas como lo hicieron en el tercer partido. Con maestría, Chauncey Billups surgió como figura clave al encestar dos triples fundamentales, acabando con las esperanzas de remontada de los Lakers. Al final (80-88).

Con el (3-1) todo el mundo ya da por hecho que los Detroit se proclamarían campeones, es lo que dictaba la historia, pero por parte de los Pistons nadie lo daba por hecho.

"No importa cómo lo mires, tienes que ganar cuatro partidos en una serie", decía el entrenador de los Pistons, Larry Brown, que estaba a un paso de conseguir el primer campeonato de la NBA en sus 31 años de carrera.

Prince ofrecía un máximo respeto por el rival *"Todo lo que les digo es que tenemos que seguir intentando jugar de la manera correcta y defender y rebotear y compartir el balón. Ellos tienen un entrenador que ha ganado nueve campeonatos. Tienen a dos de los mejores jugadores del juego, en su mejor momento, así que no podemos dar nada por sentado"*.

Kobe, que anotó 20 tantos, no se da por vencido *"Creo que todo el mundo está un poco deprimido ahora mismo. Lo importante es que tenemos que ganar el próximo partido. Es una serie a un partido. Por cualquier medio necesario tenemos que ganar el próximo partido y seguir a partir de ahí"*.

O'Neal, que terminó la noche con 36 puntos y 20 rebotes, también busca una esperanza *"Muy disgustados, lo dejamos escapar. Sabemos que podemos jugar con este equipo. Llevo mucho tiempo con estos chicos y no se van a quedar de brazos cruzados"*.

GAME 5. LOS PISTONS VUELVE A GANAR UN ANILLO CATORCE AÑOS DESPUÉS

La tensión se palpaba en el ambiente mientras el Palace se convertía en un hervidero de emociones. Un tiro preciso desde las manos de Billups resonó en el aire, desatando la euforia de los aficionados. Y en un abrir y cerrar de ojos, Prince atravesó la cancha con una velocidad arrolladora, deslizándose elegantemente hacia el aro para anotar una bandeja imparable.

Pero fue el majestuoso mate de Ben Wallace lo que provocó el estallido de júbilo más ensordecedor. El Palace estaba en plena celebración, pues los Pistons cerraron el tercer cuarto con una racha impresionante de 10-0, asegurando una ventaja aplastante de 82-59 y ampliándola aún más en el último período hasta alcanzar los 28 puntos.

Los Pistons exhibieron un ataque equilibrado en el partido definitivo, con cada uno de los cinco titulares anotando en dobles dígitos. Richard Hamilton lideró el camino con 21 puntos, mientras que Ben Wallace se erigió como una fuerza dominante con 18 puntos y 22 rebotes, incluyendo 10 rebotes ofensivos que dejaban al descubierto su indomable espíritu competitivo. Fue suficiente para poner fin a la final y desterrar la pesadilla angelina, con un marcador final de 87-100.

Kobe solo pudo alcanzar los 24 puntos, aunque para ello tuvo una serie de 7/21 en lanzamientos, y O`Neal, 20 puntos y 8 rebotes, tampoco brilló demasiado.

Aquella noche, los Pistons fueron el primer y único equipo en alcanzar los 100 puntos en toda la serie. Fue un poderoso testimonio del mantra que los acompañó durante toda la final: su colosal defensa, que se erigió como una barrera infranqueable para los Lakers. Karl Malone, lamentablemente, no pudo disputar ni un solo minuto del partido debido a una lesión, dejó su huella en el juego angelino. Aunque sus estadísticas en la final no fueron destacadas, su presencia fue invaluable, aportando intangibles.

"Nunca dejes de soñar", dijo Chauncey Billups, galardonado como el Jugador Más Valioso de la serie tras promediar 21 puntos con un asombroso 50.9% en tiros de campo y 5.2 asistencias por partido.

"Soy muy afortunado de entrenar a este equipo", afirmó Larry Brown, el entrenador de los Pistons, después del quinto partido *"Juegan el baloncesto adecuado"*.

En el otro bando fue difícil encontrar una declaración, fue algo más que una derrota, era el final de una etapa, y además esta no terminaba en el mejor ambiente posible, más bien, todo lo contrario.

Estadísticas jugador por jugador (* = titulares)

Detroit Pistons
**Chauncey Billups – 21.0 puntos, 5.2 asistencias, 3.2 rebotes y 1.2 recuperaciones*
**Richard Hamilton – 21.4 puntos, 5.2 rebotes y 4.0 asistencias*
**Tayshaun Prince – 10.0 puntos, 6.8 rebotes, 2.0 asistencias y 1.8 recuperaciones*
**Rasheed Wallace – 13.0 puntos, 7.8 rebotes, 1.6 tapones y 1.4 asistencias*
**Ben Wallace – 10.8 puntos, 13.6 rebotes, 1.8 recuperaciones, 1.4 asistencias y 1.0 tapón*
Corliss Williamson – 4.2 puntos y 2.4 rebotes
Lindsey Hunter – 3.6 puntos y 1.4 rebotes
Elden Campbell – 3.4 puntos, 2.6 rebotes, 1.6 asistencias y 1.0 recuperación
Mike James – 0.8 puntos
Mehmet Okur – 2.8 puntos y 1.5 rebotes en cuatro encuentros
Darvin Ham – 0.5 puntos en cuatro encuentros
Darko Milicic – 0.0 puntos en tres encuentros

Angeles Lakers
**Gary Payton – 4.2 puntos, 4.4 asistencias, 3.0 rebotes y 1.2 recuperaciones*
**Kobe Bryant – 22.6 puntos, 4.4 asistencias, 2.8 rebotes y 1.8 recuperaciones*
**Devean George – 5.8 puntos, 2.8 rebotes y 1.0 recuperación*
**Karl Malone – 5.0 puntos, 7.3 rebotes y 2.3 asistencias en cuatro encuentros*
**Shaquille O`Neal – 26.6 puntos, 10.8 rebotes y 1.6 asistencias*
Derek Fisher – 6.4 puntos, 3.0 rebotes, 1.8 asistencias y 1.0 recuperación
Stanislav Medvedenko – 3.6 puntos y 3.6 rebotes
Kareem Rush – 3.6 puntos y 1.0 rebote
Luke Walton – 3.3 puntos, 4.5 asistencias, 3.0 rebotes y 1.5 recuperaciones en cuatro encuentros
Rick Fox – 2.6 puntos, 2.3 asistencias y 1.0 rebote en tres encuentros
Brian Cook – 1.3 puntos y 2.6 rebotes en tres encuentros
Bryon Russell – 0.0 puntos en tres encuentros

LOS EGOS DE KOBE BRYANT Y SHAQUILLE O`NEAL

Ganaron tres anillos, pero nunca se llevaron bien. De haberlo logrado, de haber existido una buena conexión entre ellos, es difícil imaginar sus límites. Los egos de Kobe Bryant y Shaquille O'Neal, dos astros que brillaban con intensidad propia, parecían destinados a chocar en una danza tumultuosa que oscilaba entre el respeto y la discordia.

Phil Jackson comprendía quién era el jugador emblemático, y así lo manifestó en su primera temporada con los Lakers. *"Me reuní con Shaq, Harper y Kobe para anunciar que ese sería el equipo de Shaq y que el ataque se organizaría a través de él. Kobe sería en el futuro, el líder en la cancha, una relación similar a la que en épocas anteriores habían mantenido Kareem y Magic. No obstante, percibí que Kobe aún no estaba listo para ser cocapitán, por lo que asigné esa posición a Ron y le encomendé la función de mentor de Kobe, para que aprendiera a convertirse en un líder. Quería dejarlo todo claro desde el primer momento, para que no hubiese la menor ambigüedad en cuanto a las funciones, sobre todo con Kobe. Sin embargo, no tuvimos ocasión de poner a prueba esa estructura, ya que Kobe se fracturó la mano derecha en el primer partido de la pretemporada y estuvo de baja hasta diciembre"*, narró Jackson.

El pívot tildaba a Kobe como un jugador egoísta, convencido de que con él sería imposible forjar un verdadero equipo. El descontento era tal que, en un momento dado, Shaq solicitó a la franquicia que lo traspasaran. Jackson lo relató así: *"A finales de diciembre, después de un partido contra los Phoenix Suns en el que Kobe anotó 32 puntos, mientras que Shaq apenas consiguió 18, este nos comunicó a Mitch Kupchak, el gerente general, y a mí que deseaba ser traspasado. Kupchak no se tomó en serio su petición, convencido de que Shaq expresaba su frustración por los intentos de Kobe de acaparar el ataque. Así comenzó una contienda abierta entre Shaq y Kobe, una disputa por el liderazgo del equipo"*.

Las cosas, lejos de mejorar, empeoraron con el paso del tiempo. La convivencia entre O'Neal y Kobe se volvió insostenible. "Kobe me comunicó que ya no estaba dispuesto a tolerar las tonterías de Shaq. Lo decía en serio. Shaq comentó que Kobe debía modificar su juego y confiar más en sus compañeros de equipo. Kobe le respondió que debería preocuparse más por su propia posición que por la de él. El culebrón entre Shaq y Kobe alcanzó extremos absurdos. Si Kobe notaba que Shaq se acercaba sigilosamente a un reportero, se negaba a hablar con él y prometía una exclusiva a otro periodista. Si veía que, al finalizar el entrenamiento, el fisioterapeuta vendaba los pies de Kobe, Shaq insistía en que fuera otra persona quien atendiera los suyos. Parecía una historia sin fin", relató Jackson con desaliento.

Consciente de que Michael Jordan era el espejo en el que Kobe Bryant se reflejaba, Phil Jackson ideó un encuentro para expandir la perspectiva del escolta angelino. *"Kobe estaba empeñado en superar a Jordan. Su obsesión por Michael era notoria. El joven no solo dominaba gran parte de las jugadas de Jordan, sino que también adoptaba muchos de sus gestos. Cuando jugamos en Chicago aquella temporada, organicé un encuentro entre las dos estrellas, creyendo que Michael podría contribuir a cambiar la actitud de Kobe y encaminarlo hacia un generoso espíritu de equipo. Tan pronto se estrecharon las manos, las primeras palabras que salieron de la boca de Kobe fueron estas: 'Por si no lo sabes, puedo patearte el trasero... de igual a igual'"*, reveló Jackson, rememorando aquel tenso instante.

Decían cosas el uno sobre el otro, tanto en público como en privado, pero nunca se produjo un enfrentamiento real, salvo en dos o tres ocasiones. Uno de esos momentos se dio cuando Kobe afirmó en una entrevista que Shaq era gordo y vago, pero hubo otro episodio aún más desagradable, ocurrido en 2004. Brian Shaw tuvo que separar a ambos jugadores mientras O'Neal profería amenazas de muerte contra el escolta.

Sin una solución a la vista, Phil Jackson era consciente de que ambas estrellas no podían continuar juntas. Ambos jugadores debían negociar nuevos contratos con los Lakers. Kobe deseaba probar suerte como agente libre en el mercado, mientras que el pívot presionaba a la entidad angelina para extender su contrato por una generosa suma de dinero. La bolsa no era lo suficientemente grande como para satisfacer a ambos y, de paso, intentar retener a Phil Jackson en el banquillo. La tensión fue en aumento, pero ¿a quién traspasar? El entrenador lo tenía claro: a Kobe Bryant. Sin embargo, sus apelaciones resultaron inútiles. Kobe era el consentido del Dr. Buss, lo que hacía improbable su traspaso, aunque eso pusiera en peligro el intento de conseguir otro anillo.

Las profecías de Phil se cumplieron en el verano de 2004. A mediados de julio, los Lakers traspasaron a Shaq a Miami, y dos años después, lideró a su nuevo equipo hacia la conquista del campeonato. Un día después del traspaso de Shaq, los Lakers anunciaron que Kobe había firmado su permanencia en el equipo.

Así, el verano de 2004 marcó el final de un ciclo. Karl Malone y Gary Payton partieron tal como habían llegado, Shaquille O'Neal fue traspasado a los Miami Heat a cambio de Lamar Odom, Caron Butler, Brian Grant y futuras elecciones del draft, y Derek Fisher se marchó para unirse a los Golden State Warriors. Phil Jackson también fue despedido y reemplazado por el exentrenador de los Houston Rockets, Rudy Tomjanovich. Por desgracia, en febrero de 2005, la lucha de Tomjanovich contra el cáncer de vejiga diagnosticado en 2003 lo obligó a renunciar tras un inicio de temporada de 24-19, y fue sustituido por Frank Hamblen, entrenador asistente de Jackson, durante el resto de la temporada.

De aquel año tan funesto en todos los aspectos podemos sacar algo positivo, la llegada de Lamar Odom, un jugador que será importante en los títulos venideros.

Lamar Odom, con su estatura de 2.09 metros, desplegó su talento durante una carrera de 14 temporadas en la NBA, dejando su sello en equipos como los Angeles Clippers, Miami Heat, Los Angeles Lakers (donde jugó siete temporadas) y Dallas Mavericks.

En la cancha, Odom era un jugador polifacético, capaz de deleitar tanto en el aspecto ofensivo como en el defensivo. Su versatilidad le permitía desenvolverse en diversas posiciones, desde el puesto de alero hasta el de ala-pívot. Era un virtuoso del manejo del balón, desafiando las leyes de la física con su agilidad y precisión, mientras su envidiable visión de juego le permitía trazar pases magistrales.

A lo largo de su trayectoria, Odom cosechó logros deslumbrantes, que lo consagraron como uno de los jugadores más destacados de su generación. Con los Los Angeles Lakers, alcanzó la gloria de la NBA en dos ocasiones, en los memorables años 2009 y 2010. Fue distinguido como el Mejor Sexto Hombre de la NBA en la temporada 2010-2011, un galardón que ensalzó su impacto en el juego.

No solo brilló en suelo estadounidense, sino que también defendió los colores de su país con orgullo y maestría. Representando a Estados Unidos en competiciones internacionales, Odom obtuvo la medalla de bronce en los Juegos Olímpicos de Atenas 2004. Además, en el año 2010, se alzó con el oro en el Mundial, donde dejó una imagen dominante en el escenario internacional.

LA RECONSTRUCCIÓN, CON LA GUINDA DE PAU GASOL, PARA VOLVER A LO MÁS ALTO

Los angelinos tenían como misión volver a optar al anillo, y tras el descalabro del 2005, ese verano, volvieron a recuperar a Phil Jackson para la causa. Estaba claro que a Phil le iba la marcha, solo un año antes había declarado que Kobe Bryant era un jugador "al que no se podía entrenar".

Parece que tampoco habia influido de manera determinante el hecho de ser el segundo plato para Los Angeles. El doctor Buss y el gerente general del equipo, Mitch Kupchak, realizaron una oferta a Roy Williams, entrenador de la Universidad de Carolina del Norte, actuales campeones nacionales del baloncesto universitario, que rechazó hasta tres veces el ofrecimiento.

Pero son las cosas del deporte, y al final, el hecho de que su residencia habitual se encuentrase en la ciudad californiana y su relación sentimental con la hija del dueño del equipo influyeron en gran manera en el retorno de Phil Jackson a los Lakers.

Para la pista se hicieron con un pívot novato, que en unos años y a pesar de las lesiones, se convirtió en un jugador destacado, Andrew Bynum.

Andrew Bynum, con sus 2.13, tuvo una carrera en la NBA que abarcó 8 temporadas. Seleccionado en el número 10 de la primera ronda del Draft de la NBA, a sus 18 años se convirtió en el jugador más joven en debutar en la NBA en ese momento. Durante sus primeras temporadas en la liga, mostró un gran potencial y se destacó por su impresionante tamaño y habilidades físicas.

En su tercer año en la NBA, Bynum comenzó a establecerse como uno de los interiores más prometedores de la liga. Demostró ser un jugador dominante en la pintura, con habilidades para bloquear tiros, capturar rebotes y finalizar cerca del aro. Su presencia en defensa fue una gran fortaleza para los Lakers, y su desarrollo ofensivo también mostró signos de mejora.

En la temporada 2007-2008, Bynum estaba teniendo un excelente rendimiento antes de sufrir una lesión en la rodilla que lo dejó fuera de acción por varios meses. A pesar de la lesión, los Lakers decidieron apostar por su potencial y lo mantuvieron en el equipo. Su perseverancia dio sus frutos en la temporada 2008-2009, cuando contribuyó de manera significativa al campeonato de los angelinos.

Bynum a partir de aquí, también lidió con lesiones recurrentes que afectaron su consistencia y desarrollo. A pesar de su talento innegable, su falta de regularidad a causa de sus dolencias, se convirtió en un obstáculo para alcanzar su máximo potencial y tener una carrera más sólida.

Los Lakers, en 2006, conquistaron el tercer escalón de la División Pacífico, emergiendo en los playoffs desde el séptimo puesto en la Conferencia Oeste. Sin embargo, al llegar al crepúsculo de la temporada, su deslumbrante travesía fue truncada en un enfrentamiento titánico frente a los Phoenix Suns en los playoffs, una batalla agotadora que se extendió por siete contiendas. A pesar de haberse adelantado 3-1 en la serie, los Lakers sucumbieron ante el destino implacable que les deparó su eliminación.

Esta temporada se convertiría en el último suspiro en el que el ícono Kobe Bryant luciría orgulloso el número 8 en su camiseta, antes de transmutarlo al 24, un cambio simbólico que marcaría el inicio de una nueva era.

El propio Kobe nos dejó un episodio de grandiosidad, que ha quedado grabada en la memoria colectiva de los fans. Fue un enfrentamiento épico, el 22 de enero de 2006, cuando los Lakers se encontraron en un duelo con los Toronto Raptors. En ese inolvidable capítulo, Kobe Bryant encarnó la esencia misma de la grandeza y desplegó su talento sublime, dejando al mundo estupefacto al anotar un prodigioso total de 81 puntos. Ese hito magistral se erigió como la segunda mayor hazaña en la historia de la NBA, solo eclipsada por los legendarios 100 puntos de Wilt Chamberlain en 1962.

Sin embargo, una vez extinguidas las llamas de la batalla en los playoffs, Bryant se rindió a la necesidad de restaurar su cuerpo maltrecho. En el mes de julio, sometió su rodilla derecha a una delicada artroscopia, con la esperanza de sanar las heridas y renacer como el fénix legendario que siempre había sido.

La temporada 2006/07 envolvía a los Lakers en un aura de transición, como si se encontraran en un estado perpetuo de búsqueda. Era un año que parecía repetir los mismos patrones del pasado reciente. Los angelinos ocuparon el segundo puesto en la División Pacífico, siendo el séptimo cabeza de serie en los playoffs. Aunque el capitán del equipo, Bryant, lideró la liga en anotaciones con un promedio de 31.6 puntos por partido, los Lakers sufrieron una derrota en cinco juegos ante los Suns. Era la segunda temporada consecutiva en la que los Suns ponían fin a los sueños de los Lakers.

A pesar de que la plantilla se había fortalecido con jugadores talentosos como Jordan Farmar, un destacado base seleccionado de la Universidad de UCLA; Vladimir Radmanovic, quien llegó desde los Angeles Clippers; Sasha Vujacic, cuyo papel en la rotación iba en constante crecimiento desde su llegada desde Udine en 2004; y Luke Walton, un novato en el 2003 que vestiría la camiseta angelina durante nueve temporadas en total, parecía que algo faltaba. Si bien se sumaban nombres importantes al equipo, se podía percibir una sensación de carencia, de necesidad de algo más, daba la sensación de que al conjunto le faltaba algo.

La temporada 2007/08 comenzó con una dificultad familiar para los Lakers. Kobe Bryant, siempre exigente consigo mismo y con el equipo, solicitó un traspaso, una situación que no era nueva. Los vecinos, Los Angeles Clippers, eran los más activos en la búsqueda de una fórmula para el intercambio. Los Chicago Bulls también se presentaban como una opción, ya que jugar en el equipo de su ídolo, Michael Jordan, era un atractivo para Bryant. Más tarde, admitiría: "Chicago era mi primera opción". Los Pistons también se mencionaban con fuerza, y los Lakers recibirían a cambio a Hamilton, Prince, futuras selecciones del draft, ¿qué hacer cuando un jugador como Kobe no quiere seguir vistiendo de púrpura?

Al final, la historia dictó que Bryant continuaría en los Lakers, y gran parte de esa decisión recaía en Jerry West. El mítico logo se convirtió en una figura paterna-deportiva para Kobe, siempre dispuesto a darle buenos consejos, a frenar sus impulsos y a ayudarle a tomar decisiones más reflexivas. En definitiva, logró convencerlo de que no se marchara.

En cuanto al parqué, los angelinos recuperaron a Derek Fisher para la causa, y a mediados de la temporada, exactamente el 1 de febrero de 2008, aterrizó Pau Gasol. Sí, era la pieza que faltaba. Fue un movimiento sorprendente, brillante en las oficinas de los Lakers. Mantenían su toque, ese don que habían demostrado a lo largo de su historia para fichar jugadores que parecían inalcanzables para otros equipos. Pau Gasol se convirtió en otro éxito en su historial.

La forma en que los Memphis Grizzlies aceptaron traspasar a Pau Gasol resultaba curiosa. A cambio, recibieron a Kwame Brown (número 1 del draft de 2001), el novato Javaris Crittenton, Aaron McKie, y además, los derechos sobre el hermano de Pau, Marc Gasol, y dos selecciones en las primeras rondas del draft de 2008 y 2010. Pau necesitaba un cambio, estaba cansado de no poder superar la primera ronda de playoffs con los Grizzlies, y los Lakers eran un sueño hecho realidad para él "No podía creerlo, porque mis esperanzas se habían desvanecido por completo después de las decepciones del año pasado. No había escuchado ningún rumor sobre el interés de los Lakers en mí. Estaba impactado. Absolutamente impactado".

Los Grizzlies argumentaron que querían liberarse de la carga salarial, ahorrándose los 50 millones que tendrían que pagar a Pau durante los próximos cuatro años. Como una curiosidad destacable, se incluyó a McKie en el traspaso. Había anunciado su retiro la temporada anterior y estaba trabajando como asistente en Philadelphia. Pero recibió una llamada de Kupchak, el gerente general de los Lakers, con una oferta de 750,000 dólares por jugar en el equipo. Esto era necesario para que el traspaso fuera válido en términos salariales. McKie firmó, fue traspasado horas más tarde... y terminó sin jugar un solo minuto en Memphis. Por eso, los Lakers eran geniales a la hora de realizar fichajes.

"¡Síííííííí!", fue la reacción de Kobe Bryant cuando se enteró del traspaso. Los Lakers eran un buen equipo, con una superestrella y buenos jugadores a su alrededor, pero necesitaban una pieza más de calibre All-Star para aspirar al campeonato. Y esa pieza era Pau Gasol. Juntos, los Lakers llegaron a tres finales consecutivas y ganaron dos anillos de campeón en 2009 y 2010, sellando así una época dorada para el equipo.

Pau Gasol, interior de 2.15, reconocido tanto a nivel nacional como internacional por su talento, habilidad y liderazgo en la cancha.

Gasol inició su carrera profesional en el FC Barcelona, donde mostró su gran potencial como jugador versátil y hábil tanto en el juego interior como en el exterior. Su éxito en Europa llamó la atención de los equipos de la NBA, y en 2001 fue seleccionado en la tercera posición del draft por los Atlanta Hawks, pero fue traspasado de inmediato a los Memphis Grizzlies, donde comenzó su carrera en la liga estadounidense.

En la NBA, Gasol rápidamente se estableció como uno de los mejores jugadores europeos en la historia de la competición. Su juego elegante y su versatilidad le permitieron brillar. Su habilidad para anotar y su inteligencia en la cancha, lo convirtieron en un jugador completo y altamente valorado.

Gasol pasó la mayor parte de su carrera en los Memphis Grizzlies y en los Los Angeles Lakers, donde alcanzó su mayor éxito. Con los Lakers, formó una dupla formidable con Kobe Bryant y juntos llevaron al equipo a tres finales consecutivas de la NBA, ganando el campeonato en 2009 y 2010.

Además de su éxito en la NBA, Gasol ha representado a la selección española de baloncesto en numerosas competiciones internacionales, incluyendo los Juegos Olímpicos. Con España, ganó dos medallas de plata en los Juegos Olímpicos de 2008 y 2012, y fue fundamental en la consecución del título del Campeonato Mundial de Baloncesto de 2006.

El destino tejía hilos de nostalgia y competencia en el 60º aniversario de los Lakers. Una temporada en la que se enfrentaron a una encarnizada lucha jamás vista en la Conferencia Oeste, en la que los angelinos sobresalieron con 57 victorias, coronándose como el equipo más triunfador en esta batalla despiadada.

Para ellos, alcanzar la cima en los playoffs era un destino familiar. Por vigésima novena vez en la historia de la franquicia, reclamaron el codiciado primer puesto. Un cambio trascendental de 15 victorias en comparación con la temporada anterior se desplegó en todo su esplendor, gracias al crecimiento exponencial de sus jugadores suplentes y al trascendental fichaje de Pau Gasol a mitad de temporada. El

11:42
LAKERS
16
JORDAN
6

fervor que despertaban era tal que cada una de las 41 confrontaciones en su feudo agotaba las entradas.

En medio de esta sinfonía de triunfos, un nombre iluminaba el firmamento estelar de la NBA. Kobe Bryant, un titán que había bailado con el balón durante doce temporadas, recibió el aclamado reconocimiento como el Jugador Más Valioso de 2008. Un honor que le fue otorgado por primera vez en su gloriosa trayectoria.

En la contienda de los playoffs, los Lakers defendieron su imperio con autoridad incontestable. Barriendo a los Denver Nuggets en cuatro partidos en la primera ronda. Los Utah Jazz ofrecieron resistencia y combatividad, pero sucumbieron ante la tenacidad y el talento que desplegaba este equipo magistral. Cinco partidos fueron suficientes para derrocar al vigente campeón de la NBA, los San Antonio Spurs, en las finales de conferencia, anunciando su regreso triunfal a las Finales de la NBA después de casi una década.

Las estrellas se alinearon en el firmamento del baloncesto cuando los Lakers y los Boston Celtics, viejos enemigos, chocaron en un enfrentamiento épico. Renovaron una rivalidad histórica que había permanecido dormida durante más de una generación, marcando la primera vez que ambos equipos se encontraban en las Finales de la NBA desde aquel lejano año de 1987. Sin embargo, los Lakers, con corazones aguerridos y miradas determinadas, no pudieron superar la estirpe de los Celtics. En una batalla desgarradora que se extendió a seis encuentros, cayeron derrotados. Un abismo insalvable se forjó en el sexto partido, dejando un sabor amargo de derrota. Los Celtics dominaron con una contundencia aplastante, dejando un abrumador marcador de 92-131. Muchos se preguntarán que hubiese pasado si los angelinos no tuvieran lesionado a su cinco titular, Andrew Bynum, pero la historia dicta que era la novena vez que los Lakers sufrían la derrota ante los Celtics en las Finales de la NBA, escribiendo otro capítulo de dolor en la crónica de sus encuentros.

FINAL 2.008
LOS CELTICS LO VUELVEN A HACER DOS DÉCADAS DESPUÉS

GAME 1. LA IDA Y VUELTA DE PAUL PIERCE

A lo largo de los años, la NBA ha sido testigo de un constante y ascendente crecimiento en su popularidad. En el año 1987, las finales eran transmitidas en vivo únicamente en 28 países, pero en el año 2008, esa cifra se elevó a más de 200 naciones. ¿Podríamos soñar con algo más sobresaliente en el ámbito de los medios y los deportes que una final épica entre los Lakers y los Celtics? Rotundamente no. Si tuviéramos que resumir el Juego 1 con una sola palabra, sería "La Verdad", el apodo del Paul Pierce. Durante el tercer cuarto, Pierce causó una inquietud en su equipo y en los aficionados al sufrir una lesión, siendo llevado por sus compañeros mientras su rodilla parecía ceder. La expresión de tristeza en el rostro de Doc Rivers hablaba por sí sola.

Pierce afirmó haber sentido un chasquido en su rodilla, quedando inmovilizado. Naturalmente, muchos daban por sentado que los Lakers se alzarían con el campeonato. Sin embargo, el capitán del equipo verde regresó al terreno de juego corriendo como si nada hubiese sucedido, desatando un estallido de emociones en el TD Garden. Los aficionados corearon el nombre de Willis Reed, haciendo alusión al célebre Juego 7 del pívot de los Knicks en 1970. Kevin Garnett levantó el puño en el aire y exclamó un rotundo "¡SÍ!". En ese preciso instante, los Lakers lideraban en el marcador, pero apenas 22 segundos después, se vieron superados debido a una falta de Paul Pierce y a dos triples consecutivos que estremecieron el pabellón. El impulso cambió de bando y Boston comenzó a percibir el dulce aroma de la victoria.

A pesar de las adversidades que enfrentaba Kobe Bryant (9/26 en tiros de campo), los Lakers soportaron el sobresalto y se acercaron a tan solo seis puntos de diferencia faltando dos minutos para la culminación. Con la posesión del balón, Boston intentó un triple fallido por parte de James Posey, pero Garnett emergió y efectuó una espectacular volcada llena de rabia. Boston se adjudicó el primer partido gracias a su defensa diabólica sobre Kobe Bryant y a los tiros disputados tanto dentro como fuera del campo.

Pau Gasol se vio arrollado por la efervescente energía de Kevin Garnett, y también hubo una valiosa contribución por parte de Ray Allen (19 puntos) y Sam Cassell desde el banquillo. El héroe de la noche no era otro que Paul Pierce, cuya "lesión" siempre dejará dudas acerca de lo que realmente aconteció. Algunos lo tachan de una actuación, pero Pierce no tiene relación alguna con tal artificio. Su equipo salió victorioso (88-98) y él es el principal artífice de este triunfo.

Es posible que los Lakers estén lamentando no haber aprovechado la oportunidad de tomar la delantera cuando Paul Pierce abandonó el partido.

Doc Rivers relató su temor por una lesión de gravedad en Paul Pierce *"Sentí lo peor. Cuando los muchachos lo cargaron desde el suelo hasta el vestuario, temí por su rodilla"*.

Paul Pierce no quiso entrar en más detalles que *"Pasaron muchas cosas por mi cabeza, pero no podía terminar así"*.

Kobe no entró a valorar esa situación *"Solo Pierce lo sabe, sus sensaciones,... solo sé que no hemos estado acertados, hay mucho que mejorar"*.

GAME 2. LOS CELTICS GANAN CON SUSTO FINAL INCLUIDO

A lo largo de su trayectoria como entrenador, Phil Jackson nunca antes se había enfrentado a la adversidad de una desventaja de 0-2 en una final. Aunque el primer cuarto prometía un partido reñido, con Pau Gasol buscando venganza y Kevin Garnett manteniéndose en vilo, el resultado definitivo resultó ser una exhibición de los Celtics.

Paul Pierce se mostró endiabladamente brillante, anotando 28 puntos de manera impecable, incluyendo un perfecto 4 de 4 en triples. Kevin Garnett, a pesar del gran trabajo sobre él de Pau Gasol, se proclamó como dominante en defensa y rebotes, capturando 14 balones. Ray Allen resurgió con todo su esplendor y Rajon Rondo deslumbró con su genialidad, repartiendo 16 asistencias. Sin embargo, más allá de los jugadores titulares, fue el banquillo el que marcó la diferencia en esta ocasión. Desde el veterano PJ Brown hasta el incansable James Posey, e incluso la sorpresa de la noche, Leon Powe, los suplentes dejaron todo en la cancha.

El desconocido, o casi desconocido, jugador interior protagonizó el partido de su vida: anotó 21 puntos, con tres mates espectaculares, provocó numerosas faltas y recibió ensordecedores aplausos de la fervorosa afición de Boston, que clamaba por más mientras entonaba el cántico de "¡Le..on Powe!", al más puro estilo "Beat LA". Los Lakers se encontraban en serias dificultades, 22 puntos abajo al comienzo del último cuarto. Faltando ocho minutos para el pitido final, Boston lideraba con autoridad, 95-71.

En los minutos siguientes los Celtics se relajaron en gran medida y los californianos no desaprovecharon la oportunidad de llevar a cabo una asombrosa remontada. ¡A falta de 38 segundos, los Lakers estaban a tan solo dos puntos de distancia! Sin embargo, Paul Pierce y James Posey se encargaron de frustrar las esperanzas de Los Ángeles en los últimos segundos. Fue una racha fantástica en la que los púrpura y dorado anotaron la abrumadora cantidad de 41 puntos contra una de las mejores defensas de la NBA. Quizás, con tan solo dos minutos más, habríamos sido testigos de uno de las remontadas más memorables. Kobe Bryant finalizó el encuentro con treinta puntos y, sobre todo, una inmensa frustración. A los Celtics les fue bien, (102-108), pero no sin un gran susto, mientras Derek Fisher advertía que su equipo regresaría a la serie con el juego de este último cuarto.

Phil Jackson se mostró muy enfadado con los árbitros, los tiros libres tuvieron la culpa, 38 lanzados por los verdes, 10 por ellos, la diferencia era palpable *"Nun-*

ca he visto un partido así en todos estos años que he estado las Finales", dijo un hombre que estaba en sus 11ª Finales *"Increíble. Me llama mucho la atención que Leon Powe tire más faltas que todo nuestro equipo en 14 minutos de juego. "Eso es ridículo"*.

Doc Rivers, en el otro banquillo, daba otro punto de vista en el asunto de los tiros libres *"Jugamos mucho desde la pintura, y por eso lanzamos 38 tiros libres"*. Kobe Bryant se mostraba, por el momento, tranquilo *"No es el fin del mundo. Hemos llegado demasiado lejos como para preocuparnos por un 2-0 en contra. Vamos a ir a casa y a ocuparnos de nuestros asuntos"*.

GAME 3. LOS LAKERS, YA EN EL STAPLES, GANAN DESDE EL HORMIGÓN

En el fragor de la contienda más defensiva de la serie, sentimos la tensión palpable en cada instante. Los Lakers se encuentran acorralados, enfrentando una inminente derrota que los dejaría en una situación desesperada, mientras Boston se aferra al sueño de una ventaja de 3-0. Los Celtics sofocan por completo la ofensiva de sus rivales (con un pobre 35% de efectividad), salvo por los destellos de Ray Allen, cuya habilidad brilló con 23 puntos. El talento de Paul Pierce, hasta ahora imponente, se desvaneció en una nube de incertidumbre (2 de 14 en tiros), mientras Kevin Garnett lucha por encontrar su puntería (6 de 21).

Incluso Pau Gasol, cuya influencia se esperaba como un faro en la oscuridad, naufragó en la marea del juego. Kobe, siempre enérgico y voraz, se erigió como el líder lógico para los angelinos, anotando 36 puntos, llevando el peso de su equipo sobre sus hombros, acompañado sorprendentemente por Sasha Vujacic, cuyos 20 puntos deslumbraron a todos los presentes. En esta encrucijada, presenciamos un choque poco estético pero dotado de una ferocidad física destacable.

En medio del combate, Eddie House, emergiendo como un reemplazo imprevisto tras la lesión de Rajon Rondo, irrumpió en la cancha con una versión incendiaria. Su destreza se manifestó en dos canastas consecutivas, otorgando la anhelada ventaja a los Celtics en el tercer cuarto. Los Lakers, empujados contra la pared, debieron reunir sus fuerzas y desatar una gran arremetida en el último cuarto para arrebatar la victoria por un ajustado 87-81.

Si bien una victoria siempre es motivo de celebración, esta no destella la ansiada tranquilidad para el futuro. En esta batalla encendida, los Lakers también se beneficiaron de decisiones arbitrales que les favorecieron, inclinando la balanza a su favor y otorgándoles preciosos puntos desde la línea de tiros libres.

Paradójicamente, Boston, en el partido previo, había sido el destinatario de ese trato preferencial. No obstante, seguimos esperando que los fieles escuderos de Kobe, como Derek Fisher, Lamar Odom y el propio Pau Gasol, despierten de su letargo y ofrezcan su máximo esfuerzo en los próximos enfrentamientos.

Kobe Bryant arenga a los aficionados y a sus compañeros después de estrenar el casillero de victorias *"En los Angeles la historia será diferente. Igualamos su dureza, busque mis tiros para poder anotar"*.

Garnett también ejercía de líder desde el otro bando *"No van a ganar todos en su cancha. Esperaremos nuestro momento. Llegará"*.

Pau Gasol hablaba sobre lo clave que serían los jugadores de banquillo *"va a ser una parte clave en la eliminatoria"*. Y que para él tendría que ser una baza para ellos ya que *"su banquillo tiene más experiencia que el nuestro, pero el nuestro tiene mucho talento y potencial, va a ser una parte clave"*.

Sobre lo que sentía al enfrentarse noche tras noche a Kevin Garnett en una final de la NBA *"Es muy intenso, tengo que emplearme a fondo para poder ser efectivo contra él tanto en ataque como en defensa. Una final no se juega todos los años y a veces nunca en la vida, así es que hay que aprovecharla al máximo"*.

GAME 4. LOS CELTICS CONSIGUEN "LA" VICTORIA EN SUELO AJENO

Los angelinos comienzan arrollando, con Lamar Odom despertando finalmente y dejando su marca en el primer cuarto con seis aciertos consecutivos. Los Lakers dominaron por completo la primera mitad, con una ventaja de 18 puntos al descanso (llegando a +24 en la mitad del segundo cuarto), y curiosamente, sin un solo punto anotado por parte de Kobe.

La temprana salida de Kevin Garnett de la cancha, debido a su segunda falta pitada, dejó a Boston sin su mejor defensor, y los Lakers aprovecharon esta situación en su favor.

Al regresar del vestuario, la tendencia no muestra signos de cambio, y la diferencia aumenta hasta los veinte puntos, con poco más de seis minutos por jugar en este tercer cuarto. A partir de aquí la situación cambió para los locales. Llegaba la hora de que los verdes pusieran las cosas en su lugar. En poco más de cinco minutos, ocurre un frenesí absoluto con un impresionante parcial de 21-3 a favor de Boston. Eddie House se convierte en el catalizador de esta fiesta al anotar una canasta de gran valor, acercándose a un déficit de 15 puntos.

James Posey y Ray Allen suman cuatro puntos más en rápidas transiciones, Paul Pierce completa un 2+1, y House anota un triple desde la distancia. Dos lanzamientos de "Jesus" y un mate de PJ Brown, ¡y nos encontramos a solo dos puntos al final del tercer cuarto! Odom ha desaparecido, Kobe Bryant se encuentra atrapado en sus malos hábitos anotando solo 19 puntos con solo 6 canastas en juego, Sasha Vujacic olvidó su precisión del partido anterior y el banquillo de los Lakers se muestra catastrófico.

A pesar de todo, el equipo se mantuvo firme hasta que Eddie House intervino y puso a Boston por delante a falta de cuatro minutos para el final. El banquillo de los Celtics se levanta, mientras el público queda atónito. Hasta ahora poco visible en ataque, James Posey resulta determinante al encestar un triple justo antes del último minuto, otorgando a su equipo una ventaja de cinco puntos. El Capitán Pierce sella la victoria desde la línea de tiros libres. ¡Boston, con 97-91, triunfa en algo más que un encuentro. Era el resultado que dejaba la final prácticamente sellada para los verdes con un (3-1) en la serie.

Paul Pierce no quiere lanzar las campanas al vuelo *"Es una gran victoria, el tipo de juego que guardas en tu biblioteca de videos y sacas un día para tus hijos. No quiero explotar de alegría. Mi objetivo es ganar el próximo partido aquí. Ahí, podré respirar"*.

Kobe Bryant se mostró bastante frustrado por la asfixiante defensa recibida *"Estaban decididos a no dejarme jugar con triples defensas o incluso con cuatro jugadores tan pronto como tocara la pelota"*.

Phil Jackson intentaba encontrar el motivo de la derrota *"Algo cambió repentinamente durante el partido, el aire se había vuelto irrespirable. Dicho esto, no ha terminado, la serie no ha terminado"*.

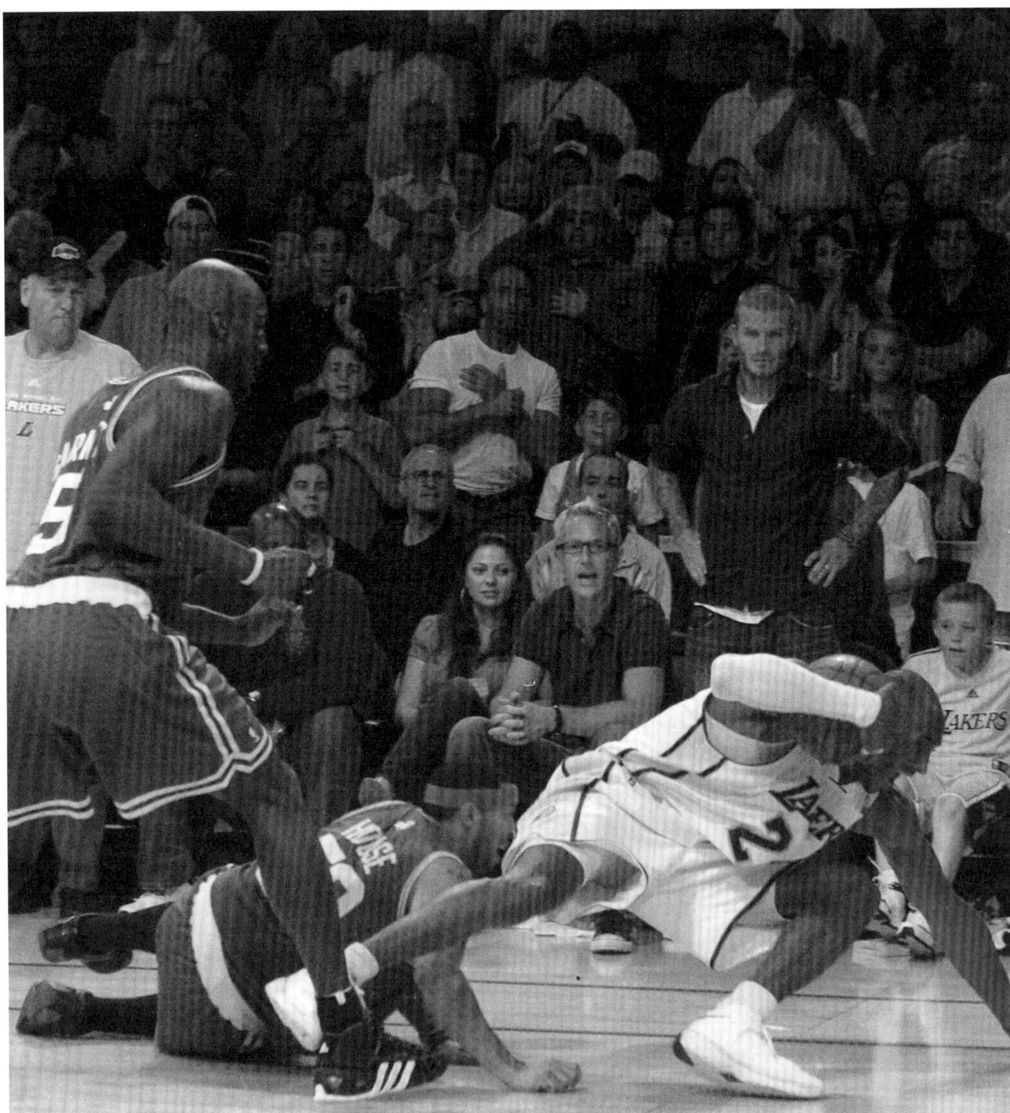

GAME 5. LOS LAKERS NO PERMITEN QUE CELTICS GANEN EL CAMPEONATO EN EL STAPLES

Ningún equipo por aquel entonces, había logrado remontar una desventaja de 3-1 en una final, por lo que los Lakers solo pensaban en mejorar su imagen, en no darse por vencidos, aprovechando el quinto partido para demostrarse así mismos que podían hacerlo mejor. Los angelinos irrumpen con una furia desatada, liderados por el resplandor de Kobe Bryant, quien anota 15 puntos en un solo cuarto, acumulando un total de 39 antes de que el segundo acto se finalice en la cancha. Una brecha sólida de casi veinte puntos, se abría entre ellos al descanso.

Pero Boston, como una fiera herida, no tarda en levantarse y recuperar terreno. Impulsado por el coraje de Paul Pierce, quien se abre paso hasta la línea de tiros libres en diecinueve ocasiones a lo largo del encuentro. Rajon Rondo, pese a su lugar en el quinteto inicial, se ve limitado en tiempo de juego debido a una lesión sufrida en el tercer encuentro, solo unos efímeros quince minutos, a lo que sus sustitutos Eddie House y Sam Cassell asumen la carga ofensiva, dejando a un lado las tareas de organización.

Los Celtics, en su empecinamiento, logran arrebatar el liderato en el marcador tras un titánico esfuerzo. Pero su ventaja es como una llama fugaz que se desvanece en la oscuridad. Los Lakers, acostumbrados a terceros cuartos desastrosos en anteriores batallas, encuentran en esta ocasión el reverso de la moneda, remontando las dificultades, a lo que Boston responde con majestuosidad. El último minuto del partido se cierne sobre la cancha, y son los angelinos quienes se mantuvieron al frente, con una escueta ventaja de 97-95. El balón reposa en las manos de Paul Pierce.

La presión se vuelve palpable, el público, conteniendo el aliento, aguarda el desenlace. Y entonces, en un giro del destino, Kobe Bryant se interpone entre los sueños de Boston. ¿Fue falta o no? Las voces se alzan en un clamor ensordecedor cuando la superestrella de los Lakers, como una centella, arrebata el balón de las manos de Pierce y emprende un vuelo inigualable hacia la canasta, hundiéndola con fiereza y clavando la estocada final, (98-103).

El ambiente se relaja, aunque solo sea levemente. El locutor de los Lakers, con su voz resonante, proclama con convicción: *"¡Aún no ha terminado!"*. En la pantalla gigante, el lema "No en nuestra casa" destella con orgullo. Kobe, quien había irrumpido con una fuerza arrolladora, ve como cada vez le cuesta más superar los ajustes defensivos orquestados por Doc Rivers, soportando las defensas de dos o incluso tres jugadores encima de él. Por lo que los angelinos tuvieron que tirar de sus interiores Lamar Odom y Pau Gasol. Ambos aprovechan la necesidad para exhibirse, Odom se alza con 20 puntos y 11 rebotes, mientras que Pau Gasol suma 19 puntos y 13 rebotes. Boston, en un giro cruel del destino, desaprovecha una oportunidad dorada para sentenciar.

Pierce, que estuvo demasiado solo esta noche por parte bostoniana, anota 38 puntos, mientras Garnett intenta destacar en la pintura con 13 puntos y 14 rebotes, y Ray Allen contribuye con 16 puntos. Sin el milagroso desenlace del Juego 4, los Celtics estarían ahora en desventaja, con el marcador en su contra, 3-2. Los Lakers, en cambio, encaran su desafío más arduo: ganar al menos un partido en el feudo de Boston para forzar el Juego 7. Los Celtics, señores indomables en su propio hogar, han conquistado la victoria en 47 de los 54 encuentros disputados entre temporada regular y playoffs. ¿Complicado, dices?

"No queríamos que estallara el champán", dijo Lamar Odom.

"Sigue forzando los partidos", dijo Jackson. *"No penséis en nada más allá de esta próxima oportunidad el martes de volver a jugar contra este equipo"*.

"Bueno, queríamos volver a casa, pero no queríamos jugar, ¿me entiendes?" dijo Rivers *"Por eso la temporada regular es tan importante. Tenemos el Juego 6 en casa, y ese no es un mal lugar para estar"*.

GAME 6. LOS CELTICS MASACRAN SIN COMPASIÓN

La Masacre del Día de los Caídos II, en honor a aquel inolvidable Juego 1 de las finales de 1985. Fue una contundente exhibición, un prodigioso despliegue de habilidades y un dominio sin piedad. Los Celtics deleitaron al público con una muestra de baloncesto que dejó a todos asombrados. Aunque el primer cuarto transcurrió con equilibrio (24-20 a favor de Boston), pronto los Celtics desataron su genialidad y el ambiente se llenó de magia. Se adueñaron de los tableros con autoridad, registrando un abrumador 48-29 en rebotes, incluyendo 14 capturas ofensivas.

Además, duplicaron las asistencias (33-16), lograron 18 robos de balón de los 19 errores cometidos por los Lakers y su cuarteto estelar irradió intensidad, impartiendo una lección maestra en el duelo. Paul Pierce, aunque no destacó en el apartado ofensivo, a diferencia de su rival Kobe, mostró su maestría en la distribución con 10 asistencias de alta calidad. Rajon Rondo, quien había pasado desapercibido en Los Ángeles, resurgió de manera encantadoramente torpe (8 de 20 en tiros de campo), pero omnipresente, dejando una hoja de estadísticas impecable: 21 puntos, 7 rebotes, 8 asistencias y 6 robos. Ray Allen, quien hasta ese momento había realizado un trabajo sobrio sin destacar, se encendió y desató un bombardeo de siete triples desde la larga distancia.

Mientras tanto, Kevin Garnett, en su actuación más destacada en la final, defendió ferozmente a Gasol como un lobo en busca de su presa, liderando con 26 puntos y 14 rebotes. El broche de oro lo puso con un soberbio tiro de campo y una falta para un valioso 2+1. El resultado final, (92-131), fue desolador para los Lakers: una diferencia aplastante de 39 puntos, un récord en cuanto al margen en un partido por el título, incluso superando la actuación de los propios Celtics en la final de 1965 contra... los Lakers.

El ego de Kobe y Phil Jackson sufrió un duro golpe, sin lugar a dudas. La actuación de Kobe en la final fue olvidable, a excepción de su destacada exhibición en el Juego 3 y su crucial intercepción sobre Pierce en el Juego 5. Sus compañeros, en general, lucieron torpes, carentes de inspiración, tímidos y retraídos. La defensa implacable de Boston los sofocó por completo. Su regreso a la final se convirtió en un amargo fracaso. Pau Gasol, supuesta arma letal número dos, batalló con dificultades para escapar de las garras de Garnett y también se mostró desconcertado en los sistemas ofensivos.

Lamar Odom solo tuvo dos buenos partidos... El resto del equipo es preferible no mencionarlo. La ausencia de Andrew Bynum se hizo sentir de manera abrumadora. Después de 22 años desde el formidable equipo de 1986, Boston añadió un nuevo estandarte a su glorioso legado: el número 17. Doc Rivers, tan criticado antes de que comenzara la temporada, recibió un refrescante baño de Gatorade en la espalda por parte de Pierce, en señal de reconocimiento y admiración. Garnett corrió jubiloso hacia el centro de la cancha, depositando besos sobre el logo del equipo que representaba su pasión.

En ese instante, Rivers aprovechó el momento para encender un cigarro en honor a Red Auerbach, legendario entrenador fallecido dos años atrás. Paul Pierce fue proclamado como el Jugador Más Valioso de la final, mientras KG, con lágrimas en los ojos, se abrazó a Bill Russell, emblema viviente de la grandeza celtic. Y en un instante eterno, concluyó con su ya famosa frase: "*¡Todo es posible!*".

Bryant habló con frases cortas y entrecortadas tras la final, con una frustración evidente en sus palabras y en su postura "*Estoy disgustado más que nada. Pero estoy orgulloso de cómo hemos jugado todo el año. Estoy orgulloso de mis chicos. Al mismo tiempo, entiendo que el segundo puesto sólo significa que eres el primer perdedor*".

Kobe seguía explicando "*Creo que si vamos a aprender algo de esta serie, es que no podemos esperar ganar un campeonato centrándonos en el aspecto ofensivo. También tenemos que ser capaces de sujetar a la gente*".

Jackson, ya con todo decidido resumió "*Sufrimos lesiones y sobrevivimos una temporada y reconstruimos nuestro equipo y volvimos y tuvimos una gran racha de playoffs hasta que los Celtics fueron capaces de extinguir esa esperanza. Pero miraremos atrás favorablemente. Nos sorprendió estar aquí, y nos alegramos de haber tenido una oportunidad, pero siempre que tienes esta oportunidad, no quieres dejarla escapar, y lo hicimos*".

Final 2.008 – Los Celtics lo vuelven a hacer dos décadas después

Estadísticas jugador por jugador (* = titulares)

Boston Celtics
**Rajon Rondo – 9.3 puntos, 6.7 asistencias, 3.8 rebotes y 1.5 recuperaciones*
**Ray Allen – 20.3 puntos, 5.0 rebotes, 2.5 asistencias y 1.3 recuperaciones*
**Paul Pierce – 21.8 puntos, 6.3 rebotes, 4.5 rebotes y 1.2 recuperaciones*
**Kevin Garnett – 18.2 puntos, 13.0 rebotes, 3.0 asistencias, 1.7 recuperaciones y 1.0 tapón*
**Kendrick Perkins – 4.0 puntos, 3.6 rebotes y 1.0 tapón en cinco encuentros*
James Posey – 8.7 puntos, 3.8 rebotes y 1.3 recuperaciones
Leon Powe – 6.2 puntos y 3.2 rebotes
PJ Brown – 4.0 puntos y 3.2 rebotes
Sam Cassell – 3.8 puntos y 1.2 asistencias en cinco encuentros
Eddie House – 8.0 puntos, 2.5 rebotes y 2.5 asistencias en cuatro encuentros
Tony Allen – 2.6 puntos en tres encuentros
Glen Davis – 3 puntos y 4 rebotes en el encuentro que disputó

Angeles Lakers
**Derek Fisher – 10.8 puntos, 3.2 asistencias, 1.5 rebotes y 1.5 recuperaciones*
**Kobe Bryant – 25.7 puntos, 5.0 asistencias, 4.7 rebotes y 2.7 recuperaciones*
**Vladimir Radmanovic – 7.3 puntos, 4.8 rebotes y 1.3 asistencias*
**Lamar Odom – 13.5 puntos, 9.0 rebotes, 3.0 asistencias y 1.0 tapón*
**Pau Gasol – 14.7 puntos, 10.2 rebotes y 3.3 asistencias*
Sasha Vujacic – 8.3 puntos y 2.0 rebotes
Jordan Farmar – 7.0 puntos, 1.8 rebotes y 1.3 asistencias
Luke Walton – 2.5 puntos, 1.2 asistencias y 1.0 rebote
Ronny Turiaf – 1.8 puntos
Trevor Ariza – 2.6 puntos y 1.8 rebotes en cinco encuentros
Chris Mihm – 0 puntos en el único encuentro que disputó

KOBE SE SACA LA ESPINA DE PODER GANAR ANILLOS SIN SHAQ

Kobe se saca la espina de poder ganar anillos sin Shaq

La temporada 2008-09 fue un punto de inflexión para los Angeles Lakers. Tras la amarga derrota sufrida ante los Celtics el año anterior en las Finales, el equipo californiano se encontraba en busca de la redención. Kobe Bryant y Pau Gasol, una dupla decidida a dar ese salto definitivo al campeonato, lideraron la cruzada.

El verano brindó una oportunidad para prepararse, fortalecerse y alimentar el fuego interior que ardía en el corazón de Kobe. El inicio de la temporada regular fue simplemente arrollador, con un impresionante registro de 17 victorias y tan solo 2 derrotas. Era un preludio perfecto para lo que estaba por venir, un preludio casi perfecto antes del All-Star.

Al finalizar la temporada, los Lakers ascendieron victoriosos con un total de 65 triunfos, asegurando el primer puesto en la Conferencia Oeste. Este logro no solo igualaba al equipo de la temporada 1986-87 en cuanto al número de victorias, sino que también superaba en ocho victorias el récord obtenido en la temporada anterior. El destino parecía señalar a Kobe Bryant. Con el número 24 emblazonado en su espalda, el MVP de las Finales fue el premio que coronó su carrera por primera vez. Promediando asombrosas cifras de 32.4 puntos, 5.6 rebotes y 7.4 asistencias por partido, Kobe lideró a los Lakers hacia la gloria. Este era su cuarto anillo, y llevaba la carga de las derrotas pasadas, especialmente aquella dolorosa caída en las Finales del 2003-04 ante los Detroit Pistons. La experiencia adquirida a lo largo de cinco finales era su poderoso aliado.

Por otro lado, Pau Gasol, el leal compañero y socio de la "mamba negra", llegaba a los Lakers después de haber tenido temporadas destacadas con los Grizzlies. Sin embargo, sabía que su verdadero lugar en la historia de los Los Angeles solo se aseguraría ganando el campeonato de la NBA. El equipo y sus apasionados aficionados no se conformaban con menos, ya que Los Angeles Lakers son una franquicia que aspira siempre a lo máximo, empatada en gloria con los míticos Boston Celtics. Aunque los Playoffs no fueron un camino sencillo, los Lakers lucharon y fueron sorteando los obstáculos en su búsqueda del título. En la primera ronda, se encontraron una vez más con los Utah Jazz, un rival conocido y aguerrido. Aunque los resultados pueden parecer contundentes con un 4-1 a favor, todas las series fueron batallas reñidas. En los momentos cruciales, Kobe sobresalía con su genialidad, promediando 27.4 puntos, Pau contribuyendo con 18.3 y Lamar Odom con 17.8, el dúo angelino fue demasiado para los Jazz.

Luego llegaron los Houston Rockets, un equipo que generaba cierto temor en California. En las Semifinales de Conferencia, los Lakers se encontraron con un escenario inmejorable, ya que los Rockets no contaban con sus dos estrellas princi-

LAKERS
24

pales, Yao Ming y Tracy McGrady, ambos lesionados. Sin embargo, Houston sorprendió al ganar el primer partido de la serie. Pero Kobe, decidido a no repetir la historia, desplegó su arsenal en el segundo partido y anotó 40 puntos para igualar la eliminatoria.

La serie se prolongó hasta el séptimo partido, en el que los Lakers finalmente lograron la victoria por un contundente marcador de 89-70. De haber ocurrido lo contrario, un terremoto de proporciones inimaginables habría sacudido Los Angeles.

En las Finales de Conferencia, los Lakers se enfrentaron a los Denver Nuggets, liderados por Carmelo Anthony. Era un duelo épico entre los dos máximos anotadores de la liga. El primer partido no defraudó, con 39 puntos de Carmelo y 40 de Kobe. La serie prometía ser larga y emocionante.

En el segundo partido, los Nuggets se llevaron la victoria con un destacado Chauncey Billups. El tercer encuentro fue una batalla encarnizada, repleta de faltas duras y enfrentamientos intensos. Trevor Ariza brilló con su actuación, pero fueron los 41 puntos de Kobe los que dejaron a todos sin aliento al término del partido. Todo parecía indicar que la serie se extendería al séptimo juego, pero sorprendentemente, los Nuggets fueron aplastados en su propia cancha por 92-119.

Con un promedio de 34 puntos para Bryant y 27.5 para Anthony, el duelo ofensivo se inclinó a favor de los angelinos. La contribución de Gasol y Odom fue un factor decisivo para el éxito del equipo y su avance hacia las Finales de la NBA.

El último obstáculo en el camino de los Los Angeles Lakers hacia la gloria eran los sorprendentes Orlando Magic, liderados por el defensor del año, Dwight Howard. Los Magic habían eliminado a los campeones Celtics y a los Cavaliers de LeBron James en su hoja de ruta a las Finales. Pero ahora se le cruzaba un jugador hambriento de anillos, Kobe Bryant.

En el primer partido de las Finales, Kobe completó su mejor actuación en estas instancias, anotando 40 puntos y sumando 8 rebotes y 8 asistencias. La Black Mamba se hizo presente en toda su magnitud. Aunque los Magic igualaron en el tiempo reglamentario, fue el famoso pick and roll entre Kobe y Pau, con un simple gesto de cabeza de este último, el que sentenció la prórroga y el partido.

De vuelta en Florida, los Magic lograron anular a Kobe en el último cuarto y se llevaron un tercer partido muy disputado. Sin embargo, en el cuarto encuentro, el eterno capitán Derek Fisher emergió para salvar a los Lakers. Finalmente, en el quinto partido, se consumó la redención. Kobe Bryant ganó su primer anillo sin Shaq, Pau Gasol se convirtió en una leyenda del baloncesto español y Phil Jackson añadió otro campeonato a su exitosa carrera como entrenador.

FINAL 2.009
LOS MAGIC NO ENCUENTRAN ARGUMENTOS PARA SUPERAR A LOS ANGELINOS

GAME 1. DE INICIO RESULTADO CLARO PARA LOS LAKERS

Bajo el encanto de un primer cuarto equilibrado, los Magic emergieron victoriosos, impulsados por los destellos brillantes de Jameer Nelson en los lanzamientos y las asistencias. El base, que regresaba al terreno de juego tras sufrir una lesión en el hombro durante la temporada regular, deleitó a los espectadores con su destreza. A pesar de que los Lakers se encontraban en desventaja, con un marcador de 33-28 y faltando 8 minutos y 38 segundos para el final del segundo cuarto, un repentino estallido de energía los catapultó hacia la cima, sin volver la mirada atrás.

En el tercer cuarto, los Lakers continuaron su dominio imparable, tejiendo una intrincada tela de araña para su rival, con una racha de 25-10. En el centro de esta vorágine competitiva se encontraba Kobe Bryant, cuyo juego voraz avivó las llamas de la esperanza en su equipo. De forma magistral, Bryant culminó el encuentro con un impactante recital de 40 puntos, 8 rebotes y 8 asistencias. Pau Gasol le secundó con 16 puntos y 8 rebotes.

La victoria de los Lakers fue una proeza indiscutible, con un margen de 25 puntos (75-100), marcó el sexto triunfo más abrumador en el primer partido de las Finales de la NBA.

En medio de la deslumbrante actuación de los Lakers, el desempeño de Dwight Howard se vio ensombrecido por la impecable defensa que enfrentó. El jugador estrella apenas consiguió un pobre 1-6 en los tiros de campo, registrando así su peor actuación en los playoffs en cuanto a lanzamientos.

A pesar de ello, Howard no se rindió y logró acumular 12 puntos, principalmente desde la línea de tiros libres, donde encontró un respiro momentáneo. Mientras tanto, Orlando luchó por encontrar su toque certero, su precisión en los tiros de campo se desvaneció, registrando un desalentador 29,9% (23/77), el segundo porcentaje más bajo en la historia de las Finales de la NBA.

Lamar Odom habló sobre Bryant al final del encuentro *"Ofensivamente, estuvo increíble. Defensivamente también. Cuando está en forma, es uno de los mejores jugadores de todos los tiempos. No hay nada que no pueda hacer".*

Van Gundy, entrenador de los Magic, no estaba para nada contento con el partido *"Después del primer cuarto, nos dominaron totalmente en ambos lados de la cancha y en los tableros. No hubo nada que me gustara. ¿Qué tenía que gustarme?. Sé esto: Somos mucho mejores de lo que mostramos. Volveremos el domingo, creo, y nos esforzaremos mucho más y jugaremos mucho mejor al baloncesto".*

Gran parte del éxito de los Lakers fue apagar en ataque a Howard, Phil Jackson *"No consiguió mates, y eso es una gran parte de su juego"*.

Bryant se encargó de enfriar el animo a todo el que le rodeaba para seguir trabajando *"No hemos encontrado nada. Es un partido. No es para tanto"*.

GAME 2. LOS MAGIC REACCIONAN PARA PERDER EN LA PRÓRROGA

El inicio del enfrentamiento se caracterizó por un ritmo pausado, con ambos equipos empatados a 15 puntos al término del primer cuarto, marcando así un nuevo récord, por lo bajo, de anotación combinada para ese periodo en un partido de las Finales de la NBA. En el segundo cuarto, los Lakers intensificaron su juego, mientras Rashard Lewis se mantuvo como líder para el equipo de Florida, anotando 18 de los 20 puntos de su equipo en ese cuarto, incluyendo una racha final de 16 puntos. Esta actuación destacada no solo estableció un nuevo récord personal para Lewis en los playoffs, sino también un hito para la franquicia en las Finales, con un total de 34 puntos en el partido. Con esta exhibición, Orlando logró superar a los Lakers en el tercer cuarto.

Cuando el marcador estaba empatado en 84 puntos, el omnipresente Lewis se elevó para anotar un lanzamiento vital a falta de 1 minuto y 32 segundos, otorgando a los visitantes una estrecha ventaja de 2 puntos. No obstante, la respuesta no se hizo esperar y fue Kobe Bryant quien respondió con un lanzamiento para igualar el partido. Con tan solo 47 segundos restantes, Hedo Türkoğlu lanzó un tiro que en un principio se consideró de tres puntos, pero la repetición reveló que su pie había pisado la línea, dejando la diferencia para los Magic en dos tantos. Con 33 segundos en el reloj, Dwight Howard logró desviar, aunque no robar, un pase de Derek Fisher, y Pau Gasol volvió a igualar el partido a 88 puntos con una precisa bandeja.

En la siguiente posesión de Orlando los Lakers desplegaron una férrea defensa que llevó a Courtney Lee a fallar una incómoda bandeja a falta de 10,5 segundos. Con la oportunidad de obtener una ventaja de 2-0 en la serie, Kobe Bryant se encontró bloqueado en un intento de salto por Türkoğlu, quien se apoderó del balón y solicitó un valioso tiempo muerto cuando restaban escasos 0,6 segundos. Tras otro tiempo muerto, Türkoğlu realizó un pase a media cancha hacia Courtney Lee, quien había quedado libre tras un bloqueo sobre su defensor. Pero Lee se precipitó y lanzó su bandeja desde una posición comprometida detrás del tablero, condenándola al fallo.

Final 2.009 – Los Magic no encuentran argumentos para superar a los angelinos

Con los Lakers liderando por 1 punto en el tiempo extra y apenas 1 minuto y 55 segundos en el reloj, Derek Fisher logró interceptar un pase de JJ Redick y recibió una falta en la siguiente jugada rápida, aprovechando así la oportunidad de sumar dos puntos desde la línea de tiros libres. Después de que los Magic no lograran convertir en su siguiente intento, Kobe Bryant realizó una asistencia crucial hacia Pau Gasol (24 puntos y 10 rebotes), quien ejecutó una precisa bandeja y recibió una falta, otorgando a los Lakers una ventaja de 6 puntos y sellando la victoria definitiva (96-101).

Una nueva victoria, pero Kobe Bryant es exigente *"¿De qué hay que alegrarse?. El trabajo no ha terminado. ¿Ha terminado el trabajo? Creo que no"*.

Van Gundy se lamentaba de no haber aprovechado la oportunidad de ganar *"He visto girar series. Ahora mismo es extremadamente frustrante no haberlo conseguido. Tuvimos oportunidades de ganar"*.

Phil Jackson tuvo palabras para todos sus jugadores, en especial a dos *"Fuimos capaces de encontrar a otros chicos que hicieron cosas por nosotros. Lamar tuvo un partido excepcional. Pau estuvo ahí de nuevo, como es habitual en él. Tuvimos a otros chicos que contribuyeron a medida que avanzábamos"*.

GAME 3. LOS MAGIC SE LLEVAN EL PARTIDO DE LA HONRA

Los Magic emergieron con ímpetu en el tercer encuentro. Con una precisión milimétrica, su puntería alcanzó un deslumbrante 63% en tiros de campo. Este prodigioso despliegue incluyó un insólito 75% de acierto durante el primer cuarto, un compendio de maestría difícil de ver en la historia de las Finales. No obstante, a pesar de este torrencial vendaval de aciertos, los Lakers se mantuvieron inquebrantables, acortando distancias en cada parpadeo del marcador. El destino del enfrentamiento fue sellado por una intervención divina en los instantes postreros del último periodo: el hurto magistral de Mickaël Piétrus a Kobe Bryant.

Esta victoria, por (104-108), dotada de un carácter trascendental, marca un capítulo inaugural en el legado de los Magic. Tras tropezar en sus seis primeras incursiones en las Finales (donde la derrota se erigió como su cruel compañera), finalmente hallaron la senda de triunfo.

Los Lakers ya habían visto algo así antes en su historia, cuando los Chicago Bulls encestaron un 61,7% contra ellos en el segundo partido de las Finales de 1991, una marca que ahora es la segunda mejor de la historia de las Finales.

Aunque los Lakers continúan liderando la serie por 2-1, las señales de agotamiento parecían evidentes en Kobe Bryant, quien encestó 11 de 25 tiros de campo y solo 5 de 10 tiros libres, sumando un total de 31 puntos. A pesar de haber acertado ocho de sus primeros 11 intentos, su rendimiento se desvaneció notoriamente después de anotar un triple en los primeros minutos del segundo cuarto.

Con el tiempo agotado, Bryant inclinó la cabeza y fijó su mirada en la cancha mientras se encaminaba hacia los vestuarios. Justo detrás de él, Pau Gasol (quien aportó 23 puntos) también salió con un gesto de frustración, negando con la cabeza en señal de desaprobación.

"Perdimos este partido en el aspecto defensivo. Este no es un equipo fácil", explicaba Kobe.

"Nada estuvo mal", dijo Trevor Ariza. *"Simplemente estaban haciendo tiros. Estaban encestando tiros difíciles y jugaron muy bien en la primera mitad"*.

Odom subía la moral de los suyos *"Estás hablando con un grupo confiado. Jugamos todo para ganar este año y vamos a perder algunos. Esta noche, nos superaron durante un largo periodo de tiempo. Si el partido hubiera tenido dos minutos más en el reloj, podría haber ido para cualquier lado"*.

En el otro bando Lewis se sentía genial con su primera victoria y por hacerlo delante de su afición *"Es bueno para la franquicia conseguir la primera victoria en las*

Finales de la NBA, pero seguimos perdiendo 2-1. Estamos emocionados por estar en casa, por jugar en casa. Creemos que nuestro público nos da energía extra".

GAME 4. DE NUEVO UN TIEMPO EXTRA ES FATAL PARA LOS MAGIC

Después de conseguir la primera victoria en la historia de su franquicia en un partido de las Finales de la NBA, los Magic tomaron rápidamente la delantera en el primer cuarto. Sin embargo, Kobe Bryant mantuvo a los Lakers en el juego, anotando 13 de los 20 puntos del equipo en ese tramo del encuentro. Dwight Howard tuvo un gran desempeño en el primer cuarto, con 11 rebotes y 4 tapones. Además, atrajo numerosas faltas, poniendo en problemas de faltas a Andrew Bynum, Pau Gasol y Lamar Odom, lo que obligó al entrenador de los Lakers, Phil Jackson, a utilizar a Josh Powell y D.J. Mbenga temprano en el partido. Los Magic lograron aumentar la ventaja a 12 puntos al llegar al descanso.

Los Lakers salieron agresivos tras el descanso y superaron a los Magic por 30-14 en el tercer cuarto, abanderados por Trevor Ariza, quien anotó 13 puntos, incluyendo dos triples. A pesar de estar seis puntos abajo al comienzo del último acto, los Magic tomaron una ventaja de 76-75 a mitad del cuarto, pero no pudieron ampliarla debido a los malos lanzamientos de tiros libres, especialmente por parte de Hedo Türkoğlu y Dwight Howard.

A 3 minutos del final y con el partido empatado 79-79, Howard convirtió un tiro de tres puntos y puso a los Magic al frente 82-79. En la siguiente posesión de los Lakers, los Magic jugaron una buena defensa, pero Trevor Ariza logró encestar un triple justo cuando sonaba la bocina de la posesión para empatar el partido a 82. Después de que Hedo Türkoğlu anotara un tiro de tres puntos, Howard bloqueó un lanzamiento de Gasol, estableciendo un récord de bloqueos en un solo partido de las Finales de la NBA con 9 tapones. En el banquillo, para presenciarlo, estaba un antiguo poseedor del récord, su entrenador asistente Patrick Ewing, quien logró 8 tapones en el Juego 5 de las Finales de 1994 con los New York Knicks. Türkoğlu anotó otro lanzamiento con 1:34 por jugar para dar a los Magic una ventaja de cinco puntos.

Con un marcador de 87-82 a favor de los Magic y 31 segundos restantes, Kobe Bryant giró en la pintura y pasó el balón a Gasol, quien realizó una clavada para reducir la ventaja a tres puntos. En la siguiente posesión de los Magic, Howard fue objeto de una falta por parte de Bryant a falta de 11 segundos. Necesitando solo un tiro libre para convertir el partido en una ventaja de dos posesiones, Howard falló ambos lanzamientos.

Después del tiempo muerto, los Lakers decidieron sacar el balón desde tres cuartos de cancha en lugar de medio campo para abrir más el espacio en la cancha. Los Magic hicieron una doble marca a Bryant en el campo defensivo, lo que le permitió pasar el balón a Ariza, quien a su vez lo pasó a Derek Fisher en el lado derecho. Después de fallar sus primeros cinco intentos de triple en el partido, Fisher se posicionó y anotó un crucial lanzamiento de tres puntos sobre Jameer Nelson para empatar el partido en 87 con 4.6 segundos restantes. En la última posesión del tiempo reglamentario, Mickaël Piétrus falló su lejano tiro.

La sesión de tiempo extra comenzó con un triple de Rashard Lewis y dos lanzamientos disputados de Kobe Bryant, lo que le dio a los Lakers una ventaja de 91-90. Con 1:27 por jugar en la prórroga, Howard acertó uno de dos tiros libres para empatar el partido en 91. En la siguiente posesión, los Lakers fallaron una bandeja y un lanzamiento, pero recuperaron el balón con un rebote ofensivo de Ariza y una falta por balón suelto de Jameer Nelson. Con 31 segundos restantes, Kobe Bryant pasó el balón después de ser doblemente marcado, con la controversia de una falta no sancionada luego de que Jameer Nelson recibiera un codazo de Kobe, y Fisher encestó un triple para darle a los Lakers una ventaja de 94-91.

Después de un tiempo muerto, Türkoğlu lanzó apresuradamente un tiro de tres puntos y falló. Rashard Lewis recuperó el rebote y lanzó el balón hacia el centro de la cancha, pero fue Pau Gasol quien lo atrapó y corrió sin obstáculos para realizar un mate, dándole a los Lakers la ventaja definitiva. En la siguiente posesión, los Magic fallaron otro lanzamiento, el balón rebotó hacia Fisher, quien se lo pasó a Ariza y luego a Gasol para otro mate del catalán. Pietrus golpeó con fuerza a Gasol en la acción, lo que resultó en una falta técnica para Gasol y una falta flagrante tipo 1 para Pietrus. Fue el fin para los Magic, (99-91), y la puntilla para la final (3-1) para los angelinos.

Al finalizar el partido, sonó "Don't Look Back in Anger" de Oasis en todo el Amway Arena.

Fisher fue fundamental para la victoria, con lanzamientos en momentos clave *"ser quizá, el número 100, 101 o algo así en mi lista de tiros ganadores. Está en lo más alto. Incluso mayor que el del 0,4* (recordando otro de sus tiros importantes en el pasado) *porque siento que estamos lo más cerca posible de lo que es nuestro objetivo".*

"Tienes que decirte a ti mismo, tienes que tratar de aferrarte a la emoción tanto como puedas y simplemente prepararte", dijo Bryant ya con el anillo ocupando su mente. "Prepárate, prepárate, prepárate y prepárate para salir". Sobre su compañero Fisher "Así es Derek. Simplemente tiene una confianza suprema".

Howard, 16 puntos, 21 rebotes y un récord final de nueve tapones, pero sus tiros libres fallados en los segundos finales costaron la derrota *"No podemos bajar la cabeza. Seguimos creyendo"*.

GAME 5. MÁXIMA GLORIA PARA KOBE BRYANT Y PAU GASOL

Enfrentándose a la posibilidad de que los Lakers coronaran un campeonato en su propio territorio, los Magic iniciaron el partido con determinación, liderando con una ventaja de hasta 9 puntos en el primer cuarto. Los cinco jugadores titulares contribuyeron tanto en anotaciones como en asistencias durante ese periodo, pero los Lakers lograron reducir la diferencia a tan solo dos puntos al finalizar el primer cuarto.

Con el marcador a favor de los Magic por 40-36 y 7 minutos y 11 segundos por jugar en el segundo cuarto, los Lakers desataron una racha impresionante de 16 puntos consecutivos, gracias a dos triples y una destacada defensa encabezada por Trevor Ariza. Durante ese lapso, los Lakers llegaron a disfrutar de una ventaja de 12 puntos en el segundo cuarto, y al llegar al medio tiempo, el marcador reflejaba 56-46.

Al regresar al juego tras el descanso, Orlando redujo la desventaja a solo 5 puntos con 7 minutos y 45 segundos restantes en el tercer cuarto, gracias a un triple de Rafer Alston. Sin embargo, Lamar Odom respondió de inmediato con dos triples consecutivos para ampliar la ventaja de los Lakers a dos dígitos. Los Ángeles llegaron a liderar por 18 puntos en la mitad del partido y mantuvieron una ventaja de 15 puntos al finalizar el tercer acto.

En el último cuarto, los Magic intentaron una remontada y lograron reducir la desventaja a solo 12 puntos, pero cuando sonó la bocina final (99-86), los Lakers celebraron su decimoquinto título en medio de la euforia y la alegría.

Tras la conclusión del partido, el comisionado de la NBA, David Stern, entregó a los Lakers el codiciado Trofeo de Campeones Larry O'Brien y le dio a Kobe Bryant el prestigioso Trofeo al Jugador Más Valioso de las Finales de la NBA, durante una ceremonia emocionante en el centro de la cancha del Amway Arena.

Siete años después de su último campeonato, cinco años después de una serie de humillantes derrotas en Detroit, y 362 días después de un inútil esfuerzo en las Finales contra Boston, los Lakers estaban de vuelta, a lo grande. Kobe lo había logrado al lado de Pau Gasol, Kobe volvía a reinar.

El escolta, aún sin digerir la victoria mira hacia adelante *"Se acabó. Cuando llegue la próxima temporada, partiremos de aquí. Estaremos listos para volver a trabajar, eso seguro"*.

"Estuve malhumorado un tiempo" continuó, *"Ahora estoy extasiado, como un niño en una tienda de caramelos"*.

Para Phil Jackson no era un campeonato cualquiera, ya que con este anillo superaba al mítico Auerbach *"Es un logro notable. Creo que siempre he dicho esto antes que el viaje es importante. Este equipo no ha sido una excepción"*.

Final 2.009 – Los Magic no encuentran argumentos para superar a los angelinos

Estadísticas jugador por jugador (* = titulares)

Angeles Lakers

**Derek Fisher – 11.0 puntos, 3.0 rebotes, 1.8 asistencias y 1.2 recuperaciones*
**Kobe Bryant – 32.4 puntos, 7.4 asistencias, 5.6 rebotes, 1.4 recuperaciones y 1.4 tapones*
**Trevor Ariza – 11.0 puntos, 6.0 rebotes, 1.8 recuperaciones y 1.6 asistencias*
**Pau Gasol – 18.6 puntos, 9.2 rebotes, 2.2 asistencias y 1.8 tapones*
**Andrew Bynum – 6.0 puntos y 4.2 rebotes*
Lamar Odom – 13.4 puntos, 7.8 rebotes, 1.0 recuperación y 1.0 tapón
Luke Walton – 3.8 puntos, 2.0 rebotes y 1.0 asistencias
Jordan Farmar – 3.4 puntos y 1.2 rebotes
Sasha Vujacic – 0.0 puntos
Shannon Brown – 0.0 puntos en tres encuentros
DJ Mbenga – 0.0 puntos en tres encuentros
Josh Powell – 2.5 puntos y 2.0 rebotes en dos encuentros

Orlando Magic

**Rafer Alston – 10.6 puntos, 3.0 asistencias y 2.2 rebotes*
**Courtney Lee – 5.8 puntos y 1.4 rebotes*
**Rashard Lewis – 17.4 puntos, 7.6 rebotes y 4.0 asistencias*
** Hedo Türkoğlu – 18.0 puntos, 4.6 rebotes y 3.8 asistencias*
**Dwight Howard – 15.4 puntos, 15.2 rebotes, 4.0 tapones, 2.2 asistencias y 1.6 recuperaciones*
Mickaël Piétrus – 10.6 puntos y 2.0 rebotes
JJ Redick – 5.5 puntos y 2.0 asistencias en cuatro encuentros
Jameer Nelson – 3.8 puntos, 2.8 asistencias y 1.4 rebotes
Marcin Gortat – 3.2 puntos, 2.6 rebotes y 1.0 tapón
Tony Battie – 2.0 puntos

La franquicia angelina se aseguró de mantener intacto el núcleo de su plantilla para la temporada 2009-10. Aunque Trevor Ariza dejó el equipo para unirse a los Houston Rockets, su lugar fue ocupado por Ron Artest. El alero firmó un contrato por la Mid Level Exception para unirse a Kobe Bryant y Lamar Odom, ya que ambos jugadores también renovaron sus contratos.

Con estas adiciones, Los Angeles Lakers se convirtió en el equipo más caro de la liga. Aprovecharon al máximo esta inversión, terminando en el primer lugar del Oeste al concluir la temporada regular con un récord de 57 victorias y 25 derrotas. Esto les garantizó la ventaja como local en todos los playoffs.

Por otro lado, los Boston Celtics continuaron su buen momento al terminar en segundo lugar en la Conferencia Este, justo detrás de los Cleveland Cavaliers de LeBron James. Dirigidos por Doc Rivers, los Celtics lograron un récord de 50 victorias. Todo el mundo quería ver un nuevo duelo Lakers vs. Celtics. Kobe Bryant más que nadie.

Los Ángeles Lakers comenzaron los playoffs con una victoria por 4 a 2 sobre el Oklahoma City Thunder de Kevin Durant, James Harden y Russell Westbrook. Durant, quien había sido elegido como el Jugador Más Valioso de la competición, demostró su valía al superar los 30 puntos en el tercer y cuarto enfrentamiento en Oklahoma City. Sin embargo, el equipo púrpura y oro se consolidó en sus partidos en casa y ganó el sexto partido como visitante, asegurando el pase.

Los Lakers se enfrentaron en segunda ronda a los Utah Jazz, un equipo con jugadores destacados como Deron Williams y Andrei Kirilenko, además de contar con el experimentado entrenador Jerry Sloan. A pesar de esto, el equipo de Hollywood mostró su superioridad y barrió la serie 4 a 0.

En las Finales de Conferencia, el equipo californiano se enfrentó a los Phoenix Suns. Los Suns tenían los recursos necesarios para competir en la serie, liderados por Steve Nash y Amar'e Stoudemire. Sin embargo, los Lakers repitieron la fórmula exitosa utilizada contra los Thunder. Ganaron los tres partidos en el Staples Center y se llevaron el sexto juego en casa de los Suns, asegurando la serie por 4 a 2. Así, los Lakers lograron su tercer título consecutivo de la conferencia y avanzaron a las Finales.

Kobe Bryant tuvo un rendimiento sobresaliente en las Finales del Oeste, promediando 33.7 puntos, 7.2 rebotes y 8.3 asistencias. Además, Pau Gasol demostró su talento en el juego interior con un promedio de 19.7 puntos, 7.2 rebotes y 3.7 asistencias. Ron Artest también tuvo intervenciones clave, incluyendo un tiro ganador en el quinto partido.

Final 2.010. Ganar a los Celtics siempre sabe mejor para un Laker

El rival de los Lakers en las Finales fue una vez más los Boston Celtics. El equipo de Massachusetts llegó a esta instancia luego de eliminar a Miami Heat (4-1), Cleveland Cavaliers (4-2) y Orlando Magic (4-2). Esto permitió que las dos franquicias más exitosas de la NBA se enfrentaran nuevamente en la lucha por el anillo.

Los Lakers comenzaron la serie ganando el primer partido por 102 a 89 en casa. Los Celtics respondieron con una victoria en el segundo partido por 103 a 94 en el Staples Center, liderados por Ray Allen. Allen estableció un récord de ocho triples en unas Finales, que fue superado por Stephen Curry en 2018 con nueve.

La serie se trasladó al TD Garden, donde los Lakers necesitaban una victoria para compensar la derrota en casa. Lo lograron al ganar el tercer partido por 91 a 84. Los verdes reaccionaron y ganaron los dos siguientes partidos en casa (96 a 89 en el cuarto y 92 a 86 en el quinto), tomando una ventaja de 3 a 2 en la serie.

Los angelinos tenían el desafío de recuperar su fortaleza jugando ante su público. Esa era su única solución para revertir la situación, y el equipo púrpura y oro respondió bajo presión. Ganaron el sexto partido por 89 a 67 y lograron una remontada dramática en el séptimo encuentro con un ajustado marcador de 83 a 79.

En el juego decisivo, los Celtics estuvieron al frente durante tres de los cuatro cuartos. Pero en el último tramo del partido Kobe Bryant ofreció un espectáculo sobresaliente y lideró a los californianos hacia el bicampeonato, anotando 15 de sus 23 puntos en los últimos 12 minutos. Ron Artest también contribuyó con un triple crucial que ayudó a los Lakers a tomar la delantera en el marcador.

Bryant recibió el premio al Jugador Más Valioso de las Finales por segunda vez en su carrera, promediando 28.6 puntos, ocho rebotes y 3.9 asistencias por partido. Expresó que este título fue el más satisfactorio de su carrera y bromeó diciendo: *"Tener un anillo más que Shaquille O'Neal es muy especial para mí, para ser honesto. Estar empatado con Magic significa que podré cenar con él"*.

Los Ángeles Lakers sumaron su 16º título alrededor de su escudo con esta victoria en 2010, al mismo tiempo que se tomaron revancha contra su archienemigo..

FINAL 2.010
GANAR A LOS CELTICS SIEMPRE SABE MEJOR PARA UN LAKER

GAME 1. CUANDO PHIL GOLPEA PRIMERO GANA SIEMPRE

Ambas escuadras irrumpieron con fuerza en un juego equilibrado que se mantuvo durante la mayor parte del primer cuarto, hasta que un impulso de Los Angeles de 7-2, inspirado por los suplentes Jordan Farmar y Shannon Brown puso fin a ese periodo.

Boston, por su parte, se alzó nuevamente con ímpetu en el segundo cuarto. No obstante, Los Angeles consiguió ampliar su ventaja a 50-41 al término de la primera mitad, gracias a otro avance liderado por Ron Artest y Pau Gasol.

En el tercero no fue diferente, ya que Los Angeles igualó casi todos los intentos de Boston por regresar al juego. Para cerrar dicho periodo, Los Angeles llevó a cabo un parcial de 15-4, otorgándose así una ventaja de 20 puntos al adentrarse en el último acto.

Aunque los Celtics intentaron reponerse con Nate Robinson y el Jugador Más Valioso de las Finales de 2008, Paul Pierce, nunca lograron acercarse a menos de 11 puntos. El partido culminó con un certero triple de Kobe Bryant a escasos 3.6 segundos del final (89-102), asegurando su décimo partido con más de 30 puntos en los últimos 11 encuentros.

Boston fue superado por Los Angeles en casi todas las categorías estadísticas, destacando especialmente en rebotes (31-42) y puntos obtenidos en segundas oportunidades (0-16). Gran parte del desempeño de los Celtics provino de Kevin Garnett, quien culminó con 16 puntos (en 16 intentos) y 2 rebotes. Ray Allen, por otro lado, se vio limitado por problemas de faltas y finalizó con 12 puntos.

Phil Jackson llevaba un 47-0 en eliminatorias de playoffs cuando gana el primer partido de una serie, y en el global de la historia de la NBA, más del 75% de las veces, quien gana el primer partido gana la serie, lo cual es un poco normal, quien juega el primer partido, y además en casa, y lo gana, tiene el séptimo y definitivo también en su feudo, así que las cosas empezaban muy bien para los angelinos.

Jackson, a pesar de la demoledora estadística, es cauto, *"Ojalá me sintiera así de confiado. Tenemos que jugarlo. ... Tenemos mucho trabajo por delante. ... Pero en última instancia es importante, pero luego el próximo partido se convierte en el más importante. Pero el primer partido marca la acción y eso es importante"*.

Doc Rivers, entrenador de los verdes, ya pensaba en el segundo partido *"No controlamos el juego en absoluto. Les dijimos antes del partido que la clave del partido era el rebote y la penetración del regate y no conseguimos ninguna de las dos cosas. Pero, es solucionable"*, además alabar el juego sufrido por parte de Pau Gasol *"Gasol fue más agresivo. Nos atacó. Pensé que era el mejor jugador en la cancha. Tiró cuando debía tirar. Si escuchó durante dos años lo que no podía hacer. . . demostró mucho esta noche"*.

GAME 2. LOS CELTICS ARRANCAN UNA VICTORIA EN LOS ANGELES CON UN RAY ALLEN DE RÉCORD

Al comienzo del segundo encuentro, Boston emergió con una energía constante, desplegando un juego decidido. Los Ángeles permanecieron inquebrantables en su defensa, y gracias a los nueve puntos magistrales de Pau Gasol en ese cuarto, lograron reducir la considerable ventaja de Boston a tan solo siete puntos al cierre del primer período.

En el segundo cuarto, Ray Allen encendió los corazones verdes al ejecutar con maestría cinco triples, fallando únicamente uno, sumados así a los dos conseguidos en el primer cuarto. Esta impresionante exhibición ofensiva propulsó a Boston y les otorgó una sólida ventaja de 14 puntos.

Sin embargo, en respuesta, Kobe Bryant y su equipo desataron una veloz embestida de 7-0 hacia el final de la primera mitad, recortando la diferencia de Boston a 54-48. Los contratiempos de las faltas plagaron a los jugadores de ambos conjuntos, muchos de ellos acumulando tres infracciones al llegar al merecido descanso.

Los Lakers prosiguieron su ataque incisivo y lograron arrebatar la delantera con un 57-56 al comienzo del tercer cuarto. Ambos equipos se enfrentaron con determinación en un pulso enconado, lo que condujo al empate 72-72 al ingresar al último periodo.

Fue en ese último cuarto donde los Celtics se alzaron con supremacía, y los diez puntos anotados por Rajon Rondo en ese lapso resultaron fundamentales, (103-94) para nivelar la serie 1-1. Rondo dejó una marca imborrable al registrar un triple-doble asombroso, con 19 puntos, 12 rebotes y 10 asistencias, mientras que Allen encestó 8 de 11 triples, estableciendo así un récord memorable en las Finales de la NBA.

Doc Rives alabó la labor de sus jugadores, no era para menos, sobre Allen *"Allen me hace mejor entrenador. Es un perfeccionista. Los dos últimos días hizo un millón de tiros y no es casualidad porque los grandes tiradores son grandes tiradores. Es increíble que tuviéramos un jugador que anotó 27 puntos en la primera parte y sólo ganáramos de seis. Va a ser ese tipo de serie"* y sobre Rondo *"Esta noche ha estado increíble. Hizo el gran tiro. Hizo muchas cosas. Los tiros bloqueados, los robos. Es nuestro quarterback"*.

Phil Jackson coincidía con su colega *"Los rebotes ofensivos de Rondo marcaron la diferencia en la segunda parte. En la primera parte fue el tiro de Ray. Pero Rondo tuvo algunas jugadas clave que cambiaron el curso del partido"*.

Jackson también destacó los problemas de personales de Kobe como una gran dificultad *"No estaba contento con esas faltas. Intentó jugar agresivamente y le pitaron eso. Cambió la complejidad del partido", sin perder de vista el gran partido de sus hombres altos, Pau terminó como máximo anotador, con 25, y Bynum 21 "Nuestros hombres grandes jugaron muy bien, Bynum y Gasol, pero no les hicimos llegar el balón lo suficiente"*.

Phil matiza finalmente *"Es un golpe para nosotros perder el factor campo. Pero lo anticipamos y seguiremos a partir de ahí"*.

GAME 3. LOS LAKERS ASALTAN EL TD GARDEN NADA MÁS LLEGAR

La contienda se inició con la enérgica actuación de Kevin Garnett, quien anotó los seis primeros puntos para los Celtics, otorgándoles una sólida ventaja de 6-0. Los Lakers, liderados por la maestría de Kobe Bryant y la habilidad de Pau Gasol en los tiros libres, desataron una ofensiva formidable que los llevó a anotar 13 puntos consecutivos. El marcador se niveló en un empate 16-16, pero los Lakers no se detuvieron ahí. Con un despliegue imponente, lograron dominar a los Celtics, sumando 10 puntos por cada respuesta de Boston. Al llegar al final del primer cuarto, ostentaban una ventaja de diez puntos, dejando un marcador de 26-16 a su favor.

El segundo cuarto vio la continuación de la arrolladora actuación de los Lakers, quienes sumaron 32 puntos a su cuenta mientras que los Celtics se vieron limitados a tan solo 8. Bryant y Shannon Brown se unieron para ampliar aún más la brecha a su favor. A lo que los Celtics, mostrando su espíritu indomable, lograron gestar una remontada con un parcial de 11-4 antes de que los Lakers solicitasen un tiempo muerto. Al finalizar la primera mitad del partido, los Lakers lideraban con una cómoda diferencia de 12 puntos, dejando el marcador en 52-40.

El tercero arrancó con un ritmo más pausado para ambos equipos. Gasol fue el encargado de anotar los primeros puntos para su equipo, seguido rápidamente por una respuesta de Garnett para los Celtics. La situación se complicó para Boston cuando Paul Pierce, uno de sus jugadores más destacados, acumuló su cuarta falta y se vio obligado a tomar asiento en el banquillo. Aprovechando esas dificultades, el marcador se redujo a tan solo seis puntos al llegar al final del tercer cuarto.

El último cuarto fue testigo del impulso perseverante de los Celtics, quienes se acercaron a solo un punto de diferencia. En ese momento crucial, Derek Fisher, proveniente del banquillo de los Lakers, emergió con una actuación sobresaliente, anotando canastas fundamentales que mantuvieron a su equipo en el camino de la victoria. Con tan solo 1 minuto y 40 segundos restantes en el reloj, Bryant consiguió encestar su única canasta del cuarto, a pesar de haber acumulado 25 puntos en los tres periodos anteriores. Las faltas de Garnett y Pierce obstaculizaron los esfuerzos de los Celtics por acortar distancias. A cinco segundos del final del partido, Pierce logró anotar una bandeja, pero fueron los Lakers quienes se alzaron con la victoria final por 91-84, tomando así una valiosa ventaja de 2-1 en la serie. Bryant fue el máximo anotador del partido con 29 puntos, mientras que Garnett lideró la ofensiva de los Celtics con sus 25 puntos.

Cabe mencionar el desafortunado rendimiento de Ray Allen, quien no logró concretar ninguno de sus 13 intentos de tiro de campo en este encuentro, luego de haber establecido un impresionante récord de ocho tiros de campo de tres puntos en el Juego 2.

Glen Davis se maldice de los tiros fallados por su compañero *"Ray, 0-13. ¿Quién lo hubiera pensado? Sé que no volverá a ocurrir. Sólo perdimos por un par de puntos. Ray acierta un par de tiros y ganamos el partido. Hoy no ha sido nuestro día, Ray no ha acertado en los tiros y cosas así. Todavía tenemos que ganar este partido porque era un partido ganable para nosotros"*.

Ray Allen explica su filosofía *"Por eso siempre hay que ser humilde. Las cosas van muy bien, y es genial formar parte de ello. Pero tienes que asegurarte de tomar buenas decisiones, seguir trabajando en las cosas para ser bueno en el futuro. La preparación es la clave principal. Nunca agacho la cabeza. Mañana es otra oportunidad para volver a la pista"*.

Hasta Derek Fisher disculpó a su rival *"Obviamente no esperábamos que se fuera de 0 de 13, pero es un trabajo duro para él, para ser honesto, correr ofensivamente de la manera que tiene que hacerlo y luego tener que vigilar a Kobe en el otro extremo. Eso le quita las piernas a cualquiera"*.

GAME 4. EL BLOQUE BOSTONIANO SUPERA A LAS INDIVIDUALIDADES ANGELINAS

En el transcurso del primer cuarto, los Celtics lograron tomar una estrecha ventaja de 19-16 sobre sus rivales, gracias al imponente desempeño de Paul Pierce, quien anotó ocho valiosos puntos para el equipo de Boston. Los Lakers, con la destacada participación de Pau Gasol, también sumando ocho puntos, recuperaron terreno y se adelantaron en el marcador al llegar al descanso, 45-39.

A medida que el tercer cuarto llegaba a su fin, los Lakers aún mantenían una ventaja de dos puntos, con Kobe Bryant dejando su huella al encestar impresionantes tiros de tres puntos. Sin embargo, en el inicio del último cuarto, los Celtics iniciaron una increíble racha que les otorgó el control absoluto del partido. Con una formación compuesta mayormente por jugadores suplentes, Boston desplegó una arrolladora ofensiva, superando a los Lakers en un asombroso parcial de 13-2.

Los Celtics se encontraban en una posición privilegiada, con una ventaja de 11 puntos y apenas 3 minutos y 57 segundos en el reloj. Los Lakers, liderados por la indomable voluntad de Bryant, desataron una remontada tardía, anotando 10 de los últimos 12 puntos del encuentro. A falta de 1 minuto y 8 segundos, tres tiros libres les acercaron peligrosamente con un marcador de 92-86, y con el destino del partido pendiendo de un hilo, los Lakers tuvieron la oportunidad de acortar aún más la distancia en el último minuto de juego.

No obstante, el destino tenía preparado un giro inesperado. En un movimiento magistral, el astuto Rajon Rondo interceptó un pase de Bryant y, con la velocidad de un relámpago, se lanzó hacia el aro para concretar una bandeja crucial que amplió la ventaja de los Celtics. Fue el golpe definitivo, sellando la victoria para Boston (89-96)

Paul Pierce se elevó como líder indiscutible de los Celtics, anotando 19 puntos, pero no se puede pasar por alto el destacado desempeño de los suplentes de Boston, quienes hicieron gala de su valentía y talento, duplicando en puntuación a sus contrapartes de los Lakers. Glen Davis, con sus 18 puntos, nueve de ellos conseguidos en el emocionante último cuarto, y Nate Robinson, aportando 12 puntos al marcador, fueron piezas fundamentales en la victoria de los Celtics.

Por parte de los Lakers, Kobe Bryant y Pau Gasol se erigieron como los principales artilleros, contribuyendo con 33 y 21 puntos respectivamente. La ausencia en la segunda mitad de Andrew Bynum, debido a una desafortunada lesión de rodilla, sin duda afectó el desempeño del equipo angelino.

Davis fue clave desde la segunda línea, así se lo reconoció Rivers al final del encuentro *"Fue simplemente su energía. Glen estuvo fantástico. Era toda su energía. Mantuvieron el juego simple en su mayor parte"*.

El pívot no se lo creía todavía *"Me sentí como una bestia. Sentí que nada se me podía negar"*.

"Estaba cansado", dijo Jackson sobre Bryant. *"Físicamente tuvo que esforzarse demasiado. Los emparejamientos dictaron esos términos. Tendremos que hacer cambios"*, y sobre la lesión de Bynum *"Lo intentó durante un par de minutos, pero no estuvo ahí"*.

Rivers a pesar de su victoria tiene claro que *"Vamos a tener uno de esas noches en las que Kobe va a tener un gran juego, y podría ser en cualquier de los próximos dos enfrentamientos, y tenemos que encontrar la manera de ganar ese partido"*.

GAME 5. LOS CELTICS GANA SU ÚLTIMO EN CASA Y PONEN CONTRA LAS CUERDAS A LOS ANGELINOS

El partido se inició con una arrolladora racha de 6-0 a favor de los Celtics, estableciendo desde el principio su dominio en la cancha. Con una destacada actuación de Paul Pierce, quien encestó 15 puntos en el primer cuarto, lograron terminar el periodo con una ventaja de dos puntos. A pesar de que los Lakers intentaron acortar distancias, los Celtics ampliaron su ventaja a seis puntos al final del periodo, con Pierce liderando la ofensiva con un notable porcentaje de aciertos. A pesar de todo los Lakers no se dieron por vencidos y lograron recortar la ventaja a medida que avanzaba el partido.

En el tercer cuarto, un triple de Pierce elevó la ventaja de los Celtics a dos dígitos, alcanzando una brecha de 11 puntos (50-39). Los Lakers respondieron y redujeron la desventaja a ocho puntos, lo que dejó a los Celtics ingresando al último cuarto con una ventaja de 73-65 y la misión de mantenerla hasta el final del encuentro.

Con una ventaja de 12 puntos y menos de tres minutos por jugar, los Celtics se encontraban en una posición favorable. Sin embargo, los Lakers protagonizaron una remontada intensa y siete tiros libres consecutivos les permitieron reducir la ventaja a 87-82, dejando apenas poco más de 40 segundos en el reloj. En una jugada clave, Garnett pasó el balón a Pierce, quien al caer fuera de los límites de la cancha se lo lanzó a Rondo. Rondo, con maestría, logró anotar el balón, cerrando el partido con una ventaja de siete puntos y 35 segundos por jugar.

El desempeño de Garnett fue notable, aportando 18 puntos y 10 rebotes, mientras que Rondo mostró su destreza al encestar 9 de sus 12 tiros desde el suelo, sumando 18 puntos, 8 asistencias y 5 rebotes. Por su parte, Kobe Bryant se destacó con una impresionante actuación de 38 puntos, especialmente en el tercer cuarto, siendo el único jugador de los Lakers en superar los 12 puntos y uno de los dos únicos en alcanzar cifras dobles. Pierce, por su parte, dominó el partido con 27 puntos en un eficiente 57% de aciertos en tiros de campo.

Ellos no lo sabían, pero la victoria, por (86-92), y que ponía el (2-3) en la serie, iba a ser la última del equipo verde durante mucho tiempo. Tardarán 12 años, hasta el primer partido de las Finales de la NBA en 2022, en volver a ganar en una serie por el título.

Paul Pierce salía de la cancha insultante, él claro está no conocía el futuro, y con el dedo señalando hacía arriba solo pedía una cosa “Una más, baby”.

Ahora a los Lakers le tocaba jugar en casa, el sexto y si ganasen, el séptimo. Kobe Bryant, cuando se le preguntó hasta qué punto estaba seguro de que los Lakers podrían ganar los dos próximos partidos *"No estoy muy seguro en absoluto"*. No había margen de error.

GAME 6. LOS LAKERS DEJAN EN NADA A BOSTON

El regreso de los Lakers a Los Ángeles se teñía de incertidumbre y tensión, con una desventaja de 3-2 en la serie. Aquel partido se convertía en una batalla a vida o muerte para el equipo angelino, mientras los Celtics se vislumbraban a un paso de coronarse campeones. El destino se presentaba caprichoso aquella noche, pues en el primer cuarto del encuentro, el pívot titular de Boston, Kendrick Perkins, cayó víctima de una cruel lesión en su rodilla. Aquel infortunio debilitó los cimientos defensivos y el poderío en el rebote de los Celtics, volviéndolos más vulnerables que nunca.

Empujados por la desesperación, los Lakers vieron abrirse ante ellos una oportunidad dorada para romper el partido, y así hicieron hasta coger una renta de 27 puntos tras acumular uno de los parciales más impresionantes en una final, de (0-24). El partido terminó con una soberana paliza angelina, dejando a los Boston Celtics en una anotación paupérrima (67-89).

Aunque Kobe Bryant, como de costumbre, fue el arquitecto de la ofensiva con 26 puntos, recibió mucha ayuda. Pau Gasol anotó 17 y capturó 13 rebotes. Incluso el irregular tirador Ron Artest anotó 15 puntos en tiros de 6 de 11. Lamar Odom se quedó a las puertas de un doble-doble con ocho puntos y 10 rebotes.

Los Celtics fueron liderados, si se puede decir que alguien los lideró, por los 19 puntos de Ray Allen. Paul Pierce anotó 13, Kevin Garnett consiguió 12 y Rajon Rondo 10.

Se reveló más tarde que Perkins había sufrido una fractura tanto en el ligamento cruzado anterior como en el ligamento cruzado posterior, lo que le dejaba fuera de combate para el séptimo y último partido. Mientras tanto, en el bando de los Lakers, su homólogo en el juego interior, Andrew Bynum, abandonó la cancha en los albores del tercer cuarto debido a una inflamación en su rodilla, provocada por una dolorosa rotura de menisco. A diferencia de Perkins, la esperanza aún brillaba para Bynum, ya que no se le descartaba por completo para el séptimo y definitivo enfrentamiento.

Rivers, al final del encuentro, se lamentaba del resultado *"Sólo queremos evitar otro partido. Queríamos evitar un séptimo partido. Pero los Lakers tienen la misma urgencia por jugar otra noche. Creo que vais a ver lo mejor de ambos equipos"*.

Phil Jackson, ante el reto del séptimo encuentro *"Me siento bien... saldrán a jugar... saben que tienen que llevar esa energía. Estamos acostumbrados a salir de inicio y jugar bien"*.

GAME 7. LOS LAKERS SE CORONAN CAMPEONES

Al principio del primer cuarto, los Celtics y los Lakers mantenían el marcador parejo, con un punto de ventaja para cada uno. Pero de repente, la ofensiva de los Lakers empezó a fallar, con los titulares fallando tiros y canastas fáciles. Después de un tiempo muerto, los Celtics lograron anotar 6 puntos más que los Lakers, gracias a algunas jugadas dudosas de Davis. Al final del primer cuarto, Boston tenía una ventaja de nueve tantos, manteniendo a los Lakers en solo 14 puntos.

Al comenzar el segundo cuarto, los Lakers lograron anotar 11 puntos seguidos y tomaron una pequeña ventaja de dos puntos. Esa ventaja no duró mucho, ya que Rondo y Garnett respondieron con dos puntos para recuperar el control del partido. Aunque los Lakers seguían anotando, Ron Artest fue el que se destacó, acertando 3 de 4 tiros libres y manteniendo una desventaja de cuatro puntos. Antes de que terminara la primera mitad, Pierce encestó dos tiros libres y los Celtics se fueron al descanso con una ventaja de 40-34.

Los Celtics comenzaron la segunda mitad con una racha de 9-2, ampliando su ventaja a 13 puntos, 49-36. Pero el punto de inflexión llegó después de que los Lakers se tomaran un tiempo muerto. Bryant anotó en carrera y los Lakers anotaron 6 puntos seguidos, reduciendo la diferencia a seis puntos. Pierce respondió con un triple para aumentar la ventaja a nueve. A medida que el tercer cuarto llegaba a su fin, los Lakers continuaron su impulso con un salto de 4 pies de Bryant y dos tiros libres de Gasol. Lamar Odom anotó un tiro de propina y el tercer cuarto terminó con un marcador de 57-53 a favor de los Celtics.

La suerte de los Lakers cambió en el último cuarto cuando Fisher encestó un triple desde casi 8 metros para empatar el partido a 64. A pesar de una mala noche ofensiva, Bryant acertó dos tiros libres y un tiro de 17 pies para dar a los Lakers una ventaja de 68-64, su primera ventaja desde el inicio del segundo cuarto. Los Celtics tuvieron problemas ofensivos en el último cuarto, ya que varios jugadores clave acumularon faltas personales. Después del triple de Artest, Rondo logró un triple para acercar a los Celtics a dos puntos, pero los Lakers lograron mantener su ventaja al hacer tiros libres. Con 11.7 segundos restantes, Rondo intentó un último triple que no entró, y Gasol aseguró el rebote defensivo. Odom lanzó rápidamente el balón hacia el otro extremo de la cancha mientras sonaba la bocina, (79-83). Victoria de los Angeles Lakers, de nuevo, y esta vez con doble placer al ganar al eterno rival, campeones de la NBA.

A pesar de sus problemas de tiro, Bryant anotó 10 de sus 23 puntos en el último cuarto y fue nombrado MVP de las Finales por segunda temporada consecutiva. Artest jugó también de forma muy destacada con 20 tantos. Pierce lideró a los Celtics con 18 puntos y diez rebotes, pero tuvo dificultades en el tiro. Los Lakers superaron a los Celtics en rebotes, con Gasol logrando 18 y Bryant añadiendo 15.

Para Kobe era el quinto anillo de su carrera, pero *"Este es, con diferencia, el más dulce"*, además de pedir públicamente que Phil Jackson, que terminaba contrato, siguiera *"Él sabe lo mucho que quiero que vuelva. Vamos a por ello otra vez"* y reconoció que cuando más se obcecaba en sus tiros, otros compañeros dieron un paso al frente *"Lo deseaba tanto. Cuanto más me esforzaba, más se me escapaba. Me alegro de que mis compañeros nos metieran de nuevo en el partido"*.

Phil Jackson mencionó públicamente la labor de Ron Artest, considerándolo el jugador más valioso del séptimo partido *"Dio vida a nuestro equipo, dio vida al público"*.

Pau Gasol, en un nube, tras su segundo campeonato de la NBA *"Es muy dulce. Definitivamente suma cuando ganas a Boston, especialmente la rivalidad, la historia de la franquicia"*.

Estadísticas jugador por jugador (* = titulares)

Angeles Lakers
**Derek Fisher – 8.6 puntos, 3.0 rebotes y 2.0 asistencias*
**Kobe Bryant – 28.6 puntos, 8.0 rebotes, 3.9 rebotes y 2.1 recuperaciones*
**Ron Artest – 10.6 puntos, 4.6 rebotes, 1.4 recuperaciones y 1.3 asistencias*
**Pau Gasol – 18.6 puntos, 11.6 rebotes, 3.7 asistencias y 2.6 tapones*
**Andrew Bynum – 7.4 puntos, 5.1 rebotes y 1.3 tapones*
Lamar Odom – 7.6 puntos, 6.6 rebotes y 1.3 asistencias
Shannon Brown – 3.0 puntos
Jordan Farmar – 3.0 puntos, 1.1 rebotes y 1.1 recuperaciones
Sasha Vujacic – 3.0 puntos y 1.0 rebote
Luke Walton – 0.5 puntos en cuatro encuentros
Josh Powell – 0.0 puntos en dos encuentros
DJ Mbenga – 0 puntos y 1 rebote en el único encuentro que disputó

Boston Celtics
**Rajon Rondo – 13.6 puntos, 7.6 asistencias, 6.3 rebotes y 1.6 recuperaciones*
**Ray Allen – 14.6 puntos, 2.7 rebotes y 1.7 asistencias*
**Paul Pierce – 18.0 puntos, 5.3 rebotes y 3.0 asistencias*
**Kevin Garnett – 15.3 puntos, 5.6 rebotes, 3.0 asistencias, 1.4 recuperaciones y 1.3 tapones*
**Kendrick Perkins – 5.8 puntos, 5.8 rebotes y 1.0 asistencia en seis encuentros*
Glen Davis – 6.7 puntos y 5.6 rebotes
Rasheed Wallace – 5.3 puntos y 4.6 rebotes
Nate Robinson – 4.9 puntos, 1.9 asistencias y 1.1 rebotes
Tony Allen – 3.1 puntos, 1.0 rebote y 1.0 recuperación
Marquis Daniels – 2.5 puntos en dos encuentros
Shelden Williams – 0.0 puntos y 2.0 rebotes en dos encuentros
Michael Finley – 0.0 puntos en dos encuentros
Brian Scalabrine – 0 puntos en el único encuentro que disputó

LA DÉCADA DEL 2.010

EL LARGO, TORTUOSO Y DURO PROCESO DE RECONSTRUCCIÓN

Era el comienzo de la temporada 2010-11 y Los Ángeles aguardan con anhelo la posibilidad de escribir un nuevo capítulo en su historia. Un tercer three-peat, el Santo Grial del baloncesto, estaba al alcance de su mano. Decididos, conservaron el núcleo de la campaña anterior y se reforzaron con la llegada de los agentes libres: Steve Blake, Matt Barnes y Theo Ratliff. Pero el fichaje más trascendental fue la renovación de Phil Jackson, quien, debatiéndose entre el retiro y la pasión que le inundaba, aceptó prolongar su vínculo por un año más.

La desdicha, en forma de recurrentes lesiones, se ensañó con Bynum, impidiendo su participación en el arranque de la temporada regular. El curso transcurrió siguiendo un guion similar al de antaño, con Kobe Bryant protagonizando actuaciones magistrales, o el despliegue de talento de Pau Gasol. Tras el All-Star, los Lakers enarbolaron un desempeño soberbio, finalizando en segunda posición de la Conferencia Oeste, solo detrás de los San Antonio Spurs. Sin embargo, en marzo de 2011, una noticia devastadora cayó como un rayo en el equipo: Phil Jackson anunció que padecía cáncer de próstata.

En los playoffs, el primer desafío fue enfrentarse a los New Orleans Hornets, donde tuvieron que lidiar con el deslumbrante talento de la estrella rival, Chris Paul. Bryant, en el cuarto partido, sufrió una lesión después de una actuación paupérrima, pero saco fuerzas en el sexto encuentro, en el cual los Lakers se impusieron con un resultado final de 4-2 gracias, en gran medida, a una extraordinaria actuación de Andrew Bynum. En la segunda ronda de los playoffs, la escuadra californiana se enfrentaría a los Dallas Mavericks de Dirk Nowitzki. Los Lakers perdieron los dos primeros partidos, lo que provocó rumores de desavenencias en la química del equipo. El tercer enfrentamiento fue dominado por los Mavericks, quienes se destacaron en el tercer cuarto y aseguraron la victoria. El cuarto partido fue un auténtico vendaval para Dallas, que vapuleó a los Lakers con un abrumador marcador de 86-122. Así, el cuarto partido, que selló la barrida de Dallas por 4-0, se convirtió en el último enfrentamiento del laureado entrenador, Phil Jackson. Los Lakers vieron esfumarse la oportunidad de lograr el anhelado three-peat y sufrieron la séptima barrida en la historia de la franquicia.

En la temporada 2011-12, decidieron contratar a Mike Brown, antiguo entrenador de los Cleveland Cavaliers, como reemplazo del ya jubilado Phil Jackson. Al inicio de la temporada, en diciembre de 2011, se anunció un traspaso a tres bandas entre los Lakers, los New Orleans Hornets y los Houston Rockets. Según dicho acuerdo, Chris Paul arribaría a la franquicia angelina a cambio de que los laguneros enviaran a Pau Gasol a Houston y se deshicieran de Lamar Odom, quien había vestido los colores del equipo durante siete años, enviándolo a los Dallas Mavericks para liberar espacio salarial. Sin embargo, dado que la liga había adquirido la propiedad de los Hornets, el traspaso quedaba sujeto a la aprobación del resto de los propietarios, quienes se negaron a dar su consentimiento. Como consecuencia, los Lakers finalmente enviaron a Derek Fisher a los Rockets a cambio de Jordan Hill. A pesar de todo, los Lakers no realizaron una mala temporada, obteniendo un balance de 41-25 y clasificándose como terceros en la Conferencia Oeste para los playoffs, donde fueron eliminados en las Semifinales de Conferencia por el Oklahoma City Thunder, que se impuso por 4-1.

En el umbral de la temporada 2012-13, los Lakers volvieron a salir en todas las quinielas como los principales contendientes al campeonato, tras dos temporadas sin demasiado brillo, al asegurarse los servicios de dos de los jugadores del momento en la liga. Mediante un trato que implicó el intercambio de rondas de draft con los Phoenix Suns, lograron hacerse con el codiciado dos veces MVP, Steve Nash. Además, sacrificaron a Andrew Bynum junto con una valiosa selección de primera ronda para adquirir a Dwight Howard, considerado el mejor pívot de la NBA en aquel entonces. Con Nash, Bryant, Gasol y Howard conformando una constelación de talento, los medios de comunicación bautizaron a este cuarteto como "Los Cuatro Fantásticos". La afición angelina parecía volver a soñar.

La temporada que se desarrolló se convirtió en una trágica farsa desde sus inicios. Tras un inicial récord de 1-4, Mike Brown fue destituido de su puesto como entrenador y en su lugar se contrató a Mike D'Antoni, en la creencia de que su estilo vertiginoso de juego encajaría mejor en un equipo acostumbrado al triángulo de Phil Jackson. La realidad fue diferente, pues el equipo no logró adaptarse al sistema de D'Antoni y las relaciones entre Kobe y Howard se volvieron tensas y problemáticas.

Luego, el 18 de febrero de 2013, la franquicia de los Lakers y el mundo del baloncesto fueron sacudidos por la triste noticia del fallecimiento de Jerry Buss a la edad de 80 años. Bajo el liderazgo de Jerry, los Lakers se habían convertido en la franquicia más destacada de la NBA, acumulando 10 campeonatos en 16 Finales disputadas desde que asumió el mando en 1979. Durante su reinado, figuras legendarias como Magic Johnson, Kareem Abdul-Jabbar, James Worthy, Byron Scott, Shaquille O'Neal, Kobe Bryant y Pau Gasol dejaron su huella en el equipo, convirtiendo a Jerry en uno de los propietarios más exitosos.

La campaña presenció a los Lakers luchando para asegurar un puesto en los playoffs, liderados por un valiente Kobe Bryant, con un balance de 45-37, muy lejos de los resultados gloriosos alcanzados en épocas más doradas. Para colmo, en

JERRY BUSS
HOLLYWOOD WALK OF FAME
Presented to
Jerry Buss
ON THE OCCASION OF THE PLACEMENT OF YOUR STAR IN THE
HOLLYWOOD WALK OF FAME
October 30, 2006
HOLLYWOOD CHAMBER OF COMMERCE
JOHNNY GRANT CHAIRMAN WALK OF FAME

un partido contra los Portland Trail Blazers, la tragedia golpeó con fuerza. Bryant sufrió la terrible ruptura de su tendón de Aquiles, una de las peores lesiones que un jugador de baloncesto puede padecer, dejándolo fuera de las canchas durante un periodo de más de un año. En la primera ronda de los playoffs, se enfrentaron a los San Antonio Spurs, quienes no tuvieron piedad y los barrieron con un contundente 4-0.

La llegada de la temporada 2013-14 marcó el ocaso prematuro de la galaxia que se había formado en Los Ángeles el verano anterior. Dwight Howard, ahora agente libre, optó por no renovar y se unió a las filas de los Houston Rockets. El equipo se sumió en una profunda reconstrucción, con bajas significativas como Metta World Peace (anteriormente conocido como "Ron Artest"), el propio Howard, Earl Clark y Steve Blake. Para llenar el vacío, se reclutó a una serie de jugadores cuyo futuro en la franquicia no se vislumbraba prometedor.

En el ocaso de noviembre de 2013, un envejecido Kobe Bryant estampó su firma en una polémica extensión de dos años con los Lakers, por la suma de 48 millones de dólares. Esta decisión generó controversia, ya que Bryant se encontraba en una avanzada edad y aún se recuperaba de una grave lesión que lo había mantenido alejado de las canchas hasta diciembre de ese mismo año. Por su parte, Steve Nash pasó la mayor parte de la temporada lidiando con lesiones, dejando a los Lakers en la necesidad de improvisar con los fragmentos de jugadores que tenían a su disposición. Únicamente Pau Gasol lideraba el equipo, intentando encontrar su lugar en el sistema de juego de D'Antoni. Con este panorama, la temporada culminó con un desalentador balance de 27-55, sellando la ausencia de los playoffs por séptima vez en la historia de la franquicia.

Tras la desastrosa campaña anterior, las perspectivas para la temporada 2014-15 no eran alentadoras. En julio, Byron Scott asumió el rol de entrenador de los Lakers, tras la decepcionante etapa de D'Antoni. La leyenda y segundo pilar de los campeonatos de 2009 y 2010, Pau Gasol, finalizó su contrato y se unió a los Chicago Bulls como agente libre. Se contrataron jugadores de roles complementarios como Nick Young, Jordan Hill y el veterano Carlos Boozer. En el draft, los Lakers seleccionaron al ala-pívot Julius Randle en la séptima posición.

Si las previsiones no eran halagüeñas, la mala fortuna volvió a ensañarse con los Lakers cuando Randle se lesionó en su noche debut, quedando fuera de acción por el resto de la temporada. En octubre, los Lakers lograron liberar el salario de Steve Nash debido a una lesión que lo llevaría a anunciar su retiro en marzo de 2015.

Kobe Bryant superó a Michael Jordan como el tercer máximo anotador en la historia de la NBA en una victoria sobre los Minnesota Timberwolves. Sin embargo, en enero de 2015, anunció que se perdería el resto de la campaña para someterse a una cirugía para tratar una tendinitis.

Hubo escasas buenas noticias para los Lakers durante esa temporada. Finalizaron con un registro de 21-61, ocupando el último lugar en su división y el penúltimo en la Conferencia Oeste. Fue la primera vez en la historia de la franquicia de Los Ángeles en la que sufrieron más de 60 derrotas en una temporada.

Aún con todo, la temporada 2015-16 llegaría para empeorar aún más esos registros. Con un Kobe Bryant afectado por lesiones y un contrato oneroso que dificultaba la renovación del equipo, los Lakers se resignaron a fichar jugadores complementarios como Lou Williams o Brandon Bass.

El verano de 2015 trajo consigo el regreso de un antiguo conocido, Metta World Peace, quien firmó por un año con el salario mínimo para veteranos, y también la adquisición del pívot Roy Hibbert. En el draft, los Lakers seleccionaron en el segundo lugar a D'Angelo Russell, y en la vigesimoséptima posición a Larry Nance Jr., de los cuales se esperaba que, junto a Randle, sentaran las bases del futuro de la franquicia en la era post-Kobe.

La temporada transcurrió tal como se presagiaba. Kobe solo pudo disputar 20 partidos, y su último encuentro fue frente a uno de los eternos rivales de los Lakers, los Utah Jazz, el 13 de abril de 2016, donde anotó 60 puntos. Bryant se retiró al finalizar la temporada 2015-16 como una de las máximas leyendas del equipo dorado y púrpura.

La partida de Kobe Bryant dejó una marca profunda en los registros de los Lakers, que se sumergieron en las profundidades más desfavorables de su historia con un pobre récord de 17-65. El futuro se presentaba incierto, pero la presencia de jóvenes promesas como D'Angelo Russell y Julius Randle brindaba un rayo de esperanza a la apasionada afición laker. Tras dirigir al equipo en las dos temporadas más desastrosas que se recuerdan, Byron Scott fue despedido, y Luke Walton, un antiguo jugador de los Lakers durante la era dorada de Phil Jackson, fue contratado como nuevo entrenador.

La temporada 2016-17 marcaría el primer año sin la presencia de Kobe Bryant desde la temporada 1995-96. Además de la retirada de la legendaria "Mamba Negra", los Lakers iniciaron una reforma en su estructura directiva y deportiva. Jim Buss y Mitch Kupchak, los antiguos gerentes deportivos, fueron reemplazados por Magic Johnson, y Rob Pelinka, un exitoso agente deportivo. Jeanie Buss, hija del fallecido Jerry Buss, asumió la presidencia de los Lakers. Durante ese período firmaron contratos desmesurados con jugadores como Luol Deng y Timofey Mozgov, errores de gestión que se convertirían en cargas financieras significativas. A pesar de todo, la temporada representó una mejora en comparación con la anterior, ya que lograron un récord de 26-56 gracias al desempeño de las jóvenes promesas del equipo.

La temporada 2017-18 comenzó con el traspaso de D'Angelo Russell y Timofey Mozgov a los Brooklyn Nets a cambio de Brook Lopez y una selección de primera ronda. En el draft, los Lakers nuevamente obtuvieron la segunda selección y eligieron a Lonzo Ball. También seleccionaron a Kyle Kuzma. Entre las nuevas incorporaciones se encontraban el experimentado Andrew Bogut, Kentavious Caldwell-Pope, quien se convertiría en una pieza clave en el futuro éxito del equipo, y Alex Caruso.

Estos nuevos "baby-lakers" mostraron un mejor rendimiento y lograron un récord de 35-47. Sin alcanzar los playoffs, este conjunto despertó las esperanzas de una afición que había sufrido en los últimos años. Más aun cuando en el año 2018, los Lakers volvían moverse bien en el mercado, y logran la contratación de una estrella del calibre de LeBron James.

LeBron James, alero de 2.06, conocido también como "King James", nació el 30 de diciembre de 1984 en Akron, Ohio, y ha dejado una carrera en la NBA que no deja indiferente a nadie.

Desde su etapa escolar en el instituto St. Vincent-St. Mary, LeBron fue considerado una superestrella en ciernes. Su talento y dominio del juego le llevaron a ser seleccionado en la primera posición del Draft de la NBA de 2003 por los Cleveland Cavaliers. Desde el comienzo, James demostró un nivel de habilidad y madurez inusual para su edad.

Durante su primera etapa con los Cavaliers, LeBron se estableció como uno de los jugadores más dominantes de la liga. Su combinación de fuerza física, agilidad, visión de juego y capacidad para anotar le permitió destacar en múltiples aspectos del juego. LeBron llevó a los Cavaliers a su primera aparición en las Finales de la NBA en 2007, aunque no lograron ganar el campeonato ante los Spurs.

Después de pasar varias temporadas en Cleveland, LeBron decidió firmar como agente libre con los Heat en 2010. Su llegada a Miami marcó el inicio de una etapa de gran éxito, ya que LeBron, junto a Dwyane Wade y Chris Bosh formaron un trío de estrellas conocido como "The Big Three". Durante su tiempo en Miami, llegaron a cuatro Finales consecutivas de la NBA, ganando los campeonatos en 2012 y 2013.

En 2014, LeBron regresó a los Cleveland Cavaliers con el objetivo de llevar un título de campeonato a su ciudad natal. Después de algunos años de reconstrucción y desarrollo del equipo, LeBron les lideró a las Finales de la NBA en 2015, donde perdieron frente a los Golden State Warriors. Sin embargo, en 2016, LeBron y los Cavaliers lograron un histórico regreso y ganaron el campeonato de la NBA al remontar un déficit de 3-1 en la serie final contra, de nuevo, los Warriors de Stephen Curry, Klay Thompson y Draymond Green. Como dato, hasta el momento es la única vez en las historia de la NBA que se ha logrado remontar un (3-1) en una serie final.

Después de su segunda etapa en Cleveland, LeBron se unió a los Los Angeles Lakers en 2018. Su llegada a los Lakers generó grandes expectativas y revitalizó la franquicia. En la temporada 2019-2020, LeBron lideró a los Lakers hacia el campeonato de la NBA, siendo fundamental en el éxito del equipo junto a Anthony Davis.

Más allá de sus logros individuales y títulos de la NBA, LeBron ha sido un líder dentro y fuera de la cancha. Es conocido por su compromiso con causas sociales y su activismo en la lucha por la justicia social. También ha sido seleccionado en múltiples ocasiones para el All-Star Game, ha ganado el premio al Jugador Más Valioso de la NBA en cuatro ocasiones y ha sido reconocido como uno de los mejores jugadores de la historia, hasta el punto de superar el mítico récord de Abdul-Jabbar como máximo anotador de la historia de la competición estadounidense.

En el verano de 2018, LeBron James se convirtió en agente libre, y la incertidumbre se cernía sobre cuál sería su próximo destino. Aunque se rumoreaba su posible llegada a Los Ángeles, fue el 1 de julio cuando se reveló que se uniría al equipo dorado y púrpura. Su incorporación transformó a los Lakers, que contaban con un núcleo joven, en contendientes al título después de años difíciles para la franquicia. Tras la llegada de "El Rey", los Lakers renovaron a Kentavious Caldwell-Pope y a Lance Stephenson, mientras que el veterano base Rajon Rondo, campeón con los Celtics en 2008, también se unió al equipo.

La temporada 2018-19 no transcurrió según lo esperado. Los Lakers se vieron afectados por una serie de lesiones a lo largo de la campaña, con jugadores como Rondo, Ingram y Ball sufriendo contratiempos, y el propio LeBron perdiéndose el resto de la temporada desde marzo debido a una lesión. El inconsistente núcleo joven no pudo asumir el liderazgo del equipo en ausencia de King James, y los Lakers terminaron con un récord de 37-45. Como resultado, el equipo se quedó sin playoffs por sexto año consecutivo, siendo la primera vez desde 2005 que LeBron no lograba clasificarse para los playoffs y la primera vez desde 2010 que no llegaba a las Finales de la NBA.

El final de la temporada 2018-19 llegó acompañado de un vendaval de cambios que sacudieron los cimientos de los Lakers, poniendo en peligro la estabilidad de la organización. El 9 de abril, en un giro inesperado, Magic Johnson anunció su renuncia como presidente de operaciones del equipo, dejando perplejos a propios y extraños. Tres días después, fue Luke Walton, el entrenador del conjunto angelino, quien sorprendió al anunciar su renuncia. Estos movimientos crearon un clima de incertidumbre en la franquicia.

Sin embargo, el destino tenía preparadas algunas sorpresas más para el equipo de Los Ángeles. El 13 de mayo, se anunció que Frank Vogel sería el nuevo entrenador, acompañado por Jason Kidd y Lionel Hollins como asistentes. La llegada de Vogel, un técnico experimentado, brindaba esperanza y estabilidad al equipo en un momento turbulento.

Pero el verdadero golpe de efecto se produjo el 15 de junio, cuando se concretó un traspaso que llevaba semanas fraguándose en las sombras. Anthony Davis, talentoso ala-pívot de los New Orleans Pelicans, se uniría a los Lakers a cambio de Lonzo Ball, Brandon Ingram, Josh Hart y tres selecciones de primera ronda del draft, incluyendo la cuarta elección de 2019. Con esta incorporación estelar, se formaba una pareja temible en Los Angeles: LeBron James y Anthony Davis. De la noche a la mañana, los Lakers pasaron a ser considerados favoritos para conquistar el campeonato de manera inmediata.

Anthony Davis, ala-pívot de 2.08, es conocido por su dominio en ambos extremos de la cancha, su habilidad para anotar, su versatilidad defensiva y su capacidad para bloquear tiros.

Davis se destacó como jugador universitario en la Universidad de Kentucky, donde jugó una temporada en 2011-2012. Durante ese año, lideró a los Wildcats a ganar el campeonato de la NCAA y fue nombrado Jugador Más Destacado del Torneo. Su rendimiento sobresaliente le valió ser seleccionado en la primera posición del Draft de la NBA de 2012 por los New Orleans Hornets, que luego se convirtieron en los New Orleans Pelicans.

En su primera temporada en la NBA Davis demostró su talento hasta ser premiado con el Novato del Año. A lo largo de su carrera, ha sido seleccionado en múltiples ocasiones para el All-Star Game y ha sido reconocido como uno de los mejores jugadores de la liga.

Su llegada a los Lakers generó grandes expectativas, ya que se unió a LeBron James para formar una pareja estelar. Juntos, lideraron al equipo hacia el campeonato de la NBA en la temporada 2019-2020, donde Davis fue fundamental en la conquista del título ante los Miami Heat. Durante esa postemporada destacó como un anotador dominante y un defensor intimidante.

Además de su éxito en la NBA, Davis ha representado a Estados Unidos en competiciones internacionales, ganando medallas de oro en los Juegos Olímpicos de Londres 2012 y en la Copa del Mundo FIBA 2014.

El contrato de DeMarcus Cousins fue rescindido debido a una grave lesión, y en su lugar se volvió a fichar a Dwight Howard. Además, llegaron jugadores como Avery Bradley, Jared Dudley y Danny Green, para completar la plantilla.

LA MUERTE DE KOBE MARCA LA CONSECUCIÓN DEL ANILLO DIEZ AÑOS DESPUÉS

La temporada 2019-20 comenzó de manera prometedora para los Lakers. Llegaron a diciembre con un impresionante récord de 17 victorias y 2 derrotas, generando grandes expectativas en la afición. Sin embargo, en enero de 2020, un acontecimiento sacudió al mundo entero y sumió en luto al universo del baloncesto. El 20 de enero, Kobe Bryant y su hija Gianna fallecieron en un trágico accidente de helicóptero cerca de Calabasas, en California. El impacto de esta pérdida fue devastador para los Lakers y para el mundo del deporte en general.

Justo cuando los Lakers trataban de lidiar con el duelo y recuperarse de la tragedia, la pandemia de COVID-19 golpeó y obligó a suspender la temporada de la NBA por primera vez en su historia. En ese momento, los Lakers se encontraban en una posición privilegiada, liderando la Conferencia Oeste con un récord de 49 victorias y 14 derrotas.

La temporada se reanudó a finales de julio de 2020 en la "Burbuja de Orlando". La NBA tomó la decisión de terminar la competición concentrando a todos los equipos con posibilidad de optar al playoffs, de aquí surgió el play-in, la fase previa para optar a las últimas plazas de la postemporada, en una zona restringida, sin que nadie pudiera salir hasta terminar su participación. Todo ello sin público en la grada.

Los Lakers finalizaron la campaña regular como líderes de la Conferencia Oeste, con un balance de 52 victorias y 19 derrotas. Estaban de vuelta en los playoffs después de siete años de ausencia.

En los playoffs, los Lakers superaron a los Portland Trail Blazers en la primera ronda, ganando cuatro juegos consecutivos después de perder el primero. En la segunda ronda, se enfrentaron a los Houston Rockets, perdiendo nuevamente el primer partido, pero luego ganando los siguientes cuatro para avanzar a las Finales de Conferencia por primera vez desde 2010. Allí, se encontraron con los sorprendentes Denver Nuggets, quienes habían remontado dos desventajas de 3-1 en rondas anteriores y eliminado a los favoritos Clippers. Aunque fue una serie difícil, los Lakers se impusieron 4-1 gracias a la brillante actuación de su dúo estelar, LeBron James y Anthony Davis.

En las Finales de la NBA, los Lakers se enfrentaron a los Miami Heat, un equipo joven liderado por Jimmy Butler. En el primer partido, la lesión de Goran Dragić y Bam Adebayo debilitó a los Heat, y los Lakers dominaron el encuentro con una victoria por 116-98. En el segundo partido, la pareja LeBron-Davis se destacó una vez más, anotando 30 puntos cada uno y liderando la victoria de los Lakers por 124-114.

El tercer partido parecía una oportunidad propicia para los Lakers, pero Jimmy Butler se conjuró en una actuación magistral y llevó al Heat a la victoria con un triple-doble. Sin embargo, los Lakers se recuperaron en el cuarto partido, liderados por una gran actuación de LeBron James, y se colocaron con una ventaja de 3-1 en la serie. Aunque el Heat logró ganar el quinto partido en una batalla reñida, los Lakers mostraron su superioridad en el sexto y definitivo encuentro. Con un control absoluto del juego, vencieron por 106-93, asegurando el decimoséptimo campeonato de la historia de los Lakers en la temporada más atípica de la NBA.

Este triunfo tenía un significado especial, ya que se dedicó especialmente a la memoria de Kobe Bryant, quien había dejado una huella imborrable en la franquicia y en el mundo del baloncesto. Diez años después de su último campeonato, los Lakers volvían a lo más alto, liderados por LeBron James y Anthony Davis, quienes demostraron ser una dupla imparable.

El anillo de campeones sellaba una temporada llena de desafíos y emociones intensas. Los Lakers habían superado obstáculos personales y colectivos, honrando el legado de Kobe Bryant y llevando alegría a sus seguidores en momentos difíciles. Era un final triunfal para una historia repleta de altibajos.

LAKERS

FINAL 2.020
LOS LAKERS GANAN EN LA LIGA "DE LA BURBUJA"

GAME 1. MALA PINTA LAS LESIONES DE LOS HEAT

Anthony Davis sobresalió como un titán entre los Lakers. Su talento fue imponente. Anotó 34 puntos y capturó 9 rebotes, además de dar cinco pases a canasta. Fue un verdadero problema para la defensa de los Heat.

Pero no estaba solo en esta batalla. A su lado LeBron James se erigió como el comandante de la cancha. Con su genialidad insaciable, rozó el triple-doble con una exhibición de 25 puntos, 13 rebotes y nueve asistencias. Su presencia imponente inspiró a sus compañeros y les infundió valor para luchar por la victoria.

El enfrentamiento era intenso desde el principio. Los Heat, enarbolando su espíritu combativo, tomaron las riendas del partido al liderar 23-10 en el primer cuarto. Los Lakers se alzaron por encima de su oponente. Un vendaval de puntos los catapultó a una ventaja de 55-25.

El tercer cuarto fue testigo de la supremacía de los Lakers, quienes ampliaron su ventaja hasta los 32 puntos. Pero tras ese esplendor, su brillo disminuyó. De sus últimos 18 intentos de tiro, erraron en 16, el cansancio y la realidad los alcanzaron. Aun así, la victoria angelina fue clara y contundente, por (98-116).

La gloria no estuvo exenta de adversidad para ambos contendientes. Jimmy Butler, valiente guerrero de Miami, sufrió el tormento de un esguince de tobillo. Su espíritu indomable no conoció límites, y permaneció en la contienda para anotar 23 puntos en una demostración de coraje.

Pero las heridas de batalla afectaron a los Heat en su totalidad. Goran Dragić se vio obligado a ausentarse en la segunda mitad debido a una lesión en el pie, y Bam Adebayo, símbolo de fortaleza, abandonó la batalla en el tercer cuarto, afectado por un doloroso hombro lesionado.

En contraste, Dwight Howard, el imponente coloso que lideró la defensa bajo los aros, se mantuvo firme como el pilar de los Lakers. Su ascenso a la alineación titular había sido una jugada magistral, y ahora su presencia se sostenía como un muro infranqueable para los rivales. Su energía y destreza se convirtieron en una constante en el equipo, inspirando a sus compañeros a luchar sin tregua.

"He vivido momentos en mi carrera, partidos de las Finales, en los que tenías todo el ímpetu del mundo, parecía que tenías el partido bajo control, una jugada aquí puede cambiar el curso de una serie o cambiar el curso de un partido", matizaba James a pesar del clara victoria, siempre consciente desde su experiencia, que esto solo estaba empezando *"Esas cosas me queman hasta el día de hoy. Siempre hablo de que el mejor maestro en la vida es la experiencia, yo he experimentado mucho"*.

En cambio a Davis, no tan acostumbrado a jugar finales, se le notaba la adrenalina *"Es la primera vez que experimento esto, así que obviamente quieres salir y jugar bien, quieres ganar. Cuando el balón se inclina hacia arriba, todo eso desaparece. Pero todo lo que precede a ello, estás muy emocionado, tu adrenalina se dispara pronto, estás muy emocionado por estar aquí"*.
El entrenador Vogel también era consciente de que esto solo estaba empezando *"Siempre nos cuidamos de la complacencia, pero en particular por el gran respeto que tenemos por este equipo de baloncesto. Tenemos un gran respeto por estos chicos. Sabemos que es sólo una victoria. Estamos contentos de haber conseguido una victoria, pero obviamente tenemos que mantener el pie en el acelerador"*.

GAME 2. LOS LAKERS MANTIENEN EL CONTROL

James y Davis se combinaron para liderar a los Lakers hacia una victoria aplastante por 124-114 sobre los Heat, llevando su ventaja en la serie a 2-0. Fue un duelo de alto nivel en el que ambos jugadores brillaron intensamente. James anotó 33 puntos, mientras que Davis agregó 32, convirtiéndose en los primeros compañeros de equipo de los Lakers en lograr 30 puntos en un partido de las Finales desde Kobe Bryant y Shaquille O'Neal en 2002. Todo bajo la sinfonía de un Rondo muy disciplinado en la dirección con sus 10 asistencias.

Los Lakers demostraron una gran efectividad ofensiva, encestado el 51% de sus tiros de campo. Además, tuvieron una racha impresionante de 16 tiros consecutivos convertidos desde el final del primer cuarto hasta el final del tercer periodo. Davis fue especialmente destacado, acertando 14 de sus primeros 15 intentos.

Por su parte, los Heat tuvieron que lidiar con la ausencia de sus titulares lesionados, Adebayo y Dragić. Aunque lucharon valientemente, no pudieron acercarse lo suficiente en el marcador. Butler lideró a Miami con 25 puntos, seguido de cerca por Olynyk con 24.

Los Lakers mantuvieron el control del partido desde el principio, liderando por seis puntos al final del primer cuarto, a pesar de su baja efectividad en los tiros de tres puntos. Aunque los Heat anotaron 39 puntos en el tercer periodo, reduciendo la desventaja a 10 puntos, nunca pudieron acercarse más en el último cuarto.

Además de James y Davis, otros jugadores de los Lakers también contribuyeron al marcador, con Rondo anotando 16 puntos, y Caldwell-Pope y Kuzma sumando 11 cada uno. El equipo encestó el 66% de sus tiros de dos puntos, lo que demostró su eficiencia en la zona pintada.

Como dato anécdotico, Tyler Herro, de los Heat, se convirtió en el jugador más joven en iniciar un partido de las Finales de la NBA con 20 años y 256 días. Era ocho días más joven que Magic Johnson cuando fue titular en el primer partido de los Lakers en 1980 contra los Philadelphia 76ers.

Rondo, en la videoconferencia posterior fue preguntado por su gran encuentro “Sólo queremos jugar bien desde el banquillo *“Esa es nuestra mentalidad durante todos los playoffs, llegar y dar un empujón a nuestros titulares, dar un respiro a esos chicos, llegar y ser sólidos, cuidar el balón y empieza conmigo y hacer que los chicos miren bien al aro cada vez”*.

Kuzma también alabo la aportación general del banquillo angelino *“Lo más grande que estamos tratando de lograr es jugar como un grupo, jugar como un equipo. Todos tenemos nuestras noches diferentes y así es como nos gusta jugar. Es divertido ahí fuera. Intentamos jugar con tempo y, lo más importante, intentamos conseguir paradas, encender nuestro ataque. Eso es lo más importante que debe hacer la segunda unidad. Entramos y levantamos el partido”*.

GAME 3. BUTLER SE ECHA A LOS HEAT A SUS ESPALDAS

Butler se estableció como la figura dominante en el enfrentamiento, destacando en cada aspecto del juego. Con una actuación estelar, terminó el partido con un impresionante triple-doble de 40 puntos, 11 rebotes y 13 asistencias, liderando a los Heat hacia una victoria contundente de 115-104. A pesar de las ausencias de los titulares de Miami, Adebayo y Dragić, Butler se elevó por encima de las expectativas y se convirtió en el guía de su equipo hacia el éxito.

Desde el primer instante, los Heat tomaron la delantera y mantuvieron su dominio durante la mayor parte del partido. En varias ocasiones, parecían estar tomando el control absoluto del juego, pero los Lakers siempre encontraban la forma de responder, manteniendo la tensión en cada posesión. Los Heat se adelantaron por 13 puntos en el primer cuarto, pero los Lakers lograron revertir la situación apenas cinco minutos después. En la segunda mitad, Miami comenzó con una racha arrolladora de 10 puntos consecutivos, extendiendo su ventaja a 14 puntos, pero Los Ángeles respondió de inmediato con una ráfaga de ocho puntos seguidos. Al final del tercer cuarto, los Heat lideraban por 12 puntos, a lo que los Lakers respondieron con una espectacular remontada de 20-6, recuperando la ventaja por 91-89 con 8:55 minutos restantes en el reloj. Sin embargo, los Heat no se amilanaron y contraatacaron con fuerza, superando a los Lakers por 26-13 en los minutos finales para asegurar la victoria y reducir la ventaja de Los Ángeles a 2-1 en la serie.

La actuación magistral de Butler lo colocó en un selecto grupo de jugadores en la historia de las Finales. Se convirtió en el tercer jugador en registrar un triple-doble de más de 40 puntos en la serie definitiva, uniéndose a LeBron James (entonces con los Cleveland Cavaliers) en 2015 y a Jerry West con los Lakers en 1969. Además, logró superar en puntos, rebotes y asistencias a James en un partido de las Finales, quien finalizó el encuentro con 25 puntos, 10 rebotes y ocho asistencias. Por otro lado, Davis, quien se vio limitado por problemas de faltas desde el principio, no pudo hacer una contribución significativa, anotando menos de 15 puntos y capturando solo cinco rebotes.

Las pérdidas de balón resultaron ser un factor crucial en el partido, ya que los Lakers cometieron un total de 20, lo que permitió a los Heat capitalizar con 21 puntos a su favor. El primer cuarto fue especialmente problemático para Los Ángeles, ya que sufrieron 10 pérdidas de balón, la cifra más alta para cualquier equipo en el primer periodo de la temporada. James y Davis fueron los principales responsables de estas pérdidas, terminando el partido con ocho y cinco, respectivamente.

Jugadores como Herro y Olynyk aportaron 17 puntos cada uno para Miami, mientras que Kuzma y Morris destacaron desde la banca de los Lakers con 19 puntos cada uno. Sin embargo, los titulares de los Heat superaron ampliamente en producción a los de los Lakers, acumulando un total de 89 puntos contra los 51 del equipo angelino.

"Me pareció que ellos fueron más rápidos que nosotros", dijo Markieff Morris "Esta noche hemos tenido un pequeño contratiempo".

"Seguimos dándonos cuenta de que pertenecemos aquí", dijo Butler, el héroe de la noche. *"Tienes que vaciar el depósito en cada posesión"*.

Vogel mostró su disgusto tras perder el primer encuentro de la final *"Creo que pensaron que el partido había terminado"*.

Al igual que Anthony Davis *"Todavía tengo que mejorar y encontrar la manera de influir en el juego en ambos lados de la pista"*.

GAME 4. DAVIS Y LEBRON SE ENCARGAN DEL TRABAJO

James, con 28 puntos, ocho asistencias y 12 rebotes, trazaba su camino hacia la grandeza. A su lado, Davis desplegaba su arsenal de destrezas, con 22 puntos, cuatro asistencias y nueve rebotes, sellando su contribución a la victoria. Pero, aunque la noche sonreía a los Lakers, también revelaba su vulnerabilidad. Nueve pérdidas de balón en la primera mitad, cinco de ellas a manos de James, eran recordatorios dolorosos de que la perfección es un horizonte siempre esquivo.

Fue en el tercer cuarto cuando James marcó las diferencias, como un coloso insaciable en busca de la supremacía. A falta de 8:18 para el final, su tiro de tres puntos redefinió la balanza, catapultando a los Lakers hacia una ventaja de un solo punto, 55-54. Desde entonces, el destino de ambos equipos quedó entrelazado, inseparables en su empeño por la victoria. El tiempo se convertía en un enemigo implacable, y cada segundo era un latido que resonaba en los corazones de los jugadores y los aficionados desde sus casas.

Con tres minutos y cinco segundos restantes, la esperanza se desvaneció brevemente en el bando de los Heat. Butler, en un esfuerzo desesperado, lanzó un tiro de tres puntos desde la esquina, pero el destino caprichoso lo rechazó, alejándolo de la victoria. En un instante lleno de trascendencia, Caldwell-Pope asumió la responsabilidad como el salvador de los angelinos, su tiro de tres puntos desde la esquina encontrando su camino hacia el aro, otorgándoles una ventaja crucial de 93-88. La agonía se hizo insoportable para los Heat, quienes, presionados por el tiempo, cometieron una violación del reloj de tiro, entregando a los Lakers una ventaja aún más amplia de siete puntos con una canasta de Davis que significaba el paso previo a un campeonato. Al final (102-96) y (3-1) para los angelinos, a un solo esfuerzo para el anillo.

En esta batalla titánica, cada soldado tenía su papel que desempeñar. Caldwell-Pope aportó 15 puntos, mientras que Green, en su constancia inquebrantable, contribuyó con 10. Por parte de los Heat, Butler fue el mejor, con 22 puntos, nueve asistencias y 10 rebotes, desafiando las limitaciones impuestas por la marca implacable de Davis y James. Herro alcanzó los 21 puntos, mientras que Duncan Robinson dejó su impronta con 17, y Adebayo, tras dos partidos ausente, aportó 15 puntos.

LeBron atronó con el último tiro de Davis *"Uno conoce las jugadas de impulso, los tiros de impulso. Es un partido de tres posesiones con 39 segundos. La mayoría de los equipos veteranos son capaces de sobrevivir a eso. Una gran jugada, un gran momento. Para AD, pero también para nuestra franquicia"*.

JAMES
6
ROCKET

Se le veía aliviado tras ponerse la eliminatoria (3-1) *"Para mí, personalmente, éste ha sido uno de los partidos más importantes de mi carrera. Sólo quería transmitir ese mensaje a mis compañeros"*.

"Toda la temporada hemos dicho que no queremos ser un equipo que pierda dos seguidos y tenemos esa capacidad para que eso ocurra", dijo Davis *"Ya estábamos al límite"*.

Butler, a pesar de la derrota, mantiene el animo *"Nuestra confianza no va a ninguna parte. Va a seguir siendo alta. Voy a asegurarme de que se mantenga alta, porque va a tener que estar en un máximo histórico para conseguir esta próxima victoria"*.

***GAME 5*. MIAMI ALARGA LA ELIMINATORIA**

El jugador franquicia de los Heat, Butler, se negaba a rendirse ante la amenaza de la eliminación. Con una maestría suprema, desplegó su arsenal de habilidades, anotando 35 puntos, atrapando 12 rebotes y repartiendo 11 asistencias, liderando a los suyos hacia una victoria vital de 111-108 y evitando el desenlace inminente, acercando la serie a un 3-2.

Los Heat resistieron una actuación dominante de James, cuyo fulgor iluminaba cada rincón de la cancha. Con 40 puntos provenientes de solo 21 tiros, 13 rebotes y siete asistencias. En un momento crítico del juego, con los Lakers un punto abajo y tan solo 18,8 segundos por jugar, James se adentró en la pintura, rodeado por Butler y Robinson, con un tercer defensor aproximándose. Con sagacidad y visión, James pasó el balón a Green, quien se encontraba solo esperando ansioso para lanzar un triple. Pero el destino jugó su partida caprichosa y Green erró el tiro con apenas 7,1 segundos por jugar.

Morris atrapó el rebote ofensivo, bombeó el balón con un amago, pero luego lo lanzó fuera de los límites en un intento desesperado por alcanzar a Davis bajo el aro. El reloj marcaba 2,2 segundos, y la esperanza se desvanecía en un suspiro.

En un giro trágico del destino, Davis había sufrido una patada en su talón derecho por parte de Andre Iguodala de los Heat, a los 48 segundos del primer cuarto. La contusión que había adquirido en las finales de conferencia se exacerbó, dejándolo en el suelo, inmóvil, durante varios minutos. Era la peor de la noticias para los angelinos. Davis abandonó el juego y comenzó el segundo cuarto desde el banquillo, lo que permitió a los Heat construir una ventaja de 11 puntos. Los Lakers, sin embargo, no se rindieron y se acercaron, cerrando la brecha a 60-56 al medio tiempo. Fue Caldwell-Pope, con su temple inquebrantable, quien con un triple dio a los Lakers la delantera en el último cuarto.

Con 3 minutos y 13 segundos por jugar, Robinson, con su muñeca certera, anotó un triple que otorgó a los Heat una ventaja de dos puntos, desatando una secuencia frenética de empates y cambios de liderazgo en las siguientes nueve posesiones de anotación del juego. En este duelo titánico, James y Butler se intercambiaron canastas en una sucesión de seis jugadas consecutivas, dejando a los espectadores sin aliento hasta el (111-108) que alargaba la final al menos, un partido más.

Duncan Robinson brilló con 26 puntos, incluyendo siete triples, estableciendo un nuevo récord para la mayoría de triples anotados por un jugador no seleccionado en las Finales, superando la marca establecida por Gary Neal en 2013. Butler, exhausto hacia el final del partido, apenas había descansado 48 segundos en todo el encuentro, mientras defendía a James y, en ocasiones, a Davis. Con sus 35 puntos, 12 rebotes y 11 asistencias, se convirtió en el segundo jugador con más triples-dobles con 30 puntos en una misma final, uniéndose al LeBron James de 2015. Además, se unió así al selecto grupo de jugadores capaces de realizar más un de un triple-doble en una misma final, donde figuran nombres como James, Magic Johnson, Larry Bird, Wilt Chamberlain y Draymond Green.

Pero su hazaña no terminaba ahí. Butler se convirtió en el primero en lograr una actuación de 35 puntos, 10 rebotes, 10 asistencias y cinco robos en un partido de Finales, y es apenas el segundo jugador en la historia de la NBA en alcanzar estas cifras en los playoffs, igualando a Gary Payton en el año 2000. Davis, cojeando notoriamente después de otro tropiezo en la pintura, anotó 28 puntos y añadió 12 rebotes para los Lakers. Al final del partido, él y James sumaron 68 de los 108 puntos del equipo. Su precisión conjunta de tiro fue de 24 de 36, mientras que el resto de los Lakers se combinaron para un discreto 14 de 46.

"Jimmy dijo ganar o ganar", dice Tyler Herro, *"así que realmente no tenemos una opción en este momento. Así que esta noche lo dejamos todo ahí fuera, y vamos a tener que hacerlo los dos próximos partidos"*.

El escolta da vida a la serie *"No nos importa lo que diga la gente. Estamos 3-2 y estoy seguro de que todavía hay gente que cuenta con nosotros. No vamos a ir a ninguna parte. Nos quedan dos partidos por ganar. Sabemos que el trabajo no está hecho"*.

Butler habló sobre la gran segunda mitad de Duncan Robinson *"Esos son los partidos que esperamos que tenga. Tiene mucha confianza. Va a hacerlo continuamente. Va a ser la razón por la que ganemos el próximo. Ha sido un partido muy reñido. Va a ser aún más difícil para nosotros el próximo partido. Pero me gustan nuestras posibilidades"*.

GAME 6. LEBRON LOGRA SU OBJETIVO, GANAR CON LOS LAKERS

En la culminación de una temporada llena de adversidades y desafíos, James no perdió su cita con la historia para ser un líder indiscutible, desatando su poderío en una exhibición magnífica. Registró 28 puntos, 14 rebotes y 10 asistencias, guiando a los Lakers hacia una victoria abrumadora de 106-93. En ese momento glorioso, la franquicia alcanzó su 17° campeonato de liga, cerrando un largo paréntesis de una década desde su último logro en 2010. James, una vez más, fue coronado como el MVP de las Finales, otorgándole este honor por cuarta vez en su ilustre carrera.

Al obtener su cuarto campeonato, James se convirtió en un pionero en la historia de la NBA, siendo el único jugador en ser nombrado MVP de las Finales con tres equipos diferentes. Esta hazaña asombrosa cimentó su lugar en el panteón de los grandes, mientras la votación unánime de 11-0 confirmaba su supremacía indiscutible.

El estratega de los Lakers, Frank Vogel, tomó una decisión audaz al optar por una alineación más ágil y compacta, reemplazando a Howard por el escolta Alex Caruso y desplazando a Davis hacia la posición de pívot. Desde el primer instante, los Lakers tomaron las riendas del partido y nunca se vieron superados en el marcador. Con una actuación dominante, cerraron el primer cuarto con una ventaja de 28-20. Pero su voracidad no se detuvo ahí, ya que aplastaron a Miami en el segundo periodo con un marcador de 36-16, llegando incluso a liderar por una diferencia aplastante de 30 puntos en la primera mitad. La ventaja de 64-36 al descanso se convirtió en la segunda mayor en la historia de las Finales, solo superada por los 30 puntos de ventaja que Boston tuvo sobre los Lakers en el primer partido de 1985. Además, los Lakers se convirtieron en el primer equipo en la historia de la NBA en completar una temporada invicta cuando iban por delante en el último cuarto, acumulando un impresionante récord combinado de 57-0 en la temporada regular y los playoffs.

Davis aportó 19 puntos y 15 rebotes, estableciendo su dominio en ambas canastas. Adebayo lideró la resistencia de Miami con 25 puntos y 10 rebotes, mientras que Butler, quien había brillado a lo largo de la serie, se vio limitado a solo 12 puntos. Su influencia trascendió los números, sumando ocho asistencias y siete rebotes, intentando aportar en cada aspecto del juego. Por su parte, Dragić regresó al campo después de su lesión en el primer partido, anotando cinco puntos con un 2 de 8 en tiros de campo y capturando cinco rebotes en 19 minutos de juego.

En el balance final de la serie, James dejó una marca indeleble, promediando 29,8 puntos, 11,8 rebotes y 8,5 asistencias por partido. Él y Davis se convirtieron en los primeros compañeros de equipo en la historia de la NBA en promediar más de 25 puntos y mantener un 50% de acierto en tiros de campo en la misma postemporada, consolidando su dúo como una fuerza imparable. Mientras tanto, Butler se unió a una élite selecta al liderar a su equipo en puntos, rebotes, asistencias, robos y bloqueos en una serie de Finales, igualando el logro de James en 2016 con los Cavaliers.

Con este campeonato los Angeles Lakers sumaban el 17° de trofeo de campeón, alcanzado así en lo más alto de la lista de campeones de la NBA a los Boston Celtics. Dejando para el futuro quien será el equipo más laureado de la historia de la competición estadounidense.

LeBron con el trofeo en sus manos *“Le dije a Jeanie cuando llegué que iba a devolver a esta franquicia a la posición que le corresponde. Sólo queremos nuestro respeto, Rob quiere su respeto, el entrenador Vogel quiere su respeto, la organización quiere su respeto, la nación Laker quiere su respeto. Yo también quiero mi maldito respeto”*.

Este título no se pareció al resto. No ocurrió en casa o en la carretera; ocurrió en Disney World. No había aficionados, hostiles o amistosos; no había un viaje familiar a un estadio. Sólo había baloncesto en una burbuja que les protegía de una pandemia global que se apoderó del mundo. Permanecieron en este campus de Florida, preparándose para una existencia mentalmente agotadora, ayudados por el conocimiento de su gran misión.

“Pensar que tengo algo que demostrar me motiva”, dice James *“Me alimentó durante este último año y medio desde la lesión. Me alimentó porque no importa lo que haya hecho en mi carrera hasta este punto, todavía hay pequeños rumores de duda. No serías humano si no tuvieras altibajos en la burbuja. A veces me cuestionaba a mí mismo, ¿debería estar aquí? ¿Merece la pena sacrificar a mi familia?”*.

Davis recordaba lo influyente que fue LeBron cuando le ficharon *“Cuando me traspasaron él sólo tenía esa creencia, que tenemos la oportunidad de ganarlo todo”*.

LAKERS
3

Final 2.020 – Los Lakers ganan en la liga "de la burbuja"

Estadísticas jugador por jugador (* = titulares)

Angeles Lakers
**LeBron James – 29.8 puntos, 11.8 rebotes, 8.5 asistencias y 1.2 recuperaciones*
**Danny Green – 7.5 puntos, 2.8 rebotes, 1.2 asistencias y 1.0 recuperación*
**Kentavious Caldwell-Pope – 12.8 puntos, 2.8 rebotes, 2.0 asistencias y 1.0 recuperación*
**Anthony Davis – 25.0 puntos, 10.7 rebotes, 3.2 asistencias, 2.0 tapones y 1.3 recuperaciones*
**Dwight Howard – 2.8 puntos y 2.8 rebotes*
Rajon Rondo – 8.7 puntos, 5.5 asistencias, 5.2 rebotes y 1.0 recuperación
Kyle Kuzma – 8.5 puntos y 2.8 rebotes
Markieff Morris – 7.5 puntos, 3.3 rebotes y 1.2 asistencias
Alex Caruso – 6.3 puntos, 2.5 rebotes y 2.3 asistencias
JR Smith – 1.0 punto en tres encuentros
Jared Dudley – 0.0 puntos en tres encuentros
Quinn Cook – 1.5 puntos en dos encuentros

Boston Celtics
**Jimmy Butler – 26.2 puntos, 9.8 asistencias, 8.3 rebotes y 2.2 recuperaciones*
**Tyler Herro – 14.7 puntos, 4.2 rebotes y 3.0 asistencias*
**Jae Crowder – 11.2 puntos, 5.2 rebotes y 1.2 asistencias*
**Duncan Robinson – 12.5 puntos, 2.7 rebotes y 2.5 asistencias*
**Bam Adebayo – 15.3 puntos, 6.3 rebotes y 2.5 asistencias en cuatro encuentros*
Kendrick Nunn – 10.5 puntos, 3.5 rebotes y 1.8 asistencias
Kelly Olynyk – 11.6 puntos, 6.0 rebotes y 1.4 asistencias en cinco encuentros
Andre Iguodala – 3.2 puntos, 2.7 rebotes y 2.0 asistencias
Solomon Hill – 3.0 puntos en cuatro encuentros
Derrick Jones – 0.5 puntos en cuatro encuentros
Goran Dragic – 5.5 puntos, 3.0 rebotes, 2.5 asistencias y 1.5 recuperaciones en dos encuentros
Meyers Leonard – 7.0 puntos en dos encuentros

UNA HUELLA IMBORRABLE

Una huella imborrable

A través de las páginas de la historia del baloncesto, los Angeles Lakers han dejado una huella imborrable, una estela de grandeza y triunfos que ha cautivado a generaciones de aficionados. Su viaje, marcado por momentos de gloria y desafíos desgarradores, ha llevado a esta franquicia a alcanzar las cimas más altas y a convertirse en un símbolo de excelencia deportiva.

Desde sus inicios en Minneapolis, donde el equipo fue forjado con determinación y pasión, hasta su establecimiento en la ciudad de los Ángeles, los Lakers han sido una fuerza dominante en la cancha y un faro de inspiración para sus seguidores. Jugadores legendarios han dejado su huella en la franquicia, con nombres que resuenan en los corazones de los fanáticos: George Mikan, Jerry West, Elgin Baylor, Magic Johnson, Kareem Abdul-Jabbar, Shaquille O'Neal, Kobe Bryant, Pau Gasol, LeBron James, Anthony Davis y tantos otros. Cada uno de ellos ha elevado el juego a nuevas alturas, dejando una estela de momentos icónicos que quedarán grabados en la memoria colectiva.

Bajo el liderazgo visionario de propietarios y entrenadores comprometidos, los Lakers han tejido una historia de éxito sin parangón. Han acumulado campeonatos de liga, exhibiendo un estilo de juego electrizante y una mentalidad ganadora. Han llevado a cabo grandes gestas, batallas épicas que han cautivado al mundo del deporte y han dejado una profunda impresión en la historia del baloncesto. Cada título ha sido una victoria de perseverancia, trabajo en equipo y determinación.

Sin embargo, la historia de los Lakers no ha estado exenta de desafíos y adversidades. Ha habido temporadas difíciles, momentos de incertidumbre y tristezas que han sacudido los cimientos de la franquicia. Pero en cada tropiezo, los Lakers se han levantado con fuerza renovada, alimentados por la pasión y el deseo de volver a la grandeza. Han demostrado una resiliencia inquebrantable, una capacidad para reinventarse y adaptarse a los cambios que han marcado la evolución del juego

Más allá de las canchas, los Lakers han trascendido los límites del deporte. Han sido una fuente de inspiración, un símbolo de orgullo y espíritu de equipo. Han llevado esperanza a los corazones de millones de fans, reuniendo a personas de diversas procedencias bajo una misma bandera… púrpura y dorado.

FUENTES

Para escribir este libro me he nutrido de publicaciones, hemerotecas y estadísticas, incluidos en nba.com, lakers.com, chicagotribune.com, dalyherald.com, detroitnews.com, usatoday.com, bostonglobe.com, sltrib.com, basketball-reference.com, upi.com, washingtonpost.com, nytimes.com, latimes.com, espn.com, sportingnews.com, y hoopshype.com, entre otros.

EDITA
The Galobart Books
Calle Carranza, 25; 6º-5
28004 Madrid

TEXTOS
Roberto Anidos Ainaga

DIRECCIÓN DE ARTE Y DISEÑO
Kike Avizanda

DIRECCIÓN COMERCIAL
Mercedes Molina López

ISBN | 978-84-127067-5-8
Depósito legal: M-31661-2023

Si deseas estar informado de todas nuestras novedades editoriales, entra en thegalobart.com
y suscríbete gratuitamente a nuestros newsletters.

El proyecto The Galobart Books
destina el 0,8% de sus beneficios a fines sociales.
Más información en Thegalobart.com
